LES NOUVELLES CHRONIQUES D'UN MÉDECIN LÉGISTE

Michel Sapanet

LES NOUVELLES CHRONIQUES D'UN MÉDECIN LÉGISTE

Les Éditions du Légiste

Copyright © 2015 Michel Sapanet
3ème édition
All rights reserved.
ISBN-13: 978-2954857459 (Éditions du Légiste)
ISBN-10: 2954857455

Au petit Marius,

*Aux victimes de mon bistouri
et à celles de mon humour,*

À mon équipe.

*Encore un grand merci à Guy Benhamou,
complice et récidiviste.*

« Demain est un autre jour... »

Contenu

1. Le crime parfait 1
2. Légiste à vie 11
3. La guerre des clans 15
4. Bones Collector (histoires d'os) 25
5. Les jumeaux aux assises 47
6. L'ombre noire 61
7. Tu tires ou tu pends ? 69
8. Le côté obscur 83
9. Coups de gueule du légiste 95
10. Amours virtuelles 105
11. Un médecin dans la salle ? 111
12. Musée intime 117
13. Les sept péchés capitaux 129
14. La cloche ne sonnera plus 149
15. RN 10 163
16. À cœur ouvert 173
17. Mort *in utero* 181
18. Bananas 189
19. Il ne faut jamais dire, Fontaine… 207
20. Attention bébé à bord 219
21. Pizza Carbone 233
22. Passez par la case prison 239
23. Survivantes 245
24. Enfant de chœur 261
25. Mystère médical… 289
26. Mots d'enfants 309
Annexe 313
Mise à jour 2015 325
Du même auteur 329

1. Le crime parfait

La petite rue est silencieuse, seuls mes pas crissent sur le sol enneigé du trottoir, vierge de toute trace de passage. Un mur sinistre masque la lumière de cet après-midi glacial. Aucun regard ne peut le franchir tant son faîte est haut. Soudain, à l'occasion d'une bourrasque, un grincement trouble le silence ambiant et un grand portail métallique s'entrouvre, laissant passer un rayon de soleil. Mais aucune silhouette n'apparaît.

La curiosité du légiste est la plus forte : je profite de cette courte ouverture pour y introduire la tête, d'autant plus que depuis des mois je cherche désespérément une maison cossue à habiter. Certes, aucune pancarte n'annonce « à vendre », mais une offre d'achat pourrait éventuellement intéresser le propriétaire.

Un petit jardin s'offre au visiteur, sans aucune trace humaine dans l'épaisse couche de neige. Après une brève hésitation, je tente le tout pour le tout et m'insinue dans les lieux.

Par une fenêtre du rez-de-chaussée, je devine la lueur scintillante d'un poste de télévision. Un de ces vieux modèles antiques tout juste en couleur, munis d'un gros tube cathodique, loin des écrans plats actuels. D'ailleurs, la façade de la bâtisse est à l'avenant : des volets de bois massif qui attendent désespérément une légitime restauration, un crépi à revoir pour redonner à la demeure ses fastes d'antan, quelques vieux poteaux électriques à supprimer, sans parler des bois de fenêtres à changer. Car l'ensemble laisse présager une sacrée facture de chauffage.

Mais la belle apparaît saine, sans gros vice manifeste. Même le plaisir est au rendez-vous, comme en témoignent les trois cheminées de la toiture, prévues pour au moins six foyers. De quoi faire disparaître à la Landru[1] toutes les vieilles filles argentées de la ville !

Passant un œil plus attentif par la fenêtre, je découvre devant son poste encore allumé une silhouette apparemment assoupie, enfoncée dans un fauteuil Voltaire. Une petite vieille recouverte de ses multiples couches de vêtements, ses aiguilles à tricoter dans les mains. J'imagine déjà l'offre que je pourrais lui faire. Mais en y regardant de plus près, je vois la bouche largement ouverte, les orbites vides et les mains à la peau momifiée. Mon cœur s'accélère : elle a un couteau planté dans la poitrine. Le reste n'est pas visible, mais je peux facilement deviner l'état de la propriétaire.

Mon achat est mal parti, il va falloir retrouver les héritiers. En plus, je vais avoir du travail : autopsie au programme. Je n'ai plus qu'à prévenir les gendarmes.

---

[1] Lors de la Première Guerre mondiale, se faisant passer pour un homme aisé et veuf, Landru séduisait des femmes seules dont il captait les économies avant de les tuer et de faire disparaître les corps. Pour ce faire, il utilisait, entre autres, l'incinération des restes dans une cuisinière.

J'en connais qui vont se gausser :

— Docteur, vous n'en avez pas assez avec ce que nous vous apportons la semaine, pour recruter personnellement le dimanche ?

Petit retour vers le portail qui est resté entrouvert. La fermeture a cédé aux outrages du temps. Coïncidence, je dois être le premier et le seul à l'avoir franchi depuis des années. La fente qui sert de boîte aux lettres a laissé s'accumuler sur le sol des exemplaires de *Détective*. Des dizaines de lettres également. Mais aucune ne porte d'adresse manuscrite.

La curiosité est la plus forte : je referme l'huis pour plus de discrétion et j'ouvre les enveloppes au papier humide. J'ai beau lire et relire les courriers protégés des méfaits du temps par des strates de publicités, il n'y a que des avis de virements, entre pension de retraite et prélèvements. Ce sont les avantages de la modernité. Tout est tellement automatique que, pour l'administration, les banques, les fournisseurs d'eau, de gaz et d'électricité, l'ancêtre est toujours vivante. Mais bien silencieuse comme l'attestent les relevés téléphoniques sans aucune trace d'appel.

Moi qui recherche désespérément de quoi nous loger, je sens par avance que tout cela plaira à ma femme. Pensez donc, une bâtisse à mystères !

J'imagine vite la suite :

— Pas mal, ta bicoque, pour un pauv' auteur ! me dirait Edgar, mon ami des coups foireux et des bourres en moto, un passionné de chasse, de cuisine et d'histoires tordues. À ta place, j'achèterais.

— Ouais, mais, et la vieille ? Va falloir trouver les héritiers !

— Une broutille pour un légiste de ton envergure ! Si

ça se trouve, elle n'en a même pas !

— Oui, mais le tout va bien me prendre au moins deux ans, voire plus s'il y a un procès. T'as vu le couteau ? J'suis pas encore installé !

—Il y a une autre solution : tu la déménages discrètement, tu t'installes officiellement avec femme et enfants, en prenant un abonnement eau, gaz et électricité à ton nom, et tu squattes tranquillement. Tu fais les travaux, tu n'oublies pas de payer la taxe d'habitation, et après trente ans d'occupation paisible, la bicoque est à toi... enfin, je crois. Je ne me souviens plus très bien de mes cours de droit. Faudrait vérifier ce qu'en dit la Cour de cassation. En tout cas, tu économiseras un beau loyer et ce n'est pas le meurtrier qui contestera !

Mon imagination s'emballe.

— Que vais-je faire du squelette ?

— Si tu veux, on se fait une bouffe...

— Tu veux la manger ???

— Mais non, ne délire pas. J'ai justement un beau carré de biche, mais je n'ai plus d'os pour le fond de sauce... Ton squelette ferait l'affaire.

— Non, non, ils sont trop secs. Ton fond va manquer de saveur.

— Et le jardin ? Tu as pensé au jardin ?

— Non, ce n'est pas une bonne idée, creuser le sol gelé ne sera pas facile.

— Il te reste le puits.

— Je n'ai pas envie de passer le reste de mes jours à le contempler en me demandant si la vieille ne va pas en ressortir !

Il faut avouer que le film *Le bonheur est dans le pré* m'avait marqué. Ou alors il faudrait le combler, mais le petit jardin perdrait de son charme. L'incinération ? Ce ne sont pas les cheminées qui manquent, mais là encore les histoires criminelles me retiennent. Je me souviens de la triste fin du Dr Petiot[2], trahi par les odeurs désagréables de sa chaudière, quand il s'était décidé bien tardivement à incinérer les restes de ses victimes. D'accord, depuis, on a supprimé la guillotine, mais qui croira que je n'ai pas occis l'ancêtre, si je suis pris la main dans le sac ? Il me faut trouver autre chose...

— Ramène-la à ton labo, tu la glisses dans tes boîtes jaunes entre deux scellés à incinérer et le tour est joué !

— Attends, on a tout faux : il faut pouvoir retrouver le corps, si un jour cela tournait mal. Qu'on ne m'accuse pas de l'avoir fait disparaître ! Pas question de s'en débarrasser.

— Alors, garde le squelette pour tes scènes de crime, celles que tu organises pour les journalistes !

— Trop dangereux, il pourrait bien y avoir un malin pour s'apercevoir que c'est du vrai !

— Eh bien, fais le certificat de décès. Après tout, c'est ton boulot !

— Ouaips. Mais le couteau, c'est gênant ! Comme mort naturelle, il y a mieux. Si jamais elle est exhumée, je suis mal ! Et surtout, si elle meurt officiellement, mon squat est mal barré !

— Bof, tu trouveras bien une solution ! Mais presse-toi, avant qu'un cambrioleur ne visite la bicoque ! C'est même surprenant que ce ne soit pas déjà arrivé.

---

[2] Pendant la Seconde Guerre mondiale, le Dr Petiot avait organisé une fausse filière de passage vers l'étranger. Il tuait et dépouillait ses victimes à son domicile parisien, rue Le Sueur. Il a été guillotiné en mai 1946 pour l'assassinat de 27 personnes (il en a revendiqué 63 lors de son procès).

La tentation est trop forte, mes quelques scrupules sont vite remisés. Peu de temps après, jeune futur propriétaire à peine installé avec femme et enfants, je me lance à la découverte de la vaste demeure, histoire de cacher mon cadavre. Car, pour l'instant, je reste avec mon sac d'os sur les bras, soigneusement planqué derrière une des grosses poutres de la charpente.

Je reprends la visite complète de la demeure. Malgré des heures de recherche, je ne trouve aucune cache satisfaisante : rien qui ne puisse échapper à la curiosité exploratrice de mes enfants. Je commence à désespérer quand, sous l'escalier, alors que j'ouvre un placard pour la énième fois, j'y découvre une porte minuscule, dont les menuiseries se confondent avec le lambris. Une porte dérobée !

Elle s'entrebâille en raclant le sol dans un grincement sinistre, libérant une odeur de terre humide et de moisi. Cela fait un moment qu'elle n'a pas été ouverte. Je dois me courber pour la franchir. Après un court palier, quelques marches très raides partent vers un trou béant. J'allume ma torche, un modèle de plongeur. Du solide, de l'étanche, qui éclaire large et fort. Le trou apparaît sans fond, creusé dans le rocher dont les parois suintent d'humidité.

Un véritable dédale de caves, voilà ce que je viens de découvrir. Des grandes, des petites, certaines avec de grosses grilles de fer forgé, d'autres fermées de portes massives, les unes inoccupées, les autres encombrées de bouteilles vides. Surtout, cette suite inattendue m'offre son joyau : une vraie cave voûtée où s'alignent des centaines de bouteilles. Je n'en crois pas mes yeux : c'est un véritable trésor, exclusivement des grands crus ! De plus en plus excité, passant d'une alvéole à l'autre, j'y trouve, au hasard de mes tirages au sort, ce qui se fait de mieux en Margaux, Saint-Estèphe, Montrachet et autres nectars pour palais exigeant. Dans une alcôve particulière, je déniche même six bouteilles de Château-Pétrus 1947. Une fortune. Je hurle ma joie et l'écho me renvoie mon cri multiplié par le labyrinthe des caves.

La vieille a été généreuse. Je me souviens de cette bouteille entamée de Romanée-Conti trouvée à ses pieds. Un des dix premiers parmi les « 100 vins qu'il faut goûter avant de mourir », selon le magazine britannique *Decanter*. Je ne suis pas sûr qu'elle a imaginé finir ainsi, mais aucun doute, elle venait se servir régulièrement malgré les risques de la descente.

Un accident. Voilà la solution. Si on la découvre, que cela passe pour un accident ! Une bête chute dans cet escalier si raide. À son âge, quoi de plus banal ? En ôtant le couteau qui est passé entre deux côtes et en changeant ses vêtements, cela devrait aller. Mon squat pourrait alors s'expliquer : la maison vide, le courrier accumulé qui prouverait sa disparition il y a trois ans, à une époque où personne ne m'a encore vu dans le coin... Et s'il fallait une explication, la découverte inopinée du corps au pied de l'escalier comblerait les curiosités. En tout cas, je tiens mon crime parfait. J'en suis le bénéficiaire sans en être l'investigateur, ni le complice, encore moins l'auteur, et si jamais on découvre le corps pendant une fouille attentive des lieux, la mort apparaîtra naturelle.

Le temps presse. Je décide de peaufiner le scénario plus tard : il y a urgence, demain ma femme doit organiser une chasse au trésor dans la maison pour les enfants. Et là... ma vieille risque fort de réapparaître, si je ne la mets pas très vite à l'abri des curieux. Je remonte avec une bouteille de pétrus que je pose sur un meuble de l'entrée et je me précipite au grenier pour récupérer l'aïeule dans son linceul de fortune. Un grand sac de jardin en toile synthétique, cadeau pour un abonnement, dont nous nous servons depuis quinze jours pour trimballer moult objets du déménagement. Le tout est poids plume, vous pensez, une petite vieille squelettique et déshydratée !

Mais à peine ai-je fait passer la petite ouverture à mon encombrant colis piégeux que j'entends la porte d'entrée s'ouvrir, à quelques mètres dans mon dos.

— Chéri ? Mon amour ? Tu es où ? C'est ta gazelle !

Ma femme ! Précipitamment, je lâche mon sac à cheval entre le palier et les premières marches et je referme la porte. Derrière, j'entends les os s'entrechoquer dans une descente sans fin. Bon, l'accident a eu lieu. Je réglerai les détails de la chute plus tard. Je sors du placard juste à temps... enfin, c'est ce que je crois.

— Mais tu es fou ! Qu'est-ce qui t'a pris ?

Aïe ! Je suis mal parti. Mais comment a-t-elle pu deviner ? Ou alors elle était déjà dans la maison lors de ma descente. Et si elle m'avait suivi au grenier ? Et tout vu ? Non, pourtant, cela me semble impossible... Mon cœur bat à tout rompre et je commence à me sentir mal.

— Ne me regarde pas comme ça, dit-elle en s'approchant.

Elle a quelque chose de bizarre dans ses yeux très brillants. Ses pupilles sont dilatées. Sa respiration est rapide. Elle exhibe un large sourire pour le moins inattendu. Brutalement, comme pour lever toute ambiguïté, elle m'entoure de ses bras, cale sa cuisse entre mes jambes et m'embrasse goulûment, me faisant reculer jusqu'au mur.

— Un Pétrus 47 ! Vraiment, tu es complètement fou !

Bien des choses plus tard et la bouteille une fois vide, je m'endors dans ses bras d'un sommeil de plomb en remerciant encore l'ancêtre.

Mais brutalement sa main squelettique me saisit la cheville et me tire dans le trou béant de l'escalier. Je chute longuement tandis qu'elle rit sans retenue. J'atterris sans dommage sur le sol mou et j'ouvre alors les yeux. Ma femme me regarde, pliée de rire :

— J'aurais dû t'enregistrer. Tu n'as jamais autant parlé en dormant ! Vous avez bien trop bu, hier soir, Edgar et toi. Heureusement que j'étais là pour vous ramener ! C'est quoi, cette histoire de petite vieille que tu voulais manger ?

— Rassure-moi. Est-ce qu'on a bu un Pétrus 47 ?

— Un Pétrus 47 ? Chéri, réveille-toi, tu es médecin légiste, pas milliardaire ! C'était juste un Romanée-Conti ! Mais c'est déjà pas mal !

— Bon, alors, je peux mourir…

— Je ne crois pas, non. Tu as une autopsie ce matin, tu te souviens ? L'histoire de la petite vieille tuée avec un couteau par son neveu, pour hériter de la maison… Tu étais sur la scène de crime, hier après-midi. Tu as assez pesté contre la neige !

Je me relève de mon tapis en maugréant, frustré d'avoir raté mon coup : le crime parfait, ce n'est que dans les rêves.

2. Légiste à vie

Je passe ma main devant le déclencheur. La porte s'efface dans le mur et laisse apparaître un monde aseptisé. Les murs très clairs de la pièce diffusent une lumière douce, contrastant avec celle plus violente des deux scialytiques ultramodernes qui éclairent un immense plateau d'acier. Dans un angle, un écran plat géant transmet les images du corps filmé par la caméra fixe du plafond. Derrière une gigantesque vitre, plusieurs enquêteurs attendent le début de l'autopsie dans la pièce voisine. Eux aussi ont un écran pour suivre la dissection.

Devant moi, c'est un véritable spectacle de ruche, une de ces agitations ordonnées qui traduit un grand professionnalisme. Dans un coin de la grande salle, les gendarmes ont installé leur ordinateur sur une table roulante. Sur une autre, Sophie, mon assistante depuis vingt ans, vérifie les réquisitions. Aux pieds du corps, d'autres blouses vertes extraient les instruments des boîtes chirurgicales et les déposent sur le plateau blanc de dissection, dans un ordre bien déterminé. L'agent d'amphithéâtre vérifie les balances et le niveau de formol dans les pots à prélèvements. L'aspiration basse de la table évacue les éventuelles petites mauvaises odeurs. Le corps attend sur le plateau d'inox. Il ne manque qu'un anesthésiste et son respirateur pour que l'on puisse se croire dans un bloc opératoire : même le scanner s'affiche sur le négatoscope.

Marie se retourne vers moi : « C'est prêt, Chef ! » Aujourd'hui c'est une autopsie à quatre mains, un problème de responsabilité médicale.

Derrière mon masque chirurgical, un large sourire éclaire mon visage. Il doit d'ailleurs se voir dans mes yeux. Car ce spectacle me montre le chemin parcouru depuis mes débuts dans le métier. Des débuts solitaires dans un parcours semé d'obstacles.

À l'époque, j'étais tout juste toléré dans la salle d'autopsie et encore seulement parce que on ne pouvait pas me le refuser. Sinon, cela aurait fait très mauvais effet au palais de justice. Alors on me répétait sans cesse : « N'oubliez pas, Sapanet, ici vous n'êtes pas chez vous, mais dans mon service ». Le matériel était à la hauteur de l'accueil : exclusivement des instruments chirurgicaux mis au rebut. Il n'était pas question de commander quelque instrument que ce soit : « Il n'y a pas de budget ». Comme mon activité principale était précisément la chirurgie maxillo-faciale, où l'on veut ciseaux qui coupent, pinces qui pincent et du monde pour aider, je ravalais ma rage et j'attendais mon heure, entre problèmes administratifs, over dose de cadavres et chausse-trappes aux assises.

En attendant les corps défilaient. Dans tous leurs états, souvent très odorants, au point que les effluves remontaient par la ventilation du sous-sol jusqu'au restaurant du personnel, au 11ème étage. Ce qui me valait moult récriminations. Et je ne parle pas des asticots ni des mouches. Parallèlement je continuais la chirurgie, transformant les visages pour le plus grand bonheur de mes patients. D'un côté l'exercice solitaire, de l'autre le travail d'équipe.

Puis les choses ont changé. D'une part j'adore que l'on me mette des bâtons dans les roues : ce sont autant de défis à remporter et cela m'a toujours stimulé. D'autre part les règlements sanitaires ont pris une place de plus en plus importante et je m'engouffrais dans cette brèche : la salle d'autopsie n'était pas aux normes, les instruments réformés étaient dangereux, le personnel était exposé à des risques, j'ai utilisé tous les arguments. Y compris le plus implacable de tous : le règlement est fait pour être appliqué. Finalement, je me suis imposé comme interlocuteur incontournable dans un service qui rêvait de m'éjecter. Ce jour-là, c'était gagné !

Puis j'ai pu former des élèves, leur transmettre mon savoir. J'ai ainsi progressivement constitué mon équipe.
Certains sont des permanents, comme Sophie, qui a suivi mes activités médico-légales depuis le début. Officiellement secrétaire, son rôle s'est progressivement élargi à de multiples actions : relationnel avec le Parquet et l'Instruction, organisation des autopsies, gestion des scellés, bref, un travail de coordination indispensable à l'équipe. Marie est arrivée plus tard : d'abord interne dans le service, elle a ensuite exercé comme chef de clinique. Mais cette fonction n'a qu'un temps : après trois ans de clinicat, elle va être définitivement titulaire.
D'autres sont de passage dans le service : internes,

étudiants de 6^(ème) année de médecine comme « Brad » ou encore stagiaires juristes comme « Pitt ». Parmi eux, certains ont été secoués par la découverte de la spécialité et ont abandonné l'idée d'être un jour légiste.

J'ai également mes correspondants extérieurs, des médecins installés qui ont bénéficié de ma formation, comme Nicole.

« Chef ? Vous venez ? » C'est Marie qui s'impatiente et m'extrait de mes réflexions.

Si c'était à refaire ? Je le referais.

3. La guerre des clans

Si les maniaques de la gâchette pouvaient régler leurs comptes pendant les heures ouvrables, le légiste ferait des nuits complètes. Mais non, faut que ça défouraille après 19 heures, sans respect pour les acquis sociaux. Voilà comment je me retrouve, un soir de mai, dans un quartier ordinaire Poitiers. Il est bientôt minuit, et j'ai loupé ma série policière préférée, pleine de flics qui n'ont peur de rien. Ce soir, ce n'est pas le cas des vrais, en chair et en os, qui m'entourent : eux ne sont pas des inconscients et connaissent les risques des armes à feu. Nous sommes là pour une visite tardive chez des gens du voyage semi-sédentarisés. Enfin, pour l'un d'entre eux, la sédentarisation définitive est acquise.

Il gît à terre, dans un espace assez étroit entre le pavillon et une vieille camionnette blanche rangée sur le terrain. Les enquêteurs, qui connaissent ce petit monde, ont déjà en main le scénario du règlement de comptes. La victime et le tireur présumé appartiennent à deux grandes familles manouches de Poitiers, les B. et les Z. L'un a épousé la sœur de l'autre, puis s'est envoyé l'épouse de son nouveau beau-frère. Lequel vient lui aussi de tirer un coup, mais avec du gros calibre et en pleine tête du malappris. Depuis, il a pris le large. Pas fou !

Les policiers redoutent désormais que la famille du mort ne revienne le venger. Deux rangées de policiers casqués, munis de gilets pare-balles et de fusils à pompe, barrent les deux extrémités de la rue, afin de dissuader d'éventuels intrus. Mais il n'est pas sûr que cela suffira à refroidir les ardeurs vengeresses du clan d'en face. Et tout le monde aimerait bien pouvoir plier bagage en vitesse. Ce qui explique la nervosité et les demandes pressantes du lieutenant.
— Faudrait faire fissa, doc !
— Oui ? Ben, quand même, il me faut un peu de temps… et puis, certes, il est tard, mais quand même.
— Si on reste trop longtemps ici, on va avoir des soucis !
— Vous en avez de bonnes, j'y vois rien ici. Vous n'avez pas un groupe ?
— Ben si, ils sont dans la rue, vous les avez bien vus, ils ont un gros « Police » dans le dos !
— Non, je veux dire un groupe électrogène ?
— Un quoi ? Eh, vous n'êtes pas avec les gendarmes, ici. On n'a pas leurs moyens !
— On n'y voit strictement rien, dans ce jardin. Personne n'a de lampe torche, chez vous ?
— Ben si, mais les piles sont presque finies. Et vous, vous n'avez pas la vôtre ? Z'avez qu'à prendre vos photos au flash, vous verrez quelque chose !
Vous parlez de conditions de travail ! Y en a qui ont de la chance que les légistes ne soient pas syndiqués ! Moi, je débute dans le métier, je travaille encore seul,

sans la petite équipe qui va, quelques années plus tard, m'accompagner et me seconder, avec tout le matériel nécessaire.

Je procède tant bien que mal à mes constatations, presque à tâtons. Mon client gît de tout son long, face contre terre. Il a deux plaies par balle à la tête, provoquée par un tir traversant. On verra plus tard si le projectile est entré côté face et ressorti côté nuque ou l'inverse. Pour l'heure, j'ai les mains en sang. Pas de gants ! Pas de combinaison ! De toute façon, je n'aurais pas eu le temps de l'enfiler. Bon, il faut sauver l'essentiel. Et faire vite : moi, je n'ai pas de gilet pare-balles. Ni de casque.

Je me presse d'emballer la tête et les mains de mon client dans des sacs en papier kraft, afin de ne pas perdre d'indices pendant le transport, et zou, on le glisse tout habillé dans la housse mortuaire. En route pour la morgue. Le corbillard quitte les lieux. Quelques secondes plus tard, au loin, dans la rue, des cris accompagnent son passage. Quelques crissements de pneus après, le lieutenant est rassuré.

— Bon, il est passé. Au moins, on est sûr que la preuve ne va pas s'envoler, soupire-t-il. Rigolez pas, doc, c'est déjà arrivé !

La camionnette blanche devant laquelle mon macchabée était couché porte sur son flanc plusieurs impacts de tir.

— Ça serait bien de faire de belles constatations sur la carrosserie, je ne suis pas sûr que la balle n'a pas traversé la camionnette après en avoir fait autant sur le bonhomme. Vous allez la saisir, bien sûr ?

Il faut avouer que je suis encore un peu naïf en ce qui

concerne mes clients potentiels. Le policier cache sa joie en entendant ma demande.

— Ouille, ouille, ouille ! Là, doc, c'est embêtant. Si on commence à saisir un camion des gens du voyage, on va pas être bien du tout. C'est pire que leur piquer leur femme !

— C'est dommage, si le projectile est déformé, ça peut perturber mes conclusions !

— Pff, tu parles d'une galère ! Bon, allez faire vos constates dans le pavillon, et pour le camion, on verra après.

Le rez-de-chaussée de la maison n'a pas vu le ménage depuis la création du monde, voire peut-être même avant le big-bang. Cela mis à part, il ne nous apprend rien sur le drame qui vient de se dérouler. Nous montons à l'étage. Les murs de la cage d'escalier sont criblés de plomb. Manifestement, on s'est arrosé à tout va à la chevrotine sans trop mégoter sur le prix des munitions. Confirmation à l'arrivée à l'étage : le plancher est jonché de cartouches par dizaines, beaucoup percutées, d'autres encore intactes. Quand on aime, on ne compte pas ! Le chasseur que je suis reconnaît au premier coup d'œil la présence de deux types de munitions : de la grenaille, celle qui a strié la cage d'escalier, et de la Brenneke, une balle basique, un gros lingot, mais de plomb, pas d'or, ce qui explique son prix accessible et son large usage pour la battue au sanglier, et accessoirement aux beaux-frères indélicats.

Les techniciens de l'Identité judiciaire, pressés eux aussi de s'en aller, s'activent pour récolter tous les indices. Au passage, ils mettent la main sur un fusil de chasse planqué sous un matelas, sentant encore très fort la poudre, sans doute l'arme du crime. Et encore un autre derrière une porte. Et un troisième, derrière une armoire. Le tout sous les cris des femmes qui insultent copieusement ces étrangers qui « viennent faire chier pour le principe ».

— Ça va, les gars, c'est bon, on a l'essentiel, on dégage ! Allez, fissa, et plus vite que ça !

L'ordre se répète de fonctionnaire en fonctionnaire.

— Allez, on dégage !

— Ouais, on dégage !

Tout le monde remballe en braillant. Je fais un dernier tour sur les lieux. La camionnette est toujours là, ce qui me contrarie. D'autant qu'en y regardant de plus près je viens de découvrir un nouvel indice. Une balle Brenneke a effectivement traversé la portière et est allée se loger dans le flanc opposé du véhicule, selon une trajectoire manifestement descendante, comme un tir depuis la fenêtre du premier étage. Cet élément peut se révéler capital au moment de la reconstitution et du procès. J'insiste donc.

— Et vous voulez quoi, que je leur pique la portière ? On va avoir l'air fin, au commissariat. Ils sont capables de venir porter plainte !

— Ben, n'empêche, cela pourrait être utile !

— Bon, je vous connaissais pas, mais vous êtes un emmerdeur, vous ! Vous y tenez vraiment ? Vous en avez vraiment besoin ?

— Moi, un peu, mais le balisticien, beaucoup, oui. Et le juge d'instruction aussi. Et le président des assises. Il serait heureux de l'avoir, le président des assises. En plus, c'est lui qui vous interrogera, le jour du procès. Et…

— Et qui d'autre ?

— Euh, non, c'est tout.

— Ah, putain, on est mal barré ! Jamais ils laisseront partir leur camion sur un plateau ! Le temps qu'il arrive, on aura l'émeute ! Le corps, déjà, ça a été chaud, alors leur camion, je ne vous dis pas !

— À défaut de plateau… prenez les clés et partez avec ! Tant qu'à avoir une plainte…

— Ah, putain, v'là autre chose ! Si vous croyez qu'ils vont nous donner les clés ! Et pour ce qui est de les trouver… Vous y tenez vraiment ?

— J'ose plus insister…

— Bon, doc, vous me promettez ? Vous vous expliquerez avec le proc, si j'ai des problèmes ? Eh, José, tu sais toujours démarrer une tire ?

Moins de deux minutes plus tard, la camionnette démarre sans les clés avec José, hilare, au volant, puis fonce dans la rue et passe… sans résistance.

— Ben oui, ils sont pas fous, ils ne vont pas prendre de risques avec leur camion. C'est pas comme avec les PFG[3], se lâche le lieutenant !

Ouf, l'essentiel est sauvé. Le repli général est prononcé.

Quelques heures plus tard, je procède à l'autopsie de la victime. La famille est dans le hall du CHU et fait son ramdam, mais avec quelques policiers en arme aux issues de la morgue, j'ai la paix.

Hormis la blessure mortelle à ta tête, le corps ne présente strictement aucune autre lésion. Pas même le moindre signe particulier, en dehors de quelques tatouages de facture très banale. L'ordinaire des séjours en taule : des points aux significations vachardes, le classique « À maman pour la vie », les tatouages détatoués et retatoués au gré des amours éphémères. Un

---

[3] Pompes funèbres générales.

examen précis des impacts de tir me permet en revanche de donner des précisions aux enquêteurs.

Le projectile est entré par le milieu de la pommette gauche, comme l'attestent la forme légèrement rentrante du cratère au niveau de la peau, dû à l'enfoncement du derme lors de la pénétration de la balle, et la présence de la « collerette d'essuyage » du projectile.

Dans toute arme à feu, la balle poussée par les gaz frotte le long des parois du canon, raclant au passage toutes les particules laissées par le tir précédent. Lorsqu'elle pénètre dans la peau, elle dépose ces particules sur les berges de l'orifice d'entrée, laissant un petit cercle noir autour du trou.

L'orifice de sortie se situe sur la nuque, évasé vers l'extérieur et comportant des lambeaux de tissu cérébral emportés par la balle en sortant. Cas simplissime ne laissant pas de place au doute. La victime a été tuée net d'un seul coup de feu, une balle de gros calibre tirée de haut en bas et d'avant en arrière. Fin des opérations.

Quelques années plus tard, la cour d'assises se réunit à Poitiers pour juger le tireur présumé, que la police a fini par coincer. Convoqué à la barre, comme toujours, je note en arrivant au tribunal qu'un dispositif de sécurité inhabituel est déployé. Portique de détection des métaux, policiers lourdement armés dans les couloirs et autour du palais de justice, tout cela fait régner une ambiance particulièrement lourde. Les autorités judiciaires redoutent des incidents entre les deux familles, dont les représentants sont venus en nombre dans la grande salle.

L'audience se déroule pourtant dans le calme. Vient mon tour. Le président, que je connais bien, m'appelle à la barre. Je m'avance, décline mes nom, prénom, âge et profession, avant de prêter serment. Je présente ensuite aux jurés les conclusions de mon rapport d'autopsie, reprenant, à partir des observations matérielles faites sur le corps de la victime, l'affirmation d'un tir de haut en bas (à partir de la fenêtre) et de l'avant vers l'arrière.

À la fin de mon intervention, aucune question. Mais les choses sont tellement claires que je ne suis pas étonné. Le président reprend la parole.

— Merci, docteur. Avant de vous libérer, la cour souhaiterait que vous assistiez à la disposition du balisticien. Nous pourrions avoir des questions à vous poser ensuite.

Classique. Je retourne à ma place sur les bancs de la salle, laissant la barre encore chaude à mon collègue expert en balistique. Lequel se lance dans l'explication des laborieuses reconstitutions de trajectoire effectuées à l'aide de rayons laser. Au total, plus de cent vingt heures de travail qui l'amènent à sa conclusion : la victime a été atteinte par un tir de bas en haut et d'arrière en avant. Exactement l'inverse de ce que je viens de raconter si doctement. Heureusement que je suis assis.

À cet instant, la transcription exacte de mes pensées nécessiterait l'emploi de termes absents des dictionnaires ordinaires et d'un usage contraire aux bonnes mœurs littéraires. Car si la défense et l'accusation s'emparent d'une telle contradiction, on est parti pour des heures de débat et quelques échanges musclés d'où l'orgueil et la susceptibilité professionnelle des experts ressortent en général façon puzzle. Au moins pour l'un des deux. Ma journée est foutue. Machinalement, je rentre la tête dans les épaules, en prévision de la foudre qui ne va pas tarder à me tomber dessus en plein prétoire.

Les premiers instants de calme ne me surprennent pas. Avant la tempête, c'est toujours comme ça. J'attends le déferlement des questions qui ne va pas manquer de partir du côté des robes noires. Je sens que le balisticien, qui a également assisté à ma déposition, est mal à l'aise, passant le poids de son corps d'un pied sur l'autre, carrément crispé à la barre. Il sait bien que lui et moi avons un sacré problème.

La voix assurée du président ponctue la fin de la déposition de mon collègue.

— Merci, monsieur l'expert. Est-ce que monsieur l'avocat général a des questions ?

— Pas de questions, monsieur le président.

Tiens, il dormait ? Il n'a pas entendu ? Je le connais, ce n'est pourtant pas le genre ! Je n'ose y croire.

— Est-ce que l'avocat de la partie civile a des questions ?

— Pas de questions, monsieur le président.

Là, je rêve.

— Est-ce que l'avocat de la défense a des questions ?

— Aucune, monsieur le président.

Cette fois, c'est sûr, j'ai dû entrer par erreur dans la quatrième dimension.

— Bien, puisque personne n'a de questions, je remercie messieurs les experts qui peuvent quitter la salle.

Inutile de préciser que la sortie est rapide. Pas question de rester sur place une seconde de plus, au risque d'un revirement des uns ou des autres. Nous sortons, nous bousculant presque à la porte qui nous paraît bien étroite, sonnés comme deux zombies. À peine les lourdes portes capitonnées refermées, nous nous regardons avec des yeux comme des soucoupes.

Lui : je suis sûr qu'il a été tiré par-derrière.
Moi : je suis sûr qu'il a été tiré par-devant.
Nous : il y a quelque chose qui nous échappe.

Le tireur a pris trois ans fermes : il ne fallait pas énerver les manouches. Selon les débats, il ne l'avait pas fait exprès. Personne n'a fait appel, pas même le parquet.

4. Bones Collector (histoires d'os)

1 - Le lycée de Châtellerault.

Mars 2003. Le lycée de Châtellerault est en pleine rénovation. Les ouvriers s'activent à la réfection de la chaufferie et de l'ensemble des conduites de chauffage qui circulent sous la surface, dans de grands caniveaux de béton. Pour accéder à ces canalisations, ils doivent soulever les couvercles fermant l'accès à ces tranchées enterrées. Une petite équipe d'hommes en bleu de travail, casque sur la tête, s'active autour d'un engin de manutention. Les unes après les autres, les plaques de béton quittent leur logement et sont déposées délicatement le long de la tranchée.
— Tiens, c'est quoi, ce truc ?
Le chef d'équipe fait signe au conducteur de l'engin de levage de stopper ses manœuvres. Il vient d'apercevoir, dans le caniveau, un gros sac de plastique noir coincé entre les tuyaux. Un objet qui n'a manifestement rien à faire à cet endroit. Sur son ordre, un des ouvriers descend dans la tranchée encombrée par les tubes du chauffage.

— Ce n'est pas bien lourd, dit-il en se saisissant du sac.

Le mouvement déclenche aussitôt une série de petits claquements secs.

— Il y a des trucs qui brinquebalent, là-dedans. C'est bizarre.

On sent une pointe d'inquiétude dans la voix du volontaire désigné d'office pour cette mission. Curieux et vaguement inquiets, les autres se taisent. Même le grutier est descendu de sa machine pour s'approcher. Mais pas trop. On ne sait jamais.

Voilà. Le sac est maintenant aux pieds du chef qui l'examine sous toutes les coutures[4]. Façon de parler. Il s'attarde sur la cordelette qui le ferme hermétiquement. Puis, d'un geste affirmant son autorité, il sort son Opinel de sa poche et d'un coup sec crève l'enveloppe de plastique. Immédiatement, une partie du contenu se répand sur le sol, provoquant un mouvement de recul des témoins.

— Merde !

Le commentaire est bref mais adapté : devant lui s'est étalée toute une collection d'ossements. Des os de toutes les tailles, entiers ou en morceaux, d'autres avec des dents, des bouts de crânes et des crânes entiers. Des os par dizaines. Et pas besoin d'être un grand expert en anatomie comparée pour savoir qu'il s'agit de restes humains. Les crânes et les tibias qui émergent de ce mikado macabre ne laissent aucun doute. Le chef a tout de suite compris que les ennuis allaient commencer. Ce genre de découverte, sur un chantier, c'est l'arrêt des travaux, un tas de types qui débarquent, fourrent leur

---

[4] Notez l'inadaptation de l'expression au monde moderne : les sacs ne sont plus cousus, mais soudés.

nez partout et amènent plein d'autres ennuis à la clé.

— Qu'est-ce qu'on fait, chef ? demande le grutier.

— On prévient le boss. À lui de décider.

Le grand chef, pas vraiment ravi d'apprendre la nouvelle, ne veut prendre aucun risque. Il téléphone à l'un de ses bons potes qui est gendarme. Rien de mieux que l'avis autorisé d'un homme d'expérience. Au bout du fil, le militaire se livre à un premier diagnostic, sur un ton mi-sérieux :

— Au moins, on est sûr que tu n'as pas éventré une sépulture mérovingienne. Pas besoin des archéologues.

— T'es gentil, mais je fais quoi, maintenant ?

— T'inquiète. On va voir le légiste. Lui nous dira si tu nous as trouvé la piste d'un *serial killer*.

C'est ainsi que la brigade de recherches de Châtellerault (la BR pour les intimes) débarque le lendemain au CHU avec le fameux sac. Je mets toute mon équipe au travail pour cet inventaire un peu particulier. D'abord, s'assurer qu'il s'agit bien de restes humains. Puis classer les os, dénombrer le nombre de corps. Ensuite, chercher d'éventuelles traces de violence. Enfin, établir autant que faire se peut le délai qui nous sépare de la mort.

La salle d'autopsie se transforme pour l'occasion en salle de tri. Gros avantage de cette opération : pour une fois, cela ne sent rien. Même pas une odeur d'os. Ce qui prouve que ces ossements datent « d'il y a longtemps ».

— Je suis avancé, avec une précision pareille ! me lance le gendarme de la BR.

En tout cas, voilà qui me change des remugles de putréfaction et autres puanteurs de nos macchabées habituels. Il n'y a que dans les séries télévisées, celle des *Experts* en particulier, que les morts ont l'air en bonne santé. Chez nous, c'est plutôt la cour des miracles. Entre le boursouflé violet, le bouffé aux asticots qui tire sur le vert et le pourri noirâtre, ça ne sent pas souvent le marché provençal. Tu parles d'une clientèle !

Si les os n'ont pas d'odeur, en revanche, ils ont une couleur, une sorte de patine acquise avec le temps, qui varie d'un squelette à l'autre selon son environnement. Le premier travail consiste à regrouper les pièces de même teinte, celles-ci ayant toutes les chances de correspondre à un même environnement, c'est-à-dire à un même individu. Puis à essayer de reconstituer des squelettes complets.

Après quelques heures de patientes comparaisons, le résultat s'étale sur de grands draps blancs. Nous avons cinq fémurs gauches et trois fémurs droits, dont deux ne correspondent, en taille et couleur, à aucun fémur gauche. Tous manifestement de taille adulte. Donc sept individus différents. Et puis, il y a deux crânes bien conservés, de petit volume, correspondant à de jeunes enfants de moins de 5 ans. En effet, ce n'est qu'après la cinquième année que la boîte crânienne du petit humain prend un volume proche de son volume définitif. Par la suite, la tête va continuer à augmenter de volume, mais essentiellement du fait de la croissance du visage. Le crâne, lui, a déjà quasiment sa taille définitive. Sept fémurs adultes et deux crânes d'enfants, nous voilà à neuf morts. Et ce n'est pas fini.

Car dans le sac il y a aussi deux rochers, ces parties osseuses situées à la base du crâne qui contiennent l'oreille interne et l'oreille moyenne. Mais ils ne correspondent pas aux crânes présents, auxquels aucun rocher ne manque. Ce ne sont pas non plus les rochers d'un même individu. Certes il y en a un droit et un gauche, mais le droit est beaucoup plus petit que le gauche. Donc deux individus de plus. Tous deux sont de petite taille, ce sont des rochers d'enfants. À ce stade, nous avons onze individus : sept adultes et quatre enfants. Et ce n'est sans doute qu'une estimation basse. Car le sac recèle aussi des mâchoires inférieures dont certaines ne s'articulent pas aux crânes présents, des côtes et des vertèbres qu'il est difficile de rattacher à l'un ou l'autre reste.

À vue de nez, nous sommes en présence d'une bonne quinzaine de participants dans ce grand méli-mélo. Pour avoir une idée plus précise du nombre, il faudrait faire des analyses génétiques, longues et coûteuses. Là, nous aurions une réelle réponse scientifique. Ce n'est pas à l'ordre du jour. Car ce qui intéresse surtout les gendarmes, c'est de savoir si ces morts en pièces détachées ont passé l'arme à gauche il y a plus de trente ans. Ce qui permettrait d'arrêter l'enquête en évoquant la prescription trentenaire.

La prescription. C'est tout un programme pour les étudiants en droit, quelle que soit leur matière. C'est la période au terme de laquelle plus aucune action n'est possible devant une juridiction, que ce soit pour poursuivre un délinquant ou un criminel ou pour obtenir une indemnisation. Dans les crimes, la prescription des poursuites est acquise dix ans après la date des faits. En fait, c'est un peu plus compliqué, ce qui donne lieu à de subtils débats judiciaires. Par exemple, tout acte d'instruction interrompt la période de prescription. Ou encore, les crimes contre l'humanité sont imprescriptibles. Sans parler des séquestrations, qui obéissent à des règles particulières.

Bon, soyons clairs, malgré l'espoir de mon équipe de débusquer l'affaire criminelle du siècle, je n'ai aucune chance que mon sac d'os soit la conséquence d'un crime contre l'humanité. Vu que le sac-poubelle en plastique est une invention toute récente et que cela fait fort longtemps qu'il n'y a pas eu d'extermination dans le Poitou. Sauf celle de sangliers lors de battues administratives.

Comment savoir si le propriétaire de l'un de ces crânes est décédé il y a moins de trente ans ? L'interrogatoire de la victime s'avérant impossible, il nous faut trouver autre chose. Le problème, c'est la période qui nous intéresse. Un passé lointain, c'est facile. Une petite analyse isotopique au carbone 14 et le tour est joué, la réponse dissuadera définitivement les enquêteurs de rechercher un tueur en série de l'époque gallo-romaine. Un passé très récent, c'est actuellement du domaine de la recherche ou de la fiction. Pourquoi ne pas imaginer que la catastrophe de Tchernobyl (1986) a laissé quelques traces dans nos os sous forme de nucléotides radioactifs ? Mais « plus de trente ans » ? C'est un problème pour la science, typiquement le genre de question qu'un légiste n'aime pas trop. Or la réponse est urgente. Comme toujours. Car l'avenir du chantier est en jeu. Faut-il poursuivre les fouilles ?

À défaut de technique accessible, je pars sur un terrain que je maîtrise. Les dents, une de mes premières passions, qui date de l'époque où je soignais les vivants.

À l'œil nu, déjà, une première évidence s'impose : il n'y a que de très rares caries, d'ailleurs minuscules, et surtout aucun soin dentaire. Pas la plus petite trace du moindre soin. Des dents en parfait état. Circonstance rare dans la France des xxe et xxie siècles.

Seconde phase : l'examen à la loupe binoculaire stéréoscopique. Le bonheur du légiste, cet instrument. J'ai choisi un zoom qui fait varier le grossissement de six à soixante fois. Et là, une autre évidence se fait jour. Toutes les quenottes que j'examine présentent une usure importante de leur émail sur les surfaces de mastication. Y compris chez les enfants. Ce caractère particulier traduit un régime alimentaire riche en éléments durs qu'il faut mâcher avec énergie, ou contenant de minuscules poussières minérales. On retrouve cette usure sur des dents très anciennes, plusieurs milliers d'années, liée à la consommation de céréales broyées sur des pierres ou de racines résistantes. Plus récemment, les farines obtenues par les meules de pierre contenaient toujours une petite quantité de poussière de roche qui, lors de la mastication, avait une action abrasive. Bref, tout cela évoque pour moi une période ancienne, largement antérieure aux trente dernières années. Le Moyen Âge aurait ma préférence.

J'en suis là de mes réflexions lorsque Sophie, qui s'intéresse depuis un moment à quelques morceaux de papier journal retrouvés au beau milieu du tas d'os, se redresse et pousse un cri.

— J'ai trouvé !

Le bras droit levé, elle agite un fragment en guise de trophée.

— Le 17 février 1973 !

— Pardon ? Vous pouvez nous expliquer ?

— Le 17 février 1973, c'est écrit sur le journal, là. Regardez, chef. Les os ont été mis dans le sac ce jour-là.

— Quelle précision ! Ils ont écrit dans le journal

qu'ils mettaient les os dans un sac-poubelle ce jour-là ?

— Moquez-vous. En attendant, j'ai trouvé.

— Bon, le raisonnement est un peu rapide, la précision un peu excessive, mais c'est un élément intéressant.

Joignant le geste à la parole, Sophie me montre le morceau de papier imprimé. Cette date renvoie, à quelques jours près, à plus de trente années en arrière, au grand soulagement des gendarmes présents. Surtout, elle correspond à une période de travaux pour la construction du lycée. Or il a été implanté sur le site d'un ancien monastère, architecture religieuse connue pour être habituellement associée à un ou des cimetières.

Nous pouvons enfin établir un scénario cohérent. 1973 : des travaux de terrassement pour le chauffage du lycée ouvrent accidentellement quelques vieilles tombes d'un ancien cimetière oublié du monastère. Ces tombes sont anciennes, sans doute du Moyen Âge. Les os sont rassemblés, mais la découverte vite est dissimulée. Car des os, dans une région d'art roman, de cimetières mérovingiens, de lazarets, ce n'est pas ce qui manque. Alors, s'il fallait tout arrêter à chaque fois...

L'hypothèse du *serial killer* s'évanouit. Les travaux peuvent reprendre.

2 - Os en garde à vue

Le transport de restes humains d'origine indéterminée est une activité à haut risque. Cet automobiliste lambda, qui remonte du Sud-Ouest et se dirige vers la Belgique au volant de sa berline, ne va pas tarder à l'apprendre à ses dépens. Mais pour l'instant, son souci est de dormir. Il est près de 2 heures du matin, il roule depuis des heures sur l'autoroute, la fatigue commence à se faire sentir. Justement, à quelques kilomètres au sud de Poitiers, sur l'A10, une aire de repos est annoncée. Il se met sur la file de droite, décélère et vient se ranger dans un coin tranquille. Contact coupé, l'homme incline le dossier de son siège. Il ne lui faut pas longtemps pour basculer dans le sommeil.

De nombreuses séquences de ronflements plus tard, le sommeil l'empêche de voir arriver derrière sa voiture un véhicule qui serait banal s'il n'arrivait moteur au ralenti, discrètement signalé par ses veilleuses. Trois hommes en sortent silencieusement. Des hommes armés. Quelques coups secs et répétés tapés sur sa vitre arrachent notre ronfleur au merveilleux monde du rêve. Ouvrant les yeux, il a la peur de sa vie. La réalité est en uniforme.

— Bonsoir, c'est la douane. Vos papiers, s'il vous plaît.

Dehors, les trois silhouettes en pantalon à galon rouge le toisent. L'une, munie d'une forte lampe torche, balaie l'habitacle d'un faisceau de lumière crue. Encore dans les brumes de sa courte nuit, le conducteur extrait péniblement de sa poche un portefeuille fatigué, lui aussi, dont il extrait les documents. Pendant que l'un des douaniers se plonge dans l'examen détaillé du permis et de la carte grise, un autre reprend la main.

— Vous pouvez ouvrir le coffre du véhicule ?

Le mode interrogatif n'est d'ailleurs que de pure forme, la demande s'apparentant plus à un ordre qu'à une prière à saint Antoine de Padoue. Le contrôlé croit avoir quelques souvenirs de droit pénal enseigné au comptoir du *Balto*, son bar-tabac préféré, et bafouille :

— Heu, vous n'avez pas le droit.

— Ben si.

Cette fois, le ton est péremptoire. Mauvaise pioche. Un douanier a presque tous les droits, et surtout celui de fouiller votre véhicule. Il ne reste au malheureux qu'à obtempérer. Il le fait avec une telle mauvaise grâce que les gabelous tiquent. Ce citoyen a visiblement quelque chose à cacher. Ça sent la belle prise, qui sait, peut-être la prime ? Les képis observent avec une attention redoublée l'ouverture de la malle arrière. L'ambiance devient fiévreuse[5].

La fouille est rapide. Deux sacs de voyage, un bidon d'huile, une vieille couverture, une bouteille d'eau en plastique vide. Rien que le contenu ordinaire d'un coffre de voiture. À un détail près. Ce coffre en bois, placé sous les sacs, qui attire immédiatement l'œil des professionnels.

— Qu'est-ce que c'est ?

— Heu, des souvenirs pour mon petit-fils.

— Ouvrez.

— C'est juste des souvenirs, on a ça dans la famille depuis des générations...

---

[5] Malgré cela, la malle arrière n'est pas une maladie, contrairement à la malaria.

Cette fois, les douaniers en sont sûrs, ils tiennent un client.

— Bien sûr. Des souvenirs. Ouvrez, s'il vous plaît, et sans discuter.

Puisque c'est demandé si gentiment, l'automobiliste s'exécute. Il manœuvre le loquet, bascule le couvercle. Le faisceau puissant de la torche douanière éclaire violemment un paquet d'ossements bien rangés, surmontés d'un crâne qui sourit de toutes ses dents.

— Intéressants, les souvenirs de famille, lâche celui des gabelous qui a de la conversation.

Le moins bavard fait un effort et s'adresse aux deux autres.

— Ça me rappelle cette vieille histoire, quand il y avait encore la frontière. La belle époque. Vous vous souvenez, cette famille en vacances dans un camping en Espagne ? Et la grand-mère qui casse sa pipe là-bas ?

— Oui, pour éviter les frais et les problèmes à la frontière, ils sont revenus en France avec l'aïeule enroulée dans la toile de tente fixée sur la galerie du toit.

— Ouais ! Et à peine passé la frontière, ils sont allés au troquet pour libérer leurs angoisses dans l'alcool. Sauf qu'ils avaient laissé les clés sur le contact, t'as un couillon qui a piqué la voiture ! Je te raconte pas les explications, au poste !

— Vous pouvez nous dire ce que ces os font dans votre voiture ?

— Je vous l'ai dit, c'est pour mon petit-fils. Il fait ses études de médecine en Belgique et il en a besoin pour réviser son anatomie.

— En Belgique ?

— Ben oui, en Belgique.

— Et vous, vous venez d'où ?

— Du Pays basque.

— Français ou espagnol ?

— À votre avis ? Mes papiers, ils sont bien français, non ?

— Oui, mais le Pays basque, lui, il peut être français ou espagnol.

— Non, le Pays basque, il est basque.

— Vous êtes de l'ETA ?

La question est pour le moins directe, la réponse également :

— Putain, les douaniers, c'est bien tous les mêmes, que ce soit ici ou ailleurs !

— Vous nous avez traités de putains ?

Le douanier est joueur, et pour l'instant, il chauffe son client. Celui-ci, encore embrumé, n'a pas remarqué les sourires ironiques des gabelous.

— Et vous les avez trouvés où, ces os ?

— Ils sont dans la famille depuis des générations. Mon père me les a donnés, et maintenant, je les porte à mon petit-fils qui fait ses études de médecine en Belgique.

Le transporteur de squelette a beau se répéter, il ne parvient pas à convaincre les douaniers. Pas plus que les gendarmes, appelés à la rescousse, qui décident de placer tout le monde, vivant et mort, en garde à vue, le temps d'y voir plus clair.

À la gendarmerie, où l'on reprend les interrogatoires depuis le début, la destination belge de l'interpellé fait tiquer les enquêteurs. Le nord de la France et la Belgique sont en pleine affaire Fourniret. Et si le type aux ossements était un *serial killer* se baladant avec les restes de ses victimes ? L'ambiance devient pesante dans les locaux de la brigade de recherches. Le procureur, avisé, demande qu'on le tienne au courant. Ça se gâte pour l'automobiliste, qui doit maintenant faire face aux salves de questions.

— Pour ces os, vous avez des factures ?
— Ben non, comment vous voulez que j'aie une facture. Ça fait tellement longtemps qu'on les a.
— Quelqu'un peut en témoigner ?
— Heu, pas à Poitiers, en tout cas.

Face à ces tergiversations, le procureur demande une expertise « en urgence » qui me tire du lit à l'aube. Le jour est à peine levé quand le gendarme arrive au CHU avec le précieux coffret de bois. J'ai préparé le café pour mon visiteur. C'est Kirikou qui a hérité de la corvée. Le surnom étonne, s'agissant d'un représentant de la maréchaussée, mais il lui va comme un gant. Il semblerait, selon des sources obscures, que ce surnom lui ait été attribué par mon unité. Sans que je sache qui en est à l'origine. Il faut dire que depuis que nous le connaissons, chacune de ses visites dans l'unité est un rayon de soleil dans notre monde obscur : c'est que le garçon est petit et gentil, comme le héros du dessin animé. D'où Kirikou. Ce qui ne l'empêche pas d'avoir une grande compétence en matière criminelle.

La mission, telle qu'elle m'est parvenue sur le fax à en-tête du palais de justice, me demande de « dire, dans les délais d'une garde à vue, si ces ossements humains peuvent provenir d'un laboratoire d'anatomie et être destinés à l'apprentissage de l'anatomie ».

Il n'y a plus qu'à, surtout que le texte ne précise pas si les vingt-quatre premières heures de garde à vue vont être ou non prolongées.

Premier élément intéressant, la caisse. Il s'agit d'un

coffret de bois, patiné par le temps, portant sur sa face avant une inscription à demi effacée. On peut encore lire : « laboratoire d'a... » La suite a disparu, mais la probabilité pour qu'il s'agisse d'un « laboratoire d'anatomie » n'est pas nulle.

L'examen du contenu réserve une première surprise. Je suis face à des éléments provenant d'au moins trois squelettes différents, d'après les colorations. La plupart des os sont recouverts d'une patine foncée, d'aspect gras, caractéristique des os qui ont été longuement manipulés. Sur leurs surfaces, les crêtes d'insertion des muscles ont été soulignées à l'aide d'un trait à l'encre, et les zones d'insertion des muscles sont entourées au crayon rouge. Pour tous ces éléments, le doute n'est pas permis : ils proviennent bien d'un laboratoire d'anatomie et ont été étudiés par des générations d'apprentis carabins.

En revanche, quelques ossements ont moins fière allure. Ils sont en mauvais état, leurs extrémités s'effritent. Certains ont même quelques fragments de terre encore accrochés à leur surface. Ceux-là sortent manifestement de terre.

À 10 heures du matin, je peux annoncer mes conclusions provisoires : il existe deux groupes d'os. Des pièces préparées par un laboratoire spécialisé et ayant déjà servi à l'enseignement. Et des pièces extraites très vraisemblablement d'un cimetière.

Je referme la boîte qui repart avec Kirikou. Vu mes conclusions, le procureur fait libérer le bonhomme. Mais sans son précieux coffre qui reste sous scellés le temps que j'écrive le rapport définitif.

Fort marri, l'homme va rejoindre son petit-fils sans le

cadeau qu'il lui avait promis. Déçu et se sentant spolié de ce qui était en quelque sorte son « héritage », le futur médecin n'en reste pas là. Il envoie une belle lettre à « Monsieur le Directeur de l'institut médico-légal du Poitou-Charentes ». Ce jour-là, j'ai pris du galon ! Demandant la restitution de son bien, il argumente. S'il étudie la médecine en Belgique, c'est parce qu'il a raté deux fois de suite le concours d'accès aux études médicales en France, ce qui lui barrait définitivement la route. Mais tenant absolument à embrasser la carrière, il s'est exilé du côté de Bruxelles, dont les facultés accueillent alors sans trop de formalité les étudiants français (ce n'est plus tout à fait vrai aujourd'hui). Quant au coffret d'os, en possession de la famille depuis des lustres, il était bel et bien destiné à son apprentissage de l'anatomie.

Le parquet, informé de cette démarche et constatant l'absence de toute infraction, donnera son accord pour la restitution.

3 - Partie de foot

Tout commence en Charente, dans un lotissement en cours de construction. Quelques pavillons sont déjà sortis de terre. D'autres en sont encore aux fondations qu'une énorme pelle mécanique creuse sans discontinuer, extrayant des mètres cubes de terre de ce qui était encore, il y a quelques mois, un paisible pâturage à l'orée du bourg. Ces déblais forment dans chaque parcelle de petites collines artificielles que les enfants des premiers occupants du lieu s'empressent de monter et de descendre sur leurs bicyclettes.

C'est l'un de ces cascadeurs en culotte courte qui fait la découverte.

— Hé ! Les gars, regardez, un ballon.

Émergeant du remblai, une forme blanche et arrondie laisse entrevoir la possibilité d'une partie de foot. Aussitôt, quelques gamins sautent de vélo et entreprennent d'extraire l'objet du désir coincé dans sa gangue argileuse. Après de rudes efforts, la chose sort enfin de son trou. Oh, surprise ! Ce n'est pas le ballon tant espéré, mais un crâne qui s'offre à eux. Le doute n'est guère possible, avec ces deux orbites vides et les dents bien visibles sur la mâchoire supérieure. Mais la mandibule, elle, est absente. Le choix est vite fait. Jouer aux pirates sans fémurs ni tibias est impossible, ce serait un manque de respect vis-à-vis du drapeau. Loin de se laisser gagner par la déception, les mômes se précipitent sur le terrain improvisé, la boule en os au crâne rempli d'argile sous le bras. Le match peut commencer. Mais dès les premières passes, les joueurs déchantent. Ce machin ne rebondit pas bien, ses trajectoires sont totalement imprévisibles, sans compter le drôle de bruit, quand on shoote dedans. Ils en sont à se dire que, finalement, le vélo sur les buttes de terre est bien plus amusant, lorsque déboule l'un des parents de la marmaille. L'adulte suspend immédiatement la rencontre, confisque le ballon et téléphone aux gendarmes. Fin de partie et début des investigations.

Cette fois-ci, les gendarmes n'ont pas de doute, l'affaire est criminelle. Un bel impact de balle a fait un beau trou bien rond de 9 millimètres de diamètre dans la tempe droite. À l'opposé, un autre trou, ovale, plus grand, a emporté l'os en le faisant éclater vers l'extérieur. Déception des militaires : la balle est perdue. Après une brève exploration des lieux de découverte, un principe de réalité élémentaire s'impose : on ne va pas retourner tout le terrain pour retrouver les autres os. Vu la surface du lotissement et ce qui a déjà été construit, la manœuvre est par avance vouée à l'échec.

Du coup, j'hérite très vite du ballon. La mission est simple : déterminer l'identité de la victime et rechercher les causes et les circonstances de la mort. Bon, pour le second point, j'ai l'impression que l'on se moque gentiment de moi et que l'on a déjà la réponse. Quoique : pour la cause, OK. Une balle, un trajet cérébral et les lésions qui vont avec, donc un décès par arme à feu. Je m'étonne moi-même de mon talent divinatoire. Mais pour l'autre partie de la question, c'est plus complexe. Car j'ai plusieurs hypothèses que j'énonce très vite : un meurtre (abréviation judiciaire du terme « homicide volontaire »), un accident ou… un suicide. Difficile de faire le distinguo au premier coup d'œil. Au travail !

La forme et le volume de ce crâne sont caractéristiques du genre féminin. En particulier, la taille des apophyses mastoïdes, ces bosses osseuses dures situées en arrière et au-dessous des oreilles et sur lesquelles s'insèrent les muscles du cou, ne laisse aucun doute. Celles-ci sont beaucoup plus courtes que chez un mâle. Même chose pour la capacité crânienne, statistiquement inférieure chez les sujets féminins, ce qui ne préjuge en rien de l'intelligence du contenu. Je précise qu'ici j'ai d'abord ôté l'argile ! Des soins dentaires indiquent clairement qu'il ne s'agit pas d'un reste ancien extrait d'un antique cimetière. Et vu la qualité et le type de soins, ainsi que les matériaux utilisés, cette fois, il n'y a pas de doute, la mort est récente. Moins de trente ans, peut-être moins de dix.

De leur côté, les enquêteurs se sont quand même lancés à la recherche du squelette correspondant. Mais le tamisage de la quasi-totalité du remblai n'a rien donné. Tout comme les tentatives pour essayer de savoir de quelle parcelle provenait la terre. Ne reste, pour tenter d'éclaircir cette affaire, que le crâne désormais en ma possession.

À deux, on réfléchit mieux et on a plus d'idées. J'appelle à la rescousse mon ami Pierre Fronty, chirurgien-dentiste et expert, mon grand complice dans des aventures extraordinaires comme le crash de l'A10 en 2002 ou les travaux sur les dysplasies d'Abel, l'australopithèque tchadien découvert par Michel Brunet.

Nous entreprenons l'étude détaillée de la dentition du maxillaire supérieur. Il ne manque que deux dents, tombées après la mort. De nombreux soins témoignent de la fréquentation régulière des dentistes. L'évolution des techniques dentaires permet de repérer trois grandes périodes de soins. La plus ancienne comprend des amalgames devenus friables (le terme grand public est « plombages ») et une couronne en or entièrement façonnée à la main. Du travail d'orfèvre. À l'époque, point de mondialisation pour la fabrication des couronnes et bridges dentaires, pas de tourisme médical en Inde. C'est du « made in France » en deux parties : le tour de la couronne, à partir d'un ruban d'or, ajusté à la pince sur la dent, et la surface de mastication, une tablette soudée à la partie supérieure de la bague. Cette technique artisanale et fort coûteuse, réservée à une clientèle haut de gamme, remonte à plusieurs dizaines d'années.

D'autres prothèses, en acier celles-là, sont de facture moins ancienne. Elles ont été fabriquées à partir d'une empreinte du moignon de la dent dont on a tiré un moulage en plâtre. Sur ce moulage, le prothésiste a sculpté une dent en cire, mise en moufle pour la coulée du métal en fusion. C'est la technique de la cire perdue, beaucoup moins onéreuse et plus récente que la précédente.

Enfin, des couronnes « céramo-métalliques » témoignent de soins récents. Ces prothèses sont faites d'un support métallique recouvert de plusieurs couches d'émail. Les couronnes ont ainsi une teinte quasi identique à celle du reste de la dentition.

Conclusion de notre étude : ces soins montrent que nous avons affaire à une femme d'un certain âge, entre 50 et 60 ans, qui a connu au moins trois phases de soins dentaires, avec peut-être des praticiens différents. De quoi orienter les recherches des enquêteurs !

Patients et tenaces, ceux-ci épluchent alors tous les dossiers de disparitions de la région. Ils exhument de leurs cartons une affaire de disparition inquiétante signalée par un mari, quelques années auparavant. À partir de cette identité présumée, tout est plus facile et tout va plus vite. Les enquêteurs saisissent ses dossiers dentaires et son dossier médical d'hospitalisation qui faisait suite à une chute violente. Voilà suffisamment d'éléments pour poursuivre nos investigations médico-légales. Ce que l'on appelle la phase comparative : retrouverons-nous dans les dossiers la trace de ces soins ?

Mais les annotations reportées par les différents chirurgiens-dentistes dans leurs dossiers sont parfois imprécises et ne permettent pas d'affirmer avec une certitude scientifique que le crâne est bien celui de la disparue. Rien d'incompatible, mais il manque des éléments de comparaison. Le doute persiste, que pourrait lever une radiographie du crâne retrouvée dans le dossier médical. En possession de ce document et de la pièce à conviction, nous nous rendons chez un ami radiologue, qui fait une radiographie de comparaison.

Nous sommes quasiment sûrs d'être sur la bonne piste. C'est dire si nous tombons de haut devant les deux radios placées côte à côte sur le négatoscope. À gauche, l'*ante mortem*, le cliché du dossier médical. À droite, le *post mortem*, celui que vient de faire notre radiologue. Et ça ne colle pas ! Il y a bien un air de famille, mais les deux images sont impossibles à superposer. Les sinus frontaux, en particulier, ne sont pas de la même taille. Nous nous gratterions encore la tête devant ce mystère sans le manipulateur radio qui arrive derrière nous, jette un œil sur les clichés et lance immédiatement :

— C'est le même malade. Mais l'incidence n'est pas la même. À gauche, c'est un occiput-plaque, à droite un front-plaque. L'inverse, quoi. Il faut refaire le cliché.

— Nous n'avons rien compris.

Il nous explique :

— Votre cliente était tombée sur l'arrière du crâne, l'occiput. Pour rechercher une fracture, le radiologue a mis l'occiput au contact de la plaque. Nous, sur votre ballon, nous avons mis le front au contact de la plaque. Pas l'occiput. Moralité : les images sont déformées. C'est pour cela que vous avez un air de famille. Mais c'est bien le même client, regardez les sinus frontaux : ils n'ont pas la même taille, mais ils ont la même forme.

Nouvel occiput-plaque sur le ballon : parfait ! les

deux images sont absolument concordantes.

Confronté à ces éléments accablants, le mari finit par avouer le meurtre de son épouse. Il sera condamné à trente ans de réclusion par la cour d'assises.

5. Les jumeaux aux assises

— Docteur, vous allez prêter serment d'apporter votre concours à la justice en votre honneur et en votre conscience. Levez la main droite et dites : « Je le jure. »
— Je le jure.

C'est toujours par cette phrase rituelle que s'ouvre l'intervention d'un légiste devant une cour d'assises. Juste avant, à l'invitation du président en robe rouge, j'ai décliné mes nom et prénom, facile. Mon âge, il faut chaque année que je recalcule. Longtemps j'ai cru qu'on me demandait aussi mes qualités. En fait, il s'agissait de ma profession.

Le palais de justice est un passage obligé pour tout médecin légiste qui intervient sur une affaire criminelle. Il marquait autrefois la fin du parcours judiciaire d'un accusé, ce qui n'est plus vrai depuis la loi du 15 juin 2000 instituant la possibilité de faire appel des décisions d'assises. La France s'est alignée en cela sur la Convention européenne des droits de l'homme[6],

---

[6] Le protocole n° 7 stipule que « toute personne déclarée coupable d'une infraction pénale par un tribunal a le droit de faire examiner par une

Il est désormais courant, pour le légiste, de devoir venir expliquer son travail et faire part de ses conclusions deux fois de suite, devant des juridictions différentes et sur la même affaire.

Les assises, c'est le moment fort de chaque dossier. Celui de la vérité judiciaire, dont l'accouchement se fait parfois dans la douleur, y compris pour les experts, parfois malmenés sans aucun ménagement par les avocats de la défense. Ou de l'accusation. Le légiste n'échappe pas à la règle. Si l'autopsie ne permet pas à tous coups de répondre aux questions, elle doit en tout cas avoir été faite dans les règles de l'art, sans omettre aucun examen. Gare à celui – ou à celle – qui aurait fait l'impasse ou se serait livré à des spéculations douteuses. Sur un simple doute, le risque est grand de voir les robes noires s'engouffrer dans une possible brèche et réduire à néant tout le travail accompli.

Les assises, c'est également le moment où le légiste va pouvoir évaluer la qualité de son travail, selon la qualité de ses réponses. Pour toutes ces raisons, et parce que c'est le moment où l'adrénaline est au rendez-vous, c'est en quelque sorte ma cerise sur le gâteau.

Je prépare toujours très soigneusement mes interventions, et ce d'autant qu'en général il s'est écoulé entre deux et cinq ans, parfois même plus, entre le temps de l'autopsie et celui du procès. Il faut se replonger dans les archives, relire les comptes rendus, revoir les résultats d'analyses. Je passe également en revue toutes les photographies prises à cette occasion. Contrairement aux témoins cités, les experts sont autorisés à venir à la barre avec leur dossier à la main. Pour ma part, mon truc, c'est plutôt une simple feuille

---

juridiction supérieure la déclaration de culpabilité ou la condamnation ».

blanche sur laquelle j'ai tracé à gros traits les éléments principaux de mon exposé, sous forme de schéma. Cela me permet d'aller droit à l'essentiel, en évitant d'encombrer le discours par des détails inutiles. Je dois veiller à être compris par les jurés, qui viennent de tous les horizons. Chauffeur de taxi, professeur d'université, maçon, ingénieur, personnes sans travail, ils sont là pour juger en leur âme et conscience, au nom du peuple français. Ils doivent pouvoir se faire une idée aussi précise que possible de mon analyse médico-légale, alors qu'ils n'ont pas accès aux pièces du dossier ni aucune connaissance médicale. À moi de leur faire comprendre les choses rapidement et en termes simples. Finalement, comme un vrai médecin avec son malade.

Le procès est également l'occasion d'apprendre l'actualité de mon dossier. Entre le moment où j'ai transmis mon rapport au procureur ou au juge d'instruction et la comparution du ou des accusés devant le jury, il se passe en général beaucoup de choses. Les enquêteurs ont poursuivi leur travail, explorant parfois des pistes inconnues au moment de mon intervention. Le chef d'enquête étant systématiquement appelé à la barre, j'en profite, en écoutant son témoignage, pour mettre à jour mes connaissances. Et mieux comprendre les circonstances du décès.

C'est le cas, ce jour de janvier, lorsque je m'apprête à déposer sous serment devant la cour, à Poitiers. Mais aujourd'hui, je suis accompagné. Derrière moi, Nicole et Marie, mes deux jeunes consœurs dont j'ai assuré la formation, attendent leur tour sur les bancs du prétoire. Elles sont également intervenues dans cette affaire et doivent exposer leurs contributions respectives. Ce sera, chose peu courante, une expertise médico-légale à trois voix.

Honneur au plus ancien dans le grade le plus élevé, c'est à moi de commencer. Alors que, dans l'ordre des choses, ce sont elles qui furent les premières sur le coup, en assurant la levée de corps. En quelques secondes, le film des événements défile à toute vitesse dans ma tête.

Tout avait commencé par une banale perquisition de la gendarmerie, après la disparition de quelques kilomètres de câble en cuivre sur un site de la SNCF. La visite-surprise visait la maison d'un couple habitué de ce genre de pratique. La femme, grasse de peau et d'aspect général, le cheveu tombant avec le reste ; l'homme, profil classique du ferrailleur-receleur, costaud et râblé. Le problème, c'est que, en explorant ce qui avait dû être un bâtiment de ferme, les gendarmes avaient découvert, dans une pièce immonde au sol de ciment brut jonché de couches sales, un enfant de 18 mois dans un état épouvantable, complètement prostré dans son parc. Les services sociaux étaient immédiatement intervenus. L'enfant, une fillette prénommée Clarinda, avait été emmenée à l'hôpital pour des soins et un bilan avant d'être confiée à ses grands-parents maternels.

L'enquête sociale déclenchée à cette occasion devait rapidement permettre d'apprendre que le couple avait deux autres enfants plus âgés, l'un de 14 ans, en pension, l'autre de 7 ans qui présentait un retard scolaire très net. Qu'aucun des trois petits n'était du même père.

Et, surtout, qu'il manquait un enfant à l'appel : Steevy, le jumeau de Clarinda, était introuvable. Seuls quelques papiers mentionnaient son existence.

Une petite visite des gendarmes au CHU de Poitiers permettait de saisir un dossier médical concernant la naissance prématurée des jumeaux et les soins qu'ils avaient reçus à cette occasion. En revanche, du bébé, aucune trace. Interrogé par le juge des enfants, le couple avait expliqué l'avoir confié à des gens du voyage. Sans apporter plus de précisions. Pas convaincu, le magistrat avait alors demandé aux gendarmes de nouvelles investigations. À la recherche du jumeau.

Poussé dans ses retranchements, le couple, arc-bouté sur sa version du don d'enfant, avait légèrement changé de discours. Ils avaient donné Steevy non plus à des gens du voyage, mais à un gars du Sud dont ils ne connaissaient que le surnom. Un fortiche de la pétanque qui vivait du côté de Béziers. Sur la foi de ces seules indications, les gendarmes parvinrent à identifier le personnage en question et lui rendirent une petite visite, de beau matin, à l'heure où commencent les perquisitions. Le roi de la boule fut totalement abasourdi en entendant les questions des gendarmes. Il ne comprenait pas un traître mot à cette histoire de gamin et se révéla incapable de répondre aux questions précises des enquêteurs. Ceux-ci décidèrent par précaution de placer le bouliste en garde à vue, le temps de vérifier ses dénégations.

Ses proches, interrogés pendant ce temps, décrivirent un homme doux qui avait élevé ses cinq enfants en père de famille affectueux et attentionné. Personne n'avait jamais entendu parler d'un enfant en bas âge arrivé récemment dans ce foyer tranquille. Les gendarmes vérifièrent également l'alibi du champion régional de pétanque : à la date à laquelle le couple prétendait lui avoir donné un gamin, il disputait un championnat non loin d'Aigues-Mortes et sa présence y était attestée par de nombreuses coupures de presse. Il s'agissait manifestement d'une fausse piste.

De retour à Poitiers, les gendarmes, assez contrariés, firent savoir aux époux indignes que l'on ne se moquait pas impunément de la maréchaussée. Ils furent mis en garde à vue à leur tour, sommés de s'expliquer une bonne fois pour toutes sur la disparition de Steevy. Face à la détermination inflexible des enquêteurs, la mère finit par craquer.

Et une version de plus, mais sans doute plus proche de la vérité !

Ces deux enfants-là, elle n'en avait jamais voulu. C'était un « accident ». En plus, son mec n'avait pas aimé voir son ventre s'arrondir. Pendant toute la grossesse, il lui avait fait vivre un enfer. Et puis, les jumeaux étaient nés prématurés, encore toute une histoire. Après, il avait fallu s'en occuper, elle n'y arrivait pas, était débordée. Jusqu'à ce matin d'hiver où elle avait retrouvé Steevy mort dans son lit de bébé.

Bien embêté, le couple s'était d'abord empressé de refermer la porte en laissant le petit sur son matelas. Mais que faire du corps ? « On n'allait quand même pas le donner aux chiens, ni le mettre au cimetière. » Après deux jours de réflexion, le couple s'était décidé à l'enterrer dans un petit bois.

C'est là que Nicole et Marie, bottes aux pieds et en tenue hermétique blanche, s'étaient retrouvées en compagnie des gendarmes et du couple, afin d'exhumer la petite dépouille. La mère avait d'abord désigné un endroit dans les sous-bois : « C'est là, c'est là. » Les gendarmes avaient empoigné les pelles pour dégrossir le travail, avant de laisser la place aux deux légistes, munies d'instruments plus délicats pour les finitions. La tranchée s'approfondissait de plus en plus sans que rien émerge de la terre argileuse. « J'ai dû me tromper, avait alors dit la mère, c'est peut-être un peu à côté, là-bas. » Joignant le geste à la parole, elle avait pointé du doigt un gros amas de feuilles mortes, à une dizaine de mètres à peine. Rebelote. L'entraînement aidant, il n'avait fallu qu'une petite demi-heure pour dégager l'épaisse couche d'humus meuble et voir poindre le sommet d'un petit crâne.

Pressés par le temps et fatigués par la fouille du sol lors de l'inhumation clandestine, les parents avaient bâclé la fin du travail et à peine recouvert le crâne d'humus et de feuilles. Du coup, cette partie du corps a été la première à subir la lente décomposition. Et la seule à être visible lors de l'exhumation, le reste du corps étant enfoui dans l'argile. Ce petit crâne bien rond, bien propre sous ses feuilles, d'une couleur ocre, avait fasciné toute mon équipe de fossoyeurs : il portait un trou béant de presque 2 centimètres de diamètre. Une dimension suffisante pour permettre à une araignée de tisser sa toile dans la boîte crânienne, où le cerveau réduit à une masse grise n'occupait plus qu'un tout petit volume. Mais ce trou posait un sacré problème : était-ce une fracture ? Cela mettrait à mal la dernière version des parents. La question allait poursuivre l'équipe pendant toute la suite de ses manœuvres d'exhumation.

Compte tenu du temps passé en terre, il ne pouvait plus subsister du corps que son squelette. Dans ce cas, la seule façon d'être sûr de ne rien perdre de tous les petits os était d'emporter le bloc complet au labo. Mettant en pratique la technique que nous avions déjà utilisée lors d'une précédente exhumation, mes jeunes consœurs avaient creusé une large tranchée tout autour de l'emplacement supposé du corps. Puis, après avoir partiellement dégagé le sol sous le corps, elles avaient fait passer une planche par-dessous. Ne restait plus, après trois heures d'un travail difficile, qu'à lever l'ensemble, opération réalisée grâce aux bras musclés de la gendarmerie, puis à transférer le tout à l'institut médico-légal.

J'étais alors entré en scène, leur suggérant, avant toute tentative de dégagement du corps, un examen du bloc argileux au scanner. Les rayons X étant capables de traverser toutes les couches de terre, nous avions ainsi obtenu une image spectaculaire en trois dimensions du petit squelette toujours en place dans sa gangue d'argile, véritable sépulture provisoire. Ce qui allait nous guider dans le travail de dégagement. Accessoirement, on distinguait une sorte d'enveloppe autour du corps resté en position fœtale, ainsi qu'un petit objet étrange, long de 3 centimètres, dans le petit bassin. Nous pouvions entamer le dégagement.

— Docteur, nous vous écoutons.

Le film est terminé. Je raconte en quelques phrases les circonstances de la découverte, la levée de corps, l'extraction de la gangue argileuse et l'analyse du squelette. Puis :

— Monsieur le président, les restes que nous avons étudiés étaient ceux d'un enfant enterré dans sa gigoteuse à même le sol. Ce vêtement avait préservé une grande partie du corps et nous a permis de récupérer en totalité les os des pieds. En revanche, les os des mains avaient disparu. Dans la couche du bébé, nous avons retrouvé une masse correspondant aux intestins, au sein de laquelle nous avons découvert une cheville murale verte.

À ce stade de ma déposition, je sais déjà que cette histoire de cheville va surprendre la cour, tout comme elle m'avait intrigué. Y a-t-il une relation entre la présence de cet objet et la mort de l'enfant ? Avait-elle été ingérée ou introduite dans l'anus ?

Je poursuis :

— Tous les os ont été étudiés et ne présentaient ni fractures anciennes ni fractures récentes.

Le président m'interroge sur la présence du trou de la boîte crânienne, signalé dans leur rapport par mes consœurs. J'explique qu'il s'agit d'une zone de croissance entre des os du crâne, ce que les mamans connaissent bien sous le nom de « fontanelles ». Dans ce cas particulier, la zone en question correspondait au point de contact entre trois pièces osseuses. Formée de cartilage peu résistant, elle avait disparu, laissant ce qui pouvait apparaître comme une fracture du crâne. En fait, rien que de très normal.

— Docteur, lors de ses déclarations au juge d'instruction, la maman de Steevy a mentionné qu'elle avait secoué l'enfant et qu'à cette occasion sa tête avait heurté le coin d'un mur. Avez-vous trouvé une trace d'impact sur le crâne ?

— Non monsieur le président, mais tous les chocs sur le crâne n'entraînent pas de fracture. D'autre part le cuir chevelu avait disparu, ce qui ne permettait pas de découvrir une éventuelle plaie ou un hématome.

— Ces déclarations peuvent correspondre à la réalité ?

— C'est effectivement possible.

— Dans l'état où se trouvait le corps, aviez-vous la possibilité de diagnostiquer un secouage mortel de l'enfant ?

— Non, monsieur le président.

Un long silence. Le président est plongé dans le dossier. Je n'ai eu aucune question sur le mécanisme de secouage, comme si tout le jury était déjà au courant. Secouer un enfant, c'est comme jouer au flipper avec son cerveau jusqu'à l'affichage du « Tilt ! » fatidique. J'attends la suite.

— Docteur, que pouvez-vous nous dire de l'âge de cet enfant et de la date de son décès ? Les accusés donnent deux dates divergentes. Nous aimerions avoir votre avis.

— Les examens permettent d'estimer l'âge à 18 mois. Mais il existe une incertitude de plus ou moins trois mois. En effet, cet âge a été déterminé à partir des dents, mais tous les enfants n'ont pas la même évolution dentaire.

Pour parvenir à ce résultat, j'étais parti de radiographies détaillées des maxillaires. À la naissance, l'enfant naît sans dents, celles-ci sont à l'état de germe dans l'os, puis les germes se développent et les dents apparaissent ensuite progressivement dans la bouche. À chaque dent correspond un calendrier de croissance précis, à quelques mois près. J'avais ensuite comparé, sur les clichés, toutes les dents de la victime à des albums de référence. Ainsi, la date de décès annoncée par la mère était la plus vraisemblable.

— Le directeur d'enquête a mentionné tout à l'heure le désordre extrême qui régnait dans l'habitation, avec de nombreux objets et détritus à même le sol. Vous relatez la présence d'une cheville dans la couche de l'enfant. Est-il possible à un enfant de cet âge de saisir un objet de cette taille et de l'avaler ?

J'ai eu le temps de réfléchir à mon histoire de cheville et j'apporte d'emblée les précisions nécessaires.

— C'est effectivement un âge où les enfants ont tendance à tout porter à leur bouche. Cette cheville était située dans la masse des intestins, près du diaphragme, loin de la région anale. Il est certain qu'elle a été avalée.

— Avez-vous trouvé des signes qui pourraient témoigner d'une dénutrition ?

Le président connaît bien son dossier. En effet, j'avais également étudié la surface de l'émail dentaire de chacune des dents, après les avoir extraites des maxillaires, à la recherche de dysplasies. Ce sont de minuscules déformations de l'émail qui apparaissent en bandes régulières tout autour de la dent, lors de courtes périodes de dénutrition très sévère ou d'infections graves. Ces troubles entraînent des arrêts brutaux de la croissance dentaire, qui restent enregistrés sur l'émail. Je n'en avais trouvé aucune, ce qui ne permettait pas pour autant d'exclure des négligences dans les soins quotidiens de l'enfant.

— Je vous remercie, docteur.

J'en ai terminé. C'est à Nicole de prendre place face à la cour. Elle complète mon propos par ses propres observations, en particulier la présence d'un retard « staturo-pondéral » très important. En clair, ce gamin était bien trop petit pour son âge, et s'il avait eu sa taille normale, il lui aurait été impossible de loger dans la gigoteuse.

Puis vient le tour de Marie. C'est là que les choses se compliquent. Car Marie avait été chargée par le juge d'examiner Clarinda, la jumelle survivante retrouvée par les gendarmes dans le gourbi du ferrailleur. Elle avait 5 ans lorsque Marie s'était présentée chez les grands-parents maternels pour procéder à son expertise. Elle avait également eu accès à son dossier médical, qui montrait une petite enfance bien compliquée. Dans le dossier, Clarinda avait une courbe de croissance en marches d'escalier, de nombreuses cassures dans sa courbe de poids, marquant chaque fois des périodes de déficience en soins et en nourriture. Je ne sais pas pourquoi elle avait survécu là où son jumeau était décédé. On dit que les filles sont plus résistantes que les gars...

Marie en ayant terminé, tout aurait pu s'arrêter là, à la satisfaction générale, lorsque l'avocate des grands-parents maternels, qui s'étaient constitués partie civile au nom de Clarinda et Steevy, demande la parole.
— Madame l'expert, j'ai regardé sur Internet. Ne peut-on pas parler, en ce qui concerne cette enfant, d'hospitalisme ?

Aïe ! Internet. Un bel outil, quand on a les connaissances pour sélectionner et comprendre les informations. Ici, ça part mal car déjà je n'ai pas compris le pourquoi de cette question. Qu'est-ce que l'hospitalisme vient faire dans ce débat ? Typiquement une question pour les psychiatres, pas pour les légistes ! C'est une sorte d'état dépressif qui fait suite, chez l'enfant, à des carences affectives massives, prolongées, avec un retard de développement psychomoteur, des troubles de comportement, un repli... Cela a été observé en particulier dans de grands orphelinats des pays de l'Est. Je me demande comment Marie va se sortir de ce guêpier. Elle s'est crispée. J'aperçois ses deux mains serrées sur la barre, les jointures blanchies sous l'effort. Ne comprenant sans doute pas plus que moi où l'avocate veut en venir, Marie se borne à donner la définition de l'hospitalisme, d'une voix un peu moins assurée qu'avant. L'avocate insiste.

— Mais docteur, vous n'êtes pas sans connaître l'hospitalisme ?

— Tout à fait, maître. D'ailleurs, je viens de vous en donner la définition.

Un murmure d'approbation parcourt la salle, Marie vient de marquer un point. La robe noire cherche un autre angle d'attaque.

— Madame l'expert, la maman de Clarinda a avoué avoir écrasé un joint de cannabis allumé sur la peau du ventre de Clarinda. Dans votre rapport, vous parlez effectivement d'une cicatrice ronde. Mais ne pourrait-il pas s'agir d'une escarre provoquée par les couches sales ?

Là, je décroche complètement. Cette avocate représente la partie civile et doit convaincre les jurés, si ce n'est déjà fait, de la gravité des sévices imposés aux deux petites victimes. Mais elle fait l'inverse. La voilà qui prétend que ne pas changer la couche d'un bébé est plus grave que de lui écraser une cigarette allumée sur le ventre. On marche sur la tête.

Marie lui fait répéter sa question. Technique de base pour gagner un peu de temps de réflexion. Puis elle choisit le terrain médico-légal : les indices, toujours les indices, et rien que les indices.

— Maître, les caractéristiques de la cicatrice sont parfaitement typiques d'une brûlure de cigarette. Cela ne ressemble à rien d'autre.

L'avocate abandonne. Bravo, Marie. Nous quittons la salle d'audience pour prendre un café bien mérité au… *Café du Palais* !

Le lendemain, le verdict tombe. Neuf ans à la mère pour avoir secoué son enfant qui ne voulait pas manger et l'avoir privé de soins et d'aliments, six ans pour son compagnon, pour privations de soins et recel de cadavre.

Moralité, quand on est spécialisé dans le recel de cuivre, mieux vaut éviter le changement de filière !

6. L'ombre noire

Début août, une fin tardive d'après-midi. Le silence est total dans le couloir où s'ouvre mon bureau. J'ai laissé la porte ouverte, mais je n'attends aucune visite. Je suis seul dans les lieux, mes équipiers sont en vacances ou déjà partis profiter du soleil. J'adore travailler à cette période de l'année : trois jours que le téléphone ne sonne plus, aucun cadavre à l'horizon. Le calme est absolu, propice aux réflexions sur les dossiers complexes. Comme celui étalé sur mon bureau.

Je contemple le décor. J'ai tout fait pour me sentir ici comme chez moi, sinon la fréquentation répétée des morts deviendrait vite insupportable. Question de survie.

Un bruit de pas feutrés hésite dans le couloir, une ombre noire arrive à ma porte. Une violente décharge d'adrénaline m'envahit lorsque la silhouette sort de la pénombre. L'image de la mort s'est brièvement superposée à celle de cette jeune femme au visage très régulier, dégageant une grande douceur. Elle est tout de noir vêtue : petit bustier, grande jupe flottante.

Brutalement, j'ai l'impression d'entrer dans la série *Cold Case* : avec ses cheveux denses, longs, entre blond et châtain clair, elle rappelle immanquablement Lilly Rush lorsque celle-ci laisse sa frange retomber sur ses yeux. Ceux de l'ombre noire sont d'un bleu très clair, presque transparent, et me fixent. Mais j'ai l'avantage de la lumière, je suis à contre-jour, le dos aux fenêtres de mon bureau dans mon grand fauteuil de cuir.

— Bonsoir, vous êtes perdue ?

Il est rare que l'on vienne directement prendre rendez-vous dans mon unité, surtout pour une autopsie.

— Non, je recherche mon père.

— Ici, c'est la médecine légale.

— Justement, je crois que c'est ici que je peux le trouver.

— Non, ici, c'est la partie bureaux et consultations, la chambre mortuaire est dans une autre aile du bâtiment.

— Mais il n'est pas mort !

— Dans quel service est-il hospitalisé ?

— Il n'est pas hospitalisé…

Il n'y a pas de consultations aujourd'hui et je n'ai aucun rendez-vous. L'ombre noire est une énigme, elle cherche son père, qui n'est pas mort, en médecine légale. Le visage garde sa douceur, puis un sourire énigmatique et une petite crispation douloureuse apparaissent, très fugaces, avant que les lèvres sensuelles découvrent des dents blanches parfaites.

— Quel est le problème ?

— Je ne sais pas si vous avez le temps ?

— Je ne suis pas pressé. Asseyez-vous.

J'ai deux sièges de cuir noir pour mes invités. Elle choisit celui qui est dans la lumière, ce qui fait ressortir encore plus le bleu de ses yeux. La sérénité qu'elle dégage est impressionnante et cette visite est totalement décalée. Un long silence s'établit entre nous. Aucun n'ose le rompre. Jusque-là, nos regards ne se sont pas quittés, créant un sentiment ambigu.

Tournant légèrement la tête, elle fixe une de mes tapisseries murales.
— D'où vient-elle ?
— D'Équateur.
— Elle doit avoir un sens, elle est toute en symboles, on dirait le Bien et le Mal qui s'interrogent sur le sens de la vie.
— ...
— Et celle-là ?
— C'est une tapisserie péruvienne, elle vient du lac Titicaca.
— On dirait des monstres.
— Elle raconte la légende des dieux de la montagne et du lac.
S'ensuit un long silence. Puis :
— C'est très beau, ici. Vous êtes médecin légiste ?
— Oui.
— J'ai besoin de savoir qui est mon père... Oui, j'ai besoin de savoir qui est mon père et vous pouvez m'aider.

Aïe, aïe, aïe, un doute me traverse l'esprit. Quel âge peut-elle avoir ? 25 ans au plus ? Quel âge avais-je quand elle est née ? Un rapide calcul et le verdict tombe. C'était une période agitée pour moi, d'une grande instabilité. Les maîtresses défilaient. Les échecs aussi. Elle pourrait être ma fille. L'une de mes ex m'aurait-elle caché quelque chose ? Si c'est cela, je suis mal.

— Il me faut plus de précisions. En quoi puis-je vous aider ?

— Est-il vrai qu'avec les tests génétiques, à partir de cheveux, par exemple, ou d'une brosse à dents, on peut dire si quelqu'un est votre père ? Vous faites des tests génétiques ?

— Et si vous commenciez par le début ?

Dans un long monologue entrecoupé de silences interminables, elle me relate son secret. Il y a quelques mois, sa mère était de plus en plus tendue, jusqu'à lui annoncer, un soir, que son père n'était pas son « vrai » père, son père biologique. Elle aurait entretenu quelque temps une liaison avec un ami de ce dernier.

Ouf ! Le doute me quitte. Dans ma vie agitée, j'ai toujours su garder un principe : ne jamais s'occuper de la femme des copains... à plus forte raison, celle des amis.

Cela a été un choc psychologique intense, une véritable sidération. Elle aimait son père « actuel », la douleur de cette trahison lui était insupportable. Un matin, elle a pris la décision de rechercher la vérité. Il s'en est suivi une longue recherche sur Internet où elle a rapidement découvert des publicités pour les tests génétiques.

Maintenant, elle veut la vérité. Elle veut que ces tests soient faits, elle veut être sûre. Qui est son vrai père ?

— Les choses sont plus compliquées qu'Internet ne le dit.

— ...

— En France les tests sont interdits en dehors d'une décision de justice. S'ils sont réalisés à l'étranger, ils ne sont pas utilisables en France pour prouver une paternité. De plus, la réalisation des tests dans des laboratoires qui ne sont pas agréés pose le problème de leur qualité.

Elle reste silencieuse.

— Il y a également des risques pour vous. Le fait de faire pratiquer des tests génétiques à l'insu d'une personne est un délit. Vous risquez une amende, une peine de prison.

La sérénité n'a pas quitté son visage.

— Alors, qu'est-ce que je peux faire ?

— Vous pouvez faire les choses dans les règles, demander un jugement sur des arguments sérieux. S'il estime les arguments suffisants, le juge demandera une enquête génétique. Mais cela va secouer sérieusement la famille !

Silence de mon interlocutrice.

— Ou alors…

— Oui ?

— Il y a une autre voie, mais elle n'est pas facile !

— Laquelle ?

— Vivre avec…

Le silence se transforme en chape de plomb et je lis une détresse extrême dans ses yeux.

— Je ne lui en ai pas parlé jusque-là. À mon père, je veux dire. Ces derniers temps, j'ai plus de complicité avec lui et je ne veux pas lui faire de peine. Ce n'est pas une bagarre judiciaire que je veux, c'est juste une certitude.

— Oui ?

— Je ne sais plus quoi penser, je ne suis même pas sûre que ma mère dise la vérité. Il y a des tensions entre mon père et elle. Je me suis un peu éloignée d'elle.

— …

— Finalement, je suis coincée entre deux doutes. C'est cela qui est dur à vivre. Mais en même temps, je

ne supporterais pas de peiner mon père.
— Pourquoi voulez-vous savoir qui est réellement votre père ? Vous en avez déjà un et j'ai l'impression que vous l'aimez...
— C'est vrai, je l'aime.
— ...
— Mais c'est douloureux... c'est lourd !
— Quoi donc ?
— Ce secret.
— Alors, prenez votre temps, réfléchissez-y.

Long silence. Cela fait bien une heure qu'elle est là. La lumière du soleil déclinant se reflète sur la façade du CHU, en face des fenêtres de mon bureau. Elle prend des teintes dorées qui transforment les rouges de mon bureau en un véritable embrasement
— Que voulez-vous dire ?
— Travaillez cette idée : qu'est-ce qui est le plus important pour vous ?
— Mais... Ce secret que m'a dévoilé ma mère...
— Oui ?
— Et d'abord, pourquoi a-t-elle fait cela ?
— Quoi cela ?
— Eh bien, me dire qu'elle avait trompé mon père?
— C'est une bonne question.
— Pourquoi est-ce que je vous raconte tout cela ? Je ne vous connais même pas...
— Sans doute parce que vous avez besoin d'en parler. À quelqu'un qui n'est pas impliqué.

Grand silence.
— C'est beau !
— Quoi donc ?
— Vos écrans.

Les deux écrans de mon ordinateur se sont mis en veille sur des images de plongée sous-marine. Des taches bleues dans l'océan rouge de mon bureau.
— C'est vous qui les avez prises ?
— Oui. La plupart.
— Ce sont des raies ?
— Oui. Des raies mantas, aux Maldives.
— On dirait qu'elles dansent.
— Elles dansent.
Un autre grand silence.
— Pourquoi a-t-elle fait cela ? Me dire ce secret ?
— Qu'est-ce qui est le plus important pour vous ?
— D'avoir un père que j'aime et qui m'aime.

Les écrans sont revenus sur le fond de bureau, un feu d'artifice tout en variations de rouges et de jaunes. L'ombre se lève de son fauteuil, son visage est toujours serein. Elle ne peut manquer mon regard qui s'attarde sur son ventre, découvrant ce que je n'avais pas vu jusque-là, à trop observer ses yeux et son visage.
— Je suis enceinte. Un peu plus de six mois. Son grand-père l'aime déjà...
— ...
— Merci de m'avoir écoutée.
Elle part sans me laisser répondre. La porte ouverte est vide et je me demande un instant si je n'ai pas rêvé. Mais les effluves de son parfum ne me laissent aucun doute sur sa visite.

7. Tu tires ou tu pends ?

Le soleil est déjà bas sur l'horizon lorsque je quitte le CHU, après une journée de travail sans grand relief. J'ai travaillé sur trois expertises, rempli une kyrielle de papiers administratifs, revu la préparation du cours de médecine légale du lendemain pour de futurs magistrats, fait le point sur l'organisation du service avec mon équipe et vérifié la programmation des interventions (doux nom pour les autopsies) prévues. C'est avec la conscience du devoir accompli que je m'apprête à quitter mon bureau lorsque le téléphone sonne (ce qui, en soit, n'est pas vraiment une surprise, vu qu'il ne sait faire que cela, de préférence au moment où je préférerais qu'il se taise).

La brigade de gendarmerie de Pleumartin souhaite ma présence sur les lieux de découverte d'un cadavre.

— On a un doute sur un homicide éventuel, me confie le pandore.

Le temps de prendre le sac à dos léger contenant le strict nécessaire pour cette intervention et je suis parti.

Je roule un bon moment sur les petites routes du nord-est du département. L'automne est déjà bien avancé et les forêts de la Vienne ont pris une teinte vieil or du plus bel effet. J'aime ces moments de solitude au volant, l'autoradio calé sur une fréquence musicale apaisante. Je sais qu'une fois sur place je serai happé par les interrogations de la scène de crime. Alors, je savoure. Je note au passage quelques beaux territoires de chasse qu'il ne me déplairait pas d'explorer l'un de ces dimanches, bottes aux pieds et fusil à l'épaule. Puis, comme souvent, je me retrouve en pays de connaissance. Depuis vingt ans que je sillonne le département, je ne peux plus aller quelque part sans passer par le lieu d'une de mes précédentes interventions. Dans ma mémoire, la campagne poitevine est semée de centaines de macchabées. Cette fois, je reconnais le mauvais chemin qui conduit à une petite maison basse, un peu à l'écart de la route. Son occupant, un type d'une cinquantaine d'années, gisait dans une mare de sang, sur le carrelage de la pièce principale. J'avais noté de multiples petites blessures au bout des doigts, que la présence de nombreuses crottes de rat m'avait permis d'attribuer à nos amis les rongeurs. L'autopsie avait été difficile, je m'en souviens parfaitement. Le type, bien que refroidi, refusait obstinément de s'allonger sur la table à découper et gardait désespérément une position fœtale. Comme s'il se refusait à ma lame et voulait revenir aux origines. En fait, cette obstination *post mortem* révélait surtout le mal sournois qui frappait ce pauvre homme : une spondylarthrite ankylosante qui avait soudé les unes aux autres toutes ses vertèbres, l'obligeant à rester courbé. Il avait vécu ses dernières années le regard planté vers le sol, incapable de lever la tête, se bourrant d'aspirine pour lutter contre les douleurs de la maladie. Mais les vertus antalgiques de ce dérivé du saule ont un revers, de puissantes propriétés anticoagulantes. Et c'est ce qui avait tué notre bonhomme. L'autopsie avait révélé la présence d'une petite plaie d'un centimètre de long au-dessus de la racine du nez, là où se termine l'artère faciale, et un corps totalement exsangue. Il avait dû se cogner et tenter de stopper l'hémorragie en appliquant un linge sur la blessure. Dans la maison, de multiples serviettes-éponges, toutes pleines d'hémoglobine, gisaient sur le sol de la salle de bain, de la chambre et du salon. L'aspirine avait rendu ses manœuvres inutiles, empêchant la formation d'un caillot. L'artère avait débité à jet continu et notre homme avait succombé, totalement vidé de son sang, avant de subir les assauts des rats.

Oups, tout à mes pensées, j'ai bien failli louper les gendarmes qui m'attendent, à la sortie d'un virage. J'enfonce la pédale de frein et m'arrête à la hauteur du véhicule bleu. Le temps de me présenter, le conducteur me demande de le suivre. Je m'enquille à sa suite sur un chemin de plus en plus étroit. La nuit est tombée. Nous roulons sur environ 3 kilomètres. Puis nous nous engageons dans une allée majestueuse, bordée de deux rangées d'arbres gigantesques. Au bout, une cour gravillonnée et la façade d'un château qui, dans la lumière de mes phares, a belle allure. Terminus.

Je gravis l'escalier de pierre qui mène à la porte principale. Elle est entrouverte. Je n'ai qu'à la pousser pour entrer dans un hall somptueux bourré à craquer. À croire que tout le corps de la gendarmerie s'y est donné rendez-vous. Le directeur d'enquête m'accueille.

— Merci d'être venu si vite, docteur. Voilà, on a une victime là-haut, le propriétaire des lieux. Il héberge des amis depuis des années. Enfin, quand je dis des amis…

D'après eux, le proprio était très perturbé, et dépressif, au bord du suicide. Pourquoi pas ? me direz-vous. Mais il y a à la cave une drôle de mise en scène, genre simulacre de pendaison. Puis ils disent qu'ils ont entendu un coup de feu dans le bureau. Ils nous ont appelés directement, sans même prévenir le Samu ». En disant qu'il était mort, qu'il s'était suicidé. Quand on est arrivé, il était déjà raide. Tout ça est quand même bizarre.

— Bizarre ? Vous avez dit…

— Oui, bizarre, vous allez voir, tout ça, c'est bizarre.

Dans ce « tout ça » en vrac, les « ils » que l'enquêteur me désigne d'un mouvement de la tête, ce sont trois hommes prostrés sur les marches de l'escalier en marbre montant à l'étage. Sous l'œil attentif de deux gendarmes méfiants. Presque déjà en garde à vue, en quelque sorte. Ou quasiment coupables.

Comme à mon habitude, je ne me précipite pas vers le cadavre. Il ne risque pas de s'envoler. Je préfère toujours, lorsque les circonstances le permettent, m'imprégner d'abord de l'atmosphère générale et de la disposition des lieux.

Premier temps, la visite de la cave. Et quelle cave ! Comme dans mes rêves ! Hélas, je suis loin d'avoir la même à la maison. Des centaines de bouteilles, rien que des grands crus, sont alignées le long des murs, sous les voûtes centenaires. Mais l'heure n'est pas aux libations : abandonnant à regret la contemplation des bouteilles, je me concentre sur le tabouret renversé, au centre de la pièce, et sur la cordelette qui pend dans le vide, juste au-dessus, encore nouée à une poutre. Aurait-il changé d'avis au dernier moment, pour trouver un moyen plus rapide ? Et ainsi renoncer aux souffrances, forcément terribles dans l'inconscient collectif, de l'agonie de la pendaison ? En tout cas, le nœud coulant mortel est encore largement ouvert, prêt à accueillir avec bienveillance toute tête qui le souhaiterait.

Sur le tabouret, une empreinte de chaussure.

— Docteur, on a vérifié, me précise l'enquêteur en chef, c'est bien la chaussure de la victime. La gauche.

— Il est gaucher ?

— Non, enfin, on ne sait pas. C'est important ?

— Pour la suite, peut-être.

— Je ne vois pas le rapport entre la chaussure et la main, sauf s'il tire… comme un pied !

— Je vous expliquerai.

Deuxième temps : nous remontons à l'étage, direction la bibliothèque. Entre les étagères couvertes de livres, deux râteliers d'armes sont plaqués au mur. Le premier recèle assez de fusils et de carabines pour satisfaire le chasseur le plus exigeant. Dont de superbes Chapuis au bois de noyer somptueux. Des armes d'un prix peu imaginable. Le second est uniquement garni d'armes de poing, une vingtaine de pistolets et revolvers.

— Elles sont toutes détenues régulièrement et appartiennent à la victime et aux trois autres types. Tous des fanas de tir.

— Eh oui. Pour tirer un coup, faut être armé !

Ma plaisanterie tombe à plat. Le signe que l'affaire est grave.

Je n'avais encore jamais vu un tel arsenal chez un particulier. Un logement vide marque la place d'une arme de poing disparue.

Il est temps de saluer le défunt. Nous passons dans le bureau. Le corps est devant l'ordinateur, effondré sur le fauteuil de cuir noir, la tête reposant sur le clavier. Je fais un pas en direction du mort qui se venge immédiatement : mon pied s'enfonce dans quelque chose de mou et spongieux qui fait « splouitch ». Je braque ma grosse torche de plongeur, inséparable de mes levées de corps, vers le sol. Le tapis est gorgé de sang. Un magnifique tapis persan aux motifs richement détaillés, manifestement un tapis de soie. Comme quoi, même la mort ne met pas fin à la lutte des classes. Chez les pauvres, on saigne sur le lino. Remarquez, c'est plus vite nettoyé. Faut voir le bon côté des choses. En attendant, heureusement que je porte des surchaussures ! Je n'ai plus qu'à les changer, pour ne pas marquer le sol d'autres traces sanglantes.

Sur la tempe gauche, côté peau, un projectile a laissé sa marque, sous la forme d'un bel orifice d'entrée, rond et régulier. Tout autour, la poudre a laissé une auréole noire sur la peau qui est légèrement brûlée. Je passe à droite, et là, surprise : j'ai une vue directe sur l'orifice d'entrée de la tempe gauche, mais cette fois côté os. Le crâne a disparu. Sous l'effet des gaz de combustion de la cartouche, il a littéralement explosé. Du tissu cérébral il ne persiste que le cervelet ; le reste est dispersé, pour partie au sol, pour partie sur le mur opposé, copieusement maculé de petites particules blanchâtres. Je m'explique mieux l'état du tapis : l'activité cardiaque s'est poursuivie tant que le corps contenait du sang, jusqu'à le vider complètement. L'arme récupérée par les enquêteurs sur le sol est un revolver Smith et Wesson de calibre .357 Magnum, muni d'un canon de quatre pouces. Barillet plein, une seule cartouche percutée.

— Les autres munitions n'ont pas été percutées. Ils font eux-mêmes leur rechargement. Pas prudents, les gars, d'ailleurs. Il y a deux revolvers de même calibre dont la carcasse a été déformée par une surcharge. Ils aiment que ça secoue, manifestement. C'est sans doute pour cela que la tête a éclaté. Vu la documentation qu'on a retrouvée et vu le type d'ogive, on dépasse largement les 1 000 joules !

Je regarde le gendarme d'un air interrogatif.

— Les ogives, elles sont interdites à la vente. Je ne sais pas où ils les ont trouvées. Ce sont des pointes de tungstène pour percer les moteurs de voiture. Alors, un crâne ! Et pour les traces de poudre, on a déjà fait les prélèvements, docteur. Il a bien des traces très denses sur la main.

En effet, lors d'un tir, des résidus de poudre se déposent sur la main du tireur. Les techniciens de scène de crime ont dans leurs valises de petits « tamponnoirs » en forme de diabolos et munis d'une surface collante. Procédant par petites touches, les techniciens peuvent ainsi récupérer les grains de poudre incrustés dans la peau. La présence d'une forte densité de poudre sur la main qui a tiré est un argument fort pour désigner l'utilisateur de l'arme. Pff, ils ont fait vite ! Je me demande comment.

—Donc il est gaucher…

— Faudra m'expliquer, je ne la comprends pas, votre histoire de gaucher.

— Encore un peu de patience.

Devant le cadavre, l'écran de l'ordinateur affiche un texte annonçant clairement l'intention et son explication : l'impossibilité d'aimer plusieurs hommes en même temps. Ce type tirait beaucoup, mais il n'arrivait pas à savoir quelle cible il devait viser.

— Mais n'importe qui a pu taper le texte, docteur.

J'examine maintenant la pièce plongée dans la pénombre. De nombreuses toiles sont accrochées aux murs. Quelques personnages, des paysages. Et des natures mortes. Elles aussi. Je m'arrête un instant devant un tableau pour le moins insolite représentant deux poissons. Ma torche ne laisse aucune zone d'ombre.

— Dites, chef, vous avez raison. Il y a quelque chose qui cloche.

Le gendarme se précipite vers moi

— Quoi donc, docteur ?

— Regardez.

— Oui, c'est une nature morte.

— Forcément, vu le contexte. Et encore ?

— Vous êtes joueur, aujourd'hui. À quoi dois-je m'attendre ?

— Il y a une anomalie. Enfin, deux.

— Si c'est une plaisanterie…

— Vous me connaissez. Oubliez qu'il s'agit d'une peinture et analysez ce que vous voyez, vous allez voir, c'est intéressant.

— Bon, c'est du poisson, enfin, deux poissons, un dans un filet, l'autre au bout d'une ligne. On dirait d'ailleurs qu'il frétille encore.

— Mais encore ?

— Je ne vois pas. Si, il y a un trou dans la toile. Pardon, dans le poisson. Oh, mais vous avez trouvé la balle !

— Oui, elle est sans doute dans le mur, derrière. Mais il y a une autre anomalie.

— Je ne vois pas.

— Il y a un os dans le poisson. Ce n'est pas normal, pour du poisson.

Un morceau de la boîte crânienne du défunt est venu

se planter au beau milieu de la peinture, accompagné de quelques fragments de cerveau…

— Et en plus il a fallu tirer dessus pour l'achever. Le poisson.

Le gendarme soupire.

— Bon sérieusement, docteur, vos conclusions ?

— Vous les connaissez déjà. Je ne vois même pas pourquoi vous m'avez fait venir ici. C'est pour cela que je me lâche avec ces plaisanteries douteuses.

— On veut que l'affaire soit carrée, alors, par précaution, on a préféré vous appeler. Pour vous, l'hypothèse du suicide est compatible avec vos observations ?

— Tout à fait. Mais si vous imaginez qu'il a été contraint au suicide, il serait plus sage de faire une autopsie.

Rendez-vous est pris à l'institut médico-légal pour le lendemain.

Mon directeur d'enquête est à l'heure, en grande tenue de protection, comme toute personne devant assister, pour une raison ou une autre, à une autopsie. Il s'agit autant de se défendre contre d'éventuelles contaminations que d'éviter une pollution des indices par de l'ADN extérieur.

Je peux opérer. Je commence par faire les « crevés », ces grandes incisions qui servent à rechercher des traces de violence sous la peau. Cette fois, je ne fais pas dans le détail. Pour ne rien rater, je réalise un écorché complet des zones de contention, poignets, avant-bras, chevilles et cuisses. Rien à signaler. Et la victime ne présente aucune trace de cordelette au niveau du cou.

— Il a bel et bien renoncé. La pendaison, cela doit être une souffrance atroce, commente un des gendarmes.

— C'est ce qui se raconte. En fait, une communication fort intéressante, dans un congrès de médecine légale, s'est penchée sur des vidéos de pendaisons, récupérées à l'occasion de pendaisons volontaires ou accidentelles lors d'affaires médico-légales.

— Comment cela peut-il être accidentel et filmé ? C'est incohérent !

— Pas du tout. La pendaison est souvent simulée dans des pratiques érotiques. Le film permet de revivre la scène. De temps en temps, le pied glisse ou le client se pend trop et s'étrangle dans son propre jeu.

— Et alors ?

— Alors, il semble que la perte de conscience soit très rapide. Entre dix et trente secondes. Le reste, les soubresauts du pendu, ce n'est pas lié à la douleur, ce sont des mouvements involontaires après la perte de conscience. Je ne suis pas sûr que ce soit très douloureux. D'ailleurs, ceux qui en réchappent ne rapportent pas de douleurs terribles. Juste un bon mal de crâne. En tout cas, c'est plus propre que l'arme à feu. Surtout pour les tapis.

Je parviens à prélever le peu de sang qui reste dans le cœur de ma victime. L'échantillon part en toxicologie, pour analyse. L'affaire est aussi carrée que pourrait le souhaiter mon gendarme. Je rédige mon rapport en ce sens, puis j'oublie l'affaire.

Jusqu'au jour où le procureur de la République m'appelle.

— Docteur, j'ai un problème dans votre affaire du

suicidé du château. Celui avec la nature morte aux poissons.

Mince, le gendarme a cafté.

— Je viens de recevoir le rapport de votre confrère toxicologue. Vous me dites que la victime est morte d'une balle dans la tête. Lui m'assure qu'il a retrouvé des doses mortelles d'antidépresseurs dans le sang. Il va falloir choisir. Il est mort d'une balle dans la tête ou par intoxication médicamenteuse ? Mettez-vous d'accord tous les deux.

Je soupçonne un très court instant une vengeance posthume de mon client. N'aurait-il pas apprécié mon autopsie ?

Mais j'ai un gros problème, en effet. Aurait-on empoisonné le défunt avant de lui tirer dessus ? L'un des trois amants éplorés pourrait-il avoir commis l'irréparable ? Passerait-on du drame de la dépression à celui de la jalousie ? Je devine les questions qui pointent sous les propos du magistrat. Je les écarte d'emblée, à cause du sang sur le tapis. Si le coup de feu avait été tiré *post mortem*, jamais l'hémorragie n'aurait eu cette intensité, la pompe cardiaque étant déjà à l'arrêt. À l'inverse, les derniers battements du cœur, dans les secondes ou minutes qui ont suivi le tir, ont expulsé par la plaie assez de sang pour transformer la carpette en marais des Carpates. CQFD[7].

Je reconnais toutefois que cette divergence d'avis fait désordre. Je prends contact avec mon confrère toxicologue, qui travaille à quelques étages au-dessus de moi, dans le CHU. Il est sûr de ce qu'il avance. Moi aussi. Par précaution, il refait ses analyses, qui donnent les mêmes résultats. C'est l'incompréhension. Jusqu'à

---

[7] Abréviation pratique pour « ce qu'il fallait démontrer ».

sa question :

— D'où vient-il, ton sang ?

— Ben, du cœur !

— T'aurais pas dû.

— J'aurais pas dû quoi ?

— Le prélever dans le cœur.

— T'es rigolo, le corps était vide. Et encore, j'ai dû faire des efforts pour te ramener l'échantillon, tout le sang était parti sur le tapis. Tu aurais vu son état, un vrai crève-cœur !

— Tu n'as pas pensé à l'humeur aqueuse ?

— Je n'étais pas d'humeur à cela…

— C'est malin ! En tout cas, j'ai ta réponse. C'est toi qui as raison, mais en même temps, mon résultat est exact et je n'ai pas tort.

Subtil ! Le fin mot de l'histoire, c'est le sang. Cardiaque. J'aurais mieux fait de récupérer le sang du tapis. La présence de doses élevées de toxiques est le résultat d'un phénomène biologique. De son vivant, notre individu a absorbé des médicaments pour sa dépression. Sans avoir de pensée suicidaire à ce moment-là. Ces produits se sont répartis dans tout l'organisme, y compris le muscle cardiaque. À un taux normal. Dans le jargon, on parle de taux thérapeutique. Ou un peu plus élevé, mais insuffisant pour l'empêcher d'agir. Puis, dans sa déprime, il a décidé d'en finir et s'est tiré une balle dans la tête. En tout cas, au moment du coup de feu, son cœur battait toujours.

Durant les heures qui ont suivi le décès, les cellules du cœur ont relâché ces molécules qui se sont retrouvées dans un volume très réduit de sang résiduel, aboutissant à une concentration apparente anormalement élevée. Cela s'appelle la redistribution *post mortem*. Conclusion, c'est un vrai suicide par arme à feu.

Lorsque j'explique cela au directeur d'enquête, il soupire.
— D'accord. J'ai tout compris. Sauf un truc.
— Quoi ?
— Votre histoire de gaucher. La trace de la semelle gauche sur le tabouret, dans la cave.
— Bon, notez que c'est seulement un indice parmi d'autres, ce n'est pas une preuve. C'est une histoire de cerveau. Mais totalement inconsciente ! Nous avons tous une organisation corporelle avec un côté dominant. Il y a des exceptions, mais un droitier tire avec la main droite, parce que son membre droit est le membre dominant. En général, mais il y a aussi des exceptions. Il vise également avec son œil droit, qui est son œil directeur. Et c'est également sa jambe droite qui est (habituellement) la plus forte. C'est celle avec laquelle il va (habituellement) prendre appui pour sauter. Ou pour monter sur un tabouret. Pour le gaucher, c'est l'inverse. Habituellement. Mais il y a des exceptions. Dans la vie de tous les jours elles peuvent être gênantes : c'est le droitier (pour la main) qui a un œil directeur à gauche, par exemple.
— Donc, pied gauche, main gauche, tempe gauche... pan et suicide. Habituellement. Et si votre principe d'exception s'était appliqué ?
— Ben...faut bien que les gauchers contrariés puissent s'exprimer aussi !

Affaire classée, chef.

8 Le côté obscur

Poitiers possède une géographie sociale assez simple. Sur le plateau, en position dominante, dans de belles maisons aux jardins privés, les notables. Dans la ville basse, aux pieds de la bourgeoisie provinciale, les quartiers populaires. Mais il existe quelques exceptions à la règle, souvenir d'un temps où les puissants de la région occupaient de belles demeures cossues cachées au creux de parcs préservés, parfois à une heure à cheval du plateau. C'est justement dans l'une de ces propriétés que j'ai rendez-vous, ce dimanche. Mais en voiture, pas à cheval.

Je me serais bien dispensé de la visite. Je n'ai pas le goût pour les intérieurs surannés, témoins de gloires oubliées. D'autant que l'appel est arrivé alors que je passais un moment agréable. En famille, chez belle-maman. Le trouble-fête s'est invité en pleine dégustation d'une somptueuse tarte au citron meringuée. La vraie, dont la simplicité fait le délice, sans chantilly ni boule de glace comme les utilisent souvent les restaurateurs, histoire de cacher les imperfections. Et belle-maman a un don pour ce dessert. Un petit truc, un soupçon de zeste qui ajoute une note d'amertume à peine perceptible au sucré et à l'acide. À rendre folles les papilles. La tarte au citron meringuée, pour moi, elle est réussie ou ratée, il n'y a pas de note intermédiaire. Aujourd'hui, elle est somptueuse, c'est « réussie ». Enfin, pour la dégustation, c'est un peu raté. Gâcher ce moment de pure extase pâtissière frôle le sacrilège impardonnable, mais je suis seul pour assurer en ce week-end la continuité du service public.

Abandonnant l'idée de prendre une part supplémentaire, je quitte la table familiale pour filer dans la campagne, au nord de la ville.

Il me faut une vingtaine de minutes pour arriver. Le temps de tourner et de retourner dans ma tête la phrase martelée par le gradé, lors de notre brève conversation téléphonique : « Je vous préviens tout de suite, il n'est pas question d'une autopsie. Juste un examen externe », sans trouver de solution.

C'est bien la première fois de ma longue carrière que l'on me demande d'emblée de limiter mon action. Le recours à une autopsie n'est pas systématique. Ce n'est d'ailleurs pas à moi qu'incombe cette décision, mais au procureur. Je me contente de donner mon avis, après avoir procédé à l'examen externe de la victime. Je n'ai pas le souvenir d'une seule fois où le magistrat est allé à l'encontre de ma demande. Car s'il peut, d'autorité, délivrer le permis d'inhumer et passer outre à la recommandation d'autopsier, il sait qu'il restera dans le dossier la trace d'un doute émis par le médecin légiste sur la cause de la mort. En ces temps de grande défiance de l'opinion vis-à-vis de la justice, l'avocat de la famille du défunt aurait de quoi mettre le parquet en grande difficulté. Aussi, et jusqu'à ce jour, j'ai toujours été suivi dans mes conseils.

En revanche, il est arrivé que l'on me suggère de ne pas procéder à certains gestes, comme le prélèvement des maxillaires, afin de ne pas trop abîmer le visage du défunt. Cette opération est pourtant bien utile pour réaliser un examen précis des soins dentaires de la victime, en vue de son identification. Je dois alors me contenter d'un relevé plus approximatif en regardant simplement dans la bouche, au risque de certains loupés sur des dents du fond, peu accessibles à l'observation dans ces conditions. Surtout quand elles baignent dans le jus.

Il y a eu un précédent historique de même nature, bien connu des médecins légistes, lors de l'incendie du Bazar de la Charité, le 4 mai 1897 à Paris. La catastrophe fit 129 victimes carbonisées, parmi lesquelles une grande majorité de femmes appartenant à l'aristocratie et à la haute société. La liste des disparues comptait ainsi de nombreuses baronnes, comtesses, duchesses et vicomtesses, sans oublier Sophie-Charlotte de Wittelsbach, altesse royale, duchesse d'Alençon et sœur de Sissi impératrice d'Autriche.

Face à l'immense et difficile tâche d'identification des corps carbonisés, un dentiste parisien suggéra de procéder à des relevés dentaires sur les cadavres afin de les comparer aux fiches de soins récupérées chez les dentistes. Cette opération se serait révélée vaine, à l'époque, sur une assemblée populaire. Faute de moyens, les gens modestes se contentaient de se faire arracher les dents gâtées. Pour certains, actuellement, c'est d'ailleurs toujours d'actualité. Si la dentisterie balbutiante du xixe siècle faisait grand usage de l'or pour boucher les caries ou fabriquer de fausses dents, elle restait inaccessible au peuple. Depuis, on a inventé l'amalgame et les résines, cela coûte moins cher.

La suggestion du praticien adoptée, restait à la mettre en pratique. Or, sur un corps carbonisé, la peau et les muscles du visage prennent une consistance très dure, refusant toute ouverture de la bouche. Mais le préfet opposa un veto farouche à toute tentative de prélèvement des mâchoires, afin de ne pas « mutiler » les défunts. Les examens se firent dans des conditions difficiles, avec certainement quelques résultats douteux.

Je repense à tout cela et m'interroge encore sur cette interdiction préalable quand je passe le grand portail en fer forgé donnant accès à une longue allée bordée de bosquets. Le seul scénario qui me vient à l'esprit, lorsque je mets côte à côte tous les ingrédients – une discrétion absolue au sujet d'un mort dans un milieu bourgeois –, est celui d'un drame à caractère sexuel. Le mari qui découvre l'amant de sa femme dans son lit et le tue, par exemple. Mais je sais d'avance que ce n'est pas la bonne piste. Car ce genre d'affaire se termine obligatoirement devant une cour d'assises, avec grand déballage du linge sale et de tous les petits secrets de famille. Faire silence dans ces premiers instants ne servirait strictement à rien. Non, ce n'est pas ça. À moins que le meurtrier ne se soit également donné la mort, ce qui clôt les poursuites, faute de poursuivi. Ou peut-être un jeu sexuel qui a mal tourné, du style « pendaison autoérotique ». Ce serait mon hypothèse préférée. Je me souviens d'un cas étonnant, exposé par un de mes confrères lors d'un congrès en Belgique. Il était intervenu sur la mort d'un adolescent découvert au milieu d'un dispositif très sophistiqué. Le garçon avait installé une poulie au plafond de la salle de bains familiale, laquelle entraînait une corde qui passait autour de son cou tout en étant reliée à un godemiché introduit dans son rectum. Le tout devant un grand miroir, histoire de s'observer. Ce bricolage complexe et inventif permettait à son auteur de faire varier les plaisirs en fonction de la position de son corps. Lorsqu'il pliait un peu les genoux, le godemiché faisait marche arrière et la corde se resserrait autour de son cou, provoquant des sensations érectiles fortes. À l'inverse, lorsqu'il se relevait, le godemiché pénétrait plus profondément tandis que l'étreinte se relâchait. Emporté par sa jouissance, le garçon avait fini par perdre l'équilibre et se pendre pour de bon, sans aucune intervention extérieure. Vais-je découvrir un scénario de ce genre ?

Tout au bout de l'allée se dresse la maison de maître, avec sa façade de pierres blanches surmontée d'un toit d'ardoises. En descendant de voiture, je note l'inhabituelle modestie de la présence gendarmesque. Deux voitures bleues garées dans la cour. D'ordinaire, pour un homicide, j'en compte cinq ou six, voire plus. L'officier aux nombreuses barrettes qui m'accueille sur le perron est aussi une anomalie : il devrait être accompagné de toute sa troupe. Il me donne très vite les instructions. Je décèle dans sa voix les signes d'une grande tension.

— Il s'agit d'une famille très connue. Très bien. Alors pas de blagues douteuses, docteur, par pitié.

— Ce n'est pas mon genre !

L'officier a bien perçu la légère ironie que j'ai donnée à ma voix. Discrète, mais réelle.

— Justement. Ce n'est pas une affai...

Il n'a pas le temps d'en dire plus : un couple sort de la maison et se dirige vers nous.

— Vous êtes le légiste ? Il n'y aura pas d'autopsie, n'est-ce pas ?

Le gradé répond à ma place sur un ton qui n'est guère propice à la discussion :

— Non, il n'en est pas question. Seulement un examen externe.

— Merci, docteur, merci.

Je lâche un « Pas de quoi » bougon. Je n'ose pas rajouter à la suite le « C'est normal, aujourd'hui, je suis aux ordres » ironique qui me démange.

Ravalant toute autre remarque, je suis le gendarme qui me conduit vers le corps (j'espère qu'il n'y en a qu'un !) d'un pas martial. Nous traversons rapidement le hall d'entrée. Dans un coin, un jeune garçon est en pleurs. Nous empruntons l'escalier de marbre jusqu'au premier étage, puis un autre escalier, plus modeste et en bois, pour accéder au grenier. Enfin, je devrais dire, aux chambres mansardées. Je reste silencieux. Avant d'ouvrir la porte, mon guide, la main sur la poignée, se retourne vers moi.

— Juste un examen externe, docteur, n'est-ce pas ?

Je sens l'angoisse qui pointe dans ses propos et dans le même temps ma mauvaise humeur qui grimpe. Un peu comme sur l'échelle ouverte de Richter pour les tremblements de terre. Là, j'en suis à un bon magnitude 6. Les plaisirs de la tarte au citron meringuée sont bien loin.

— Ça va, j'ai compris. Mais à ce compte-là, vous auriez pu demander un certificat de décès à n'importe quel médecin. Je ne vois pas pourquoi vous me dérangez si c'est pour me dire de ne rien faire !

— On ne pouvait pas. Il aurait mis « obstacle médico-légal ».

— Ah, bravo !

Je suis brutalement grimpé à 8 sur l'échelle de la mauvaise humeur. Cette petite case qui figure au bas du certificat de décès permet au médecin de famille appelé au chevet d'un défunt de signaler un doute sur le fait que la mort soit naturelle. Lorsqu'elle est cochée, elle fait suspecter un crime et le plus souvent elle envoie le mort directement sur la table d'autopsie. Ou, pour le moins, elle induit une enquête.

En pénétrant dans la mansarde, je comprends mieux la situation. Un jeune enfant gît sur le dos au milieu de la pièce, livide, les yeux révulsés. À ses pieds, un fusil de chasse. Sur son tee-shirt blanc, la charge mortelle a laissé un orifice parfaitement circulaire, légèrement sanguinolent et bordé d'une auréole noire, au-dessous du sternum. En entrant à ce niveau, la charge de plombs a sans doute sectionné l'aorte. La mort a dû être quasi instantanée.

— En résumé : leurs deux garçons jouaient dans cette chambre avec un fusil. Un coup est parti. L'aîné est mort, il a 11 ans. Et comme je vous le disais, il n'y aura pas d'autopsie.

Je procède à l'examen externe, seule formalité à m'être accordée dans cette affaire, assez simple je dois l'admettre. Je soulève le tee-shirt : sous la poitrine, je retrouve l'orifice d'entrée. La palpation de la zone déclenche de petits crépitements, dus aux gaz émis au moment du tir et qui ont pénétré dans le corps. Signe que le canon de l'arme se trouvait au contact de la victime. C'est un tir « à bout touchant ». Les grains de la charge n'ont pas eu le temps de se disperser et se sont comportés comme un seul bloc de plomb.

Je retourne l'enfant. Le dos est intact.

Il ne me reste qu'une seule chose à faire, et ce n'est pas la plus agréable, mais c'est la seule façon pour moi d'avoir une idée de la trajectoire du projectile. Je dois « sonder » la plaie. J'introduis mon droit ganté dans l'orifice. Le corps est encore chaud et l'impression est très désagréable. D'habitude, le temps que j'intervienne, mes cadavres sont plutôt refroidis. Quand ils ne sortent pas du frigo ! Je passe sans difficulté au travers des différents plans anatomiques (peau, muscles et autres) en suivant un trajet ascendant. Puis je bute sur un obstacle : la jupe en plastique. Ce petit accessoire fait partie de la cartouche de chasse. D'une part il sépare les plombs de la poudre, d'autre part il les maintient groupés pour augmenter la portée du fusil. L'écartant du doigt, j'atteins les vertèbres. Du bout de mon majeur, je repère un trou parfaitement circulaire dans une vertèbre avec, au fond, la charge de plombs. Je confirme ma première impression : ici passe l'aorte abdominale, qui a été sectionnée.

Je me relève, j'ôte mes gants, avant de m'adresser au gradé qui ne m'a pas quitté ni d'une semelle ni des yeux.

— Terminé. Les causes du décès sont parfaitement établies.

— Vous n'allez pas mettre un obstacle médico-légal ?

— Pourquoi, j'ai le choix ?

— Docteur, vous n'allez pas faire cela ?

Je sens son angoisse grimper et la moutarde me monter au nez. Je lance une diversion.

— Bon, j'ai vu le corps. Mais l'auteur du coup de feu, qu'est-ce que vous en savez ?

— C'est consternant. Les garçons jouaient à la guerre avec le fusil du père. Le petit que vous avez vu en bas tenait le fusil et le coup est parti tout seul.
— Non.

Surprise de mon gendarme qui esquisse un mouvement de recul.
— Comment ça, non ?
— Non. Un coup de fusil, ça ne part pas tout seul. Sauf si l'arme tombe ou subit un choc. Et qu'elle présente un défaut, comme l'usure des bossettes[8]. Vous le savez très bien.
— Et alors ?
— Alors ? Tir à bout touchant. L'arme n'est pas tombée, le coup n'est pas parti tout seul. Le petit homme jouait à la guerre et il voulait tuer son frère. Normal, à la guerre... Sa seule excuse, c'est qu'à son âge on ne sait pas que la mort est irréversible.
— Mais c'est bien un accident, docteur !
— Non. Il a réalisé son désir. Je ne dis pas que c'était un acte conscient. Mais qui n'a pas voulu un jour tuer son frère ou sa sœur, au moins symboliquement ? Ici, ils n'ont pas eu de chance. Le fusil était chargé. Le plus jeune a réalisé son désir, mais seulement la première partie. Ce qu'il voulait, c'était que son frère renaisse après. Sauf que, dans la vraie vie, c'est impossible.

Mon petit discours psy n'est guère du goût du gendarme, qui me reprend d'un ton sec :
— Je ne comprends pas comment vous pouvez plaisanter dans des circonstances pareilles.

Devant tant d'aménité, je ne résiste pas au plaisir

---

[8] Petits renflements sur les détentes des armes à feu.

d'en remettre une couche.

— Question de survie. Pour moi, cette fois.

Silence du gradé, perplexe...

— Mais je ne plaisante qu'à moitié. Écoutez-moi. Que nous apprend cette histoire ? Je vais vous le dire. Le petit de l'homme est partagé entre des sentiments ambivalents. Il aime son frère et, dans le même temps, il lui arrive de le détester, pourquoi pas de vouloir le tuer. Il aimerait bien prendre sa place. Être le seul. Il va devoir vivre avec cette ambivalence du bien et du mal. Elle est au fond de nous tous. L'homme se fait mener par le bout du nez de son inconscient, de ses hormones et de son rhinencéphale[9]. Si le fusil n'avait pas été chargé, il aurait joué à la guerre, il aurait appuyé sur la détente et rien ne se serait passé. Mais le fusil était chargé et il a tué son frère.

Silence et perplexité se sont abattus sur le képi bleu. J'en profite pour l'achever :

— Plus simplement, certains iront en toute conscience du côté obscur, d'autres choisiront la face claire. Mais la plupart feront ce qu'ils peuvent, au gré des circonstances, comme un fusil chargé ou non.

Je lis une consternation infinie dans le regard de mon interlocuteur.

— Bon, docteur, si nous en terminions ?

J'avise une petite table un peu à l'écart, sur laquelle je m'installe afin de rédiger mon rapport manuscrit. Chose que je ne fais jamais, préférant toujours prendre le temps de la réflexion pour donner, une fois au calme dans mon bureau, mes conclusions écrites que je tape

---

[9] Partie du cerveau primitif dont nous avons hérité du fait de l'évolution et qui gère nos comportements instinctifs les plus primaires.

sur mon ordinateur. Mais puisqu'il s'agit d'une affaire qui n'aura pas de suite, autant la boucler immédiatement.

Lorsque je lève les yeux de ma feuille, le corps a disparu. Je remets mon manuscrit à l'officier et nous reprenons le chemin vers la sortie. Mon accompagnateur, décidément pas tranquille, veut lever un dernier doute avant que nous descendions.

— Docteur, il vaut sans doute mieux éviter la famille, non ?

— Vous avez peur que je plaisante bêtement ou que je leur fasse de la psychologie de bazar ? Rassurez-vous, je ne vois pas ce que je pourrais dire pour les consoler !

— C'est vrai. Ils vont souffrir le reste de leur vie.

— Vous savez pourquoi je suis de mauvaise humeur ? Pas tant pour votre insistance à éviter l'autopsie. De toute façon, je ne vous l'aurais pas conseillée, l'affaire était assez carrée pour s'en passer, elle n'aurait fait que rajouter une douleur supplémentaire aux parents et à leur enfant. Non. Je suis de mauvaise humeur parce que, certains jours, l'humanité me désespère. Quand ce n'est pas à cause de sa violence gratuite, pour le plaisir, c'est à cause de son inconscient ou de son animalité. D'autres fois, c'est sa connerie qui me sidère. Aujourd'hui, c'est la connerie. Ce qui est dramatique, c'est qu'un fusil chargé soit accessible à des gamins. Ça, c'est une belle connerie.

Sur ces fortes et définitives paroles, nous nous engageons dans l'escalier. C'est alors que je découvre la scène macabre dressée dans le grand hall d'entrée. Sur une porte dégondée posée sur des tréteaux et recouverte d'un tissu noir gît le petit mort. Aux quatre angles, de gigantesques cierges allumés. L'enfant a été rhabillé de propre, ses cheveux soigneusement peignés. Ses mains jointes sur la poitrine sont entourées d'un chapelet. Un prêtre traditionaliste lit la Bible. Avec ce soutien en soutane, toute psychologie est désormais inutile.

Je repars avec ma mauvaise humeur, mécontent de moi : j'ai levé une partie du voile de mon côté obscur.

9. Coups de gueule du légiste

Les plus belles histoires d'amour ont une fin. Les plus moches aussi. Celle d'Évelyne s'est terminée quelques mois après son mariage, avec sa disparition. Cette sublime beauté blonde, la trentaine épanouie, avait épousé Robert, un agriculteur aisé, chasseur et peu bavard. Chacun semblait avoir trouvé son compte dans cette association de la Belle et de la Brute. La blonde était à l'abri du besoin et dépensait sans compter. Le rustre avait la plus belle épouse du département, quitte à fermer les yeux sur les infidélités répétées de sa jeune compagne.

Un jour, Évelyne s'est évaporée. Robert a déclaré sa disparition à la gendarmerie, puis il est rentré chez lui, est remonté sur son tracteur et a terminé ses labours. La culture des céréales, ça rapporte, mais c'est du boulot.
Cinq années ont passé. Évelyne n'a pas donné signe de vie. Et pour cause. « Elle est morte, et c'est moi qui l'ai tuée », déclare Robert au gendarme qui le reçoit dans son bureau. L'aveu sonne comme un immense soulagement pour cet homme rongé jour et nuit par le

remords. Devant l'officier qui enregistre sa déclaration, Robert raconte cette soirée fatale.

Ce jour-là, il était rentré plus tôt que prévu. La maison était vide. « Elle est encore allée claquer mon pognon », s'était-il dit. Cette folie dépensière heurtait son vieux fond paysan, mais il avait fini par y trouver son compte. Chaque fois qu'elle revenait de faire les magasins, elle s'empressait de lui montrer ses nouvelles robes ou de lui faire sentir son nouveau parfum. Bref, elle était plus séduisante que jamais. Qu'elle fasse ensuite profiter de ses beaux atours quelques gigolos de la région lui importait peu. C'est lui qui avait la primeur de ses charmes. Les autres n'étaient que de la seconde main.

Désœuvré, Robert traînait dans la maison lorsqu'il avait aperçu un sac blanc contenant des petites boîtes et de quoi faire des paquets-cadeaux. Curieux, il avait ouvert la première. Une chevalière en or. Un bijou trop massif pour se glisser au doigt d'une femme. Les mains prises d'un léger tremblement, il avait ouvert la deuxième boîte, un peu plus grande, puis la troisième. Chaque fois, des bijoux masculins de taille respectable. « Ah, la garce, elle me plume pour gâter ses amants ! » Il en était à s'étouffer de colère lorsqu'il avait entendu claquer la porte. Évelyne venait de rentrer. Fou de rage, il s'était rué dans l'escalier, s'était jeté sur sa femme avant même qu'elle ait eu le temps d'ouvrir la bouche et l'avait étranglée.

Laissant le corps sans vie sur le carrelage de l'entrée, Robert, encore tremblant de haine, était remonté pour finir l'inspection du sac. Sans doute pour conforter son acte fou. C'est là qu'il avait trouvé, tout au fond, une enveloppe à son nom. Et, à l'intérieur, une jolie carte illustrée portant ces quelques mots de la main de la défunte : « Joyeux anniversaire, mon chéri ! » On était à la veille de ses 60 ans...

Ce soir-là, la lumière était restée longtemps allumée dans la cuisine. Robert, affalé sur la table devant un verre d'alcool, n'en finissait pas de remâcher sa terrible méprise. « J'ai su dès ce moment que le remords ne me lâcherait pas », avoue-t-il au gendarme qui tape scrupuleusement sur son clavier. Puis il s'était repris. L'idée d'aller en prison lui était insupportable. Quitter la ferme où il était né, abandonner le travail des champs et les longues parties de chasse en solitaire, vivre vingt-quatre heures sur vingt-quatre enfermé entre quatre murs, tout cela lui paraissait impossible. Alors, au petit jour, il était allé enterrer Évelyne. Puis il avait attendu quelques jours avant d'aller déclarer sa disparition.

Depuis, il n'avait cessé de penser au drame. Le regard d'Évelyne au moment de son dernier râle le hantait. Il avait tout essayé, en vain. Ni les somnifères, ni les anxiolytiques, ni les antidépresseurs, ni même les tisanes miracle élaborées selon les vieilles recettes de sa grand-mère n'avaient apaisé ses tourments. Fatigué, usé, le jour du cinquième anniversaire de la mort d'Évelyne, il avait poussé la porte de la gendarmerie.

Voilà pourquoi mon équipe se retrouve un beau matin sur les terres de Robert. C'est aux confins de sa propriété, dans une zone sablonneuse autrefois exploitée pour la construction, qu'il a enseveli le corps de son épouse. Les gendarmes ont commencé à dégager le terrain sur près d'un mètre. C'est qu'il avait creusé profond, le Robert. Elle ne risquait pas de remonter toute seule, comme Lisbeth Salander, l'héroïne du roman *Millenium*. Forcément, un céréalier de grande envergure, c'est bien équipé. Au godet il avait ouvert une fosse d'environ 2 mètres de profondeur, déposé le cadavre enveloppé dans un drap et rebouché le tout.

Pas question, pour effectuer l'opération inverse, d'utiliser une pelle mécanique. Le risque d'endommager la dépouille – ou ce qu'il en reste – et de perdre des indices est bien trop important. Le dégagement se poursuit à la main, avec beaucoup de précautions. Soudain, un os apparaît. Je hurle un « Stop » qui ne laisse pas de place à la discussion. On y est. Après un rapide sondage, je détermine la position du corps. Les préposés à l'exhumation doivent maintenant réaliser une tranchée autour du cadavre, puis creuser au-dessous de façon à glisser une planche assez solide pour soulever le bloc de sable et son contenu macabre. L'ensemble est ensuite transporté à l'institut médico-légal pour la suite des opérations.

Quelques jours plus tard, la salle d'autopsie a des allures de plage. Sur les draps tendus au sol s'élèvent de jolis tas coniques de sable ocre au-dessus desquels mes collaborateurs agitent de gros tamis. Chaque poignée de sable retirée du bloc principal passe ainsi sur les mailles de fins treillis métalliques afin que soit recueilli le moindre petit morceau d'indice. Le drap qui servait de linceul et les vêtements que portait Évelyne ont complètement disparu. De la défunte il ne reste que des os, squelette que je reconstitue au fur et à mesure du dégagement du bloc.

La cage thoracique me réserve une surprise. Là, au beau milieu du sternum, un trou bien rond comme on en voit rarement dans la nature. Sauf lorsqu'il s'agit de natures mortes à coups de revolver. C'est ennuyeux, ce trou. Parce que si elle n'est pas morte étranglée dans un accès de colère, mais a été tuée par arme à feu, cela peut laisser supposer une préméditation. Judiciairement, cela change tout. Il faut absolument trouver la balle. Mon équipe de tamiseurs, penchés sur leurs boisseaux à fond grillagé qu'ils secouent d'un lent mouvement circulaire, redouble d'attention sous mon regard attendri. Très attendri. C'est que ces tamis ont une histoire, celle d'une bataille avec mon pôle. Car si on voulait bien comprendre pourquoi j'avais besoin de tamis de maçon et de petits râteaux, truelles, pelles, en ce qui concerne le financement de l'achat, il y avait comme un problème. « Nous n'avons pas le budget... »

Et de rajouter : « Vous ne vous rendez pas compte ? En plus, vous demandez trois tamis avec des mailles différentes ! » J'ai insisté, expliquant que nous avions quelques dizaines de kilos de sable à examiner et qu'à la cuillère cela allait prendre beaucoup de temps. Jusqu'à obtenir gain de cause. C'est du moins ce que j'ai cru lorsque j'ai reçu le coup de fil du service qui s'occupe des achats.

— Docteur, vous allez être content, on a trouvé une solution. Il y a au catalogue des marchés publics un lot qui pourrait faire l'affaire. Mais c'est un lot indissociable. Ils appellent cela un kit.

— Pourquoi pas ? Il y a quoi, dans ce kit ?

— Un seau, un tamis adapté au sable, c'est marqué en toutes lettres, et des instruments, comme vous le demandez : pelle, râteau, grattoir, etc. Et en plus, c'est beaucoup moins cher. On pourrait en commander deux, le pôle est d'accord.

— Pour les tamis, il y a des grilles différentes ?

— Je ne pense pas. Mais si ça pouvait convenir pour cette affaire, cela nous permettrait de faire des économies. Et vous pourriez toujours faire une nouvelle demande à votre pôle de rattachement, l'an prochain. Ils auront peut-être le budget !

Bon, soyons clairs, la médecine légale à l'hôpital, c'est tout un programme. Comme tout service, l'unité de médecine légale est rattachée à un pôle. Où les décisions se prennent dans un « bureau de pôle ». Une sorte d'instance médico-administrative où je ne suis pas grand-chose. Je peux comprendre : la médecine légale, activité des morts, dans une structure de soins, c'est une incongruité. Surtout que mon pôle à moi, il ne soigne que des maladies graves et parfois désespérantes, à coups de médicaments qui coûtent une fortune. Alors, quand je leur parle de mes problèmes de macchabées et de sable... j'ai un peu l'impression que, s'ils pouvaient, ils me diraient d'aller jouer dans mon bac. À sable. Mais ils n'ont jamais osé.

Tout cela a une raison simple : officiellement, la médecine légale hospitalière n'est pas financée par le ministère de la Santé. Mais une grande réforme nationale est engagée, qui devrait tout changer en 2011.

En attendant... je souffre ; on a alors pitié de moi, et gentiment le leitmotiv « Nous n'avons pas le budget... » devient l'antienne « Je vous rappelle que votre activité n'est pas financée ». Du coup, de temps en temps, je m'énerve. Comme ce jour où l'on m'a très sérieusement expliqué, chiffres en main, que la commande de ma clé USB mettait en péril le fonctionnement entier d'un laboratoire ! Parce qu'alors on ne pourrait plus acheter les réactifs nécessaires aux examens.

Paradoxalement, mon CHU a fait de gros efforts pour nous : réfection des salles d'autopsie, nouveaux locaux, informatisation exemplaire, anticipant ainsi la fameuse réforme. Mais ce n'est pas la même ligne budgétaire. Ni les mêmes interlocuteurs.

Bref, sauf circonstances exceptionnelles, pour les petites choses qui ne coûtent pas cher, au quotidien, c'est plus compliqué que pour les gros budgets d'investissement. Par principe, il n'y a pas de budget. D'où de très longues discussions, fortes en émotions, acharnées et répétées (je ne dirais pas « à couteaux tirés » car il n'y a jamais eu de morts). Et pas de tamis de maçon. Donc je ne vais pas me plaindre et j'accepte mes kits.

Quelques jours plus tard, la responsable des achats entre dans mon bureau, triomphante, portant un gros carton.

— Docteur, votre commande est arrivée. Rapide, hein ?

Elle pose la boîte sur la table. Je m'approche. Elle ouvre. À l'intérieur, deux magnifiques ensembles contenus dans des filets de plastique rouge laissant apparaître petit seau, minuscule tamis, mini-pelle, râteau riquiqui, le tout en plastique, même l'anse du seau. C'est vrai, avec du métal, on risquerait de se blesser. C'est gentil d'avoir pensé à notre sécurité. Mais surtout, en prime, il y a une superbe série de moules comprenant le crabe, l'hippocampe et l'étoile de mer. Ma préférée. Merci, je suis content.

— Vous êtes satisfait ? C'est bien, hein ? On a eu du mal à trouver les références.

— Oui, j'imagine assez. Cela s'appelait comment, sur le catalogue ?

— Ben, kit de plage... Pourquoi ? Je ne vous l'avais pas dit ? Cela ne convient pas ?

— Si, si. Du moment qu'on peut tamiser avec...

— C'est bien ce qu'on s'est dit. Du moment que le docteur peut tamiser avec... C'est chouette, vous ne trouvez pas ? Les couleurs sont belles, vous ne pourrez pas les perdre dans le sable.

— Oui c'est vrai, vert fluo, cela se repère de loin... et avec les gros points rouges, on ne peut pas non plus les perdre dans l'herbe. Super !

— En plus, vous pourrez faire des pâtés.

— Oui, on fait souvent cela, en médecine légale. Il y a des fois, ils arrivent même tout hachés, il n'y a plus qu'à les mettre en boîte.

— Ah bon ?

— Non, je plaisante.

— Ah, vous m'avez fait peur !

Sans autre commentaire, restant maître de mes émotions (un légiste est entraîné à cela par la fréquentation pluriannuelle de la barre des assises), je suis allé illico dans la grande surface de bricolage voisine pour acheter de ma poche les fameux tamis. Le travail pouvait commencer.

Le tamisage minutieux auquel se livrent mes collaborateurs dévoués permet de récupérer quelques phalanges égarées et une vertèbre qui avait échappé à leur attention. Mais de projectile, point de trace. Comment expliquer alors cet orifice rond dans le sternum ? Une consultation de mes ouvrages me donne rapidement la solution : il s'agit d'une « variation anatomique rare ». Le sternum est un os provenant de la fusion de trois parties osseuses chez l'enfant. Une fusion imparfaitement réalisée peut laisser subsister un orifice circulaire, phénomène observé et décrit dans la littérature médicale. Évelyne avait un sternum à trou d'origine. Et elle est bien morte étranglée.

Pour ce qui est des tamis de maçon, je les garde. Ils sont à moi, je les ai payés avec mes sous. J'ai même mis mon nom dessus. Mais je les prête à qui veut bien écouter leur histoire. J'ai bien pensé à une petite vengeance délicate, comme une communication dans un congrès national ou plus, avec un titre du style « Efficacité comparée des outils de tamisage en médecine légale : kit de plage *versus* tamis de maçon », mais finalement, pour l'instant (cette décision reste provisoire…), je me suis contenté d'apporter mon matériel sur la scène de crime suivante. Juste pour montrer. L'Instruction et le parquet ont littéralement pouffé.

Depuis, les kits de plage sont restés enfermés dans leur emballage d'origine, à la disposition de mon pôle. On ne sait jamais…

10. Amours virtuelles

Le jour, Rachel, 26 ans, parcourt la région poitevine au volant de sa camionnette, livrant colis et paquets. Pas vraiment une vocation, mais il faut bien manger et payer son loyer. Alors elle avale les kilomètres de bitume, montant et descendant de son véhicule des dizaines de fois dans la journée. Parfois, elle n'a même pas le temps d'avaler un sandwich tellement sa tournée est chargée.

Mais elle s'en moque. Elle, son truc, c'est la radio. Devant un micro, lorsque la lumière rouge du studio s'allume et que sa voix part vers des milliers d'oreilles, elle s'éclate. Elle oublie tout, le volant, les paquets, la route, jusqu'à son nom. Sur les ondes, elle est « Rachou 89 », animatrice d'une web-radio sur Internet.

C'est d'ailleurs sur la Toile, en surfant sur des sites de discussion, qu'elle a fait la connaissance de Ludovic, 35 ans. Pendant six mois, ils ont échangé des centaines de messages, se prenant tous les deux au jeu de la séduction par écran interposé. Puis il y a eu une première rencontre, suivie d'une autre, et encore d'une autre. Pour Ludovic, ces rendez-vous étaient de véritables épopées. Pensez, il venait de Saint-Lô, en

Normandie, sur son scooter. Près de 400 kilomètres au total, en passant par Alençon, Le Mans et Tours, souvent sous la pluie. Chaque fois, ce sont de longues heures sur la selle inconfortable de sa machine fatiguée pour venir visiter sa belle.

Le lundi 6 octobre 2008, l'ex-petit ami de Rachel sonne à sa porte. Pas de réponse. Inquiet, il demande aux pompiers d'intervenir. Après avoir forcé la porte, les soldats du feu découvrent la jeune femme refroidie, allongée sur le sol du salon. La tête dans une mare de sang. Les policiers, quoique persuadés de la cause accidentelle du décès, « à 80 %, docteur, mais quand même, par principe... », font appel à Nicole, ma consœur du nord du département. Devant les plaies particulières du cuir chevelu et l'absence d'objet pouvant en expliquer l'origine, les policiers revoient le pourcentage à la baisse :
— Bon, d'accord, à 20 %, c'est un accident.
La réponse de Nicole, légiste compétente, est cinglante :
— Criminel à 100 % jusqu'à preuve du contraire.
L'enquête démarre.

Deux années se sont écoulées lorsque la cour d'assises de la Vienne s'apprête à examiner le dossier « Rachel ». Pour permettre à Nicole de bien préparer son passage à la barre, nous organisons une répétition générale dans le service. Une coutume fort utile qui décrispe l'expert et clarifie le dossier. Une vaste salle de réunion réquisitionnée tient lieu de salle d'audience. Je fais office de président, non sans une certaine jubilation. Passer de l'autre côté de la barre et devenir celui qui pose les questions, de préférence les plus vaches techniquement, même si c'est pour faire semblant, quel plaisir ! Je suis assisté dans cette tâche par un véritable juriste, fin connaisseur des pièges en tout genre et des questions vicieuses. Aux côtés de Nicole, qui relit un peu fébrilement ses notes, il y a Serge, anatomopathologiste. Son activité habituelle, c'est l'étude au microscope des prélèvements, biopsies, pièces opératoires confiés par les chirurgiens du CHU, histoire de confirmer leur diagnostic. Mais il ne déteste pas la fréquentation des morts et nous donne souvent un avis en salle d'autopsie. C'est lui qui a procédé aux examens des prélèvements de l'autopsie de Rachel. Lui aussi va passer sur le gril. Je m'en pourlèche les babines à l'avance.

Toute mon équipe assiste aux débats. Je peux ainsi les faire profiter de vingt années d'expérience en la matière. Vingt ans de procès divers et variés, avec autant de chausse-trappes et de coups tordus venant des bancs de la défense comme des parties civiles. Récemment, la tendance s'est aggravée : depuis que l'appel d'un verdict d'assises est devenu possible, de nombreuses affaires viennent se faire rejuger dans nos belles provinces. Et avec elles arrivent les ténors du barreau parisien, toujours prêts à se « faire » un petit expert de province. Alors, pas question d'y aller la fleur au fusil. D'où ces séances de préparation.

Nicole fait sa déposition d'une voix posée et d'un ton assuré. Serge lui emboîte le pas avec plus de fébrilité, mais s'en tire très bien. Nous les soumettons ensuite à un feu roulant de questions. J'essaie de les mettre en difficulté. L'idéal serait qu'ils se contredisent. Mais rien à faire, je ne parviens pas à les déstabiliser. Ni mon juriste de choc. Ils sont fin prêts pour la grande épreuve.

Le grand jour est arrivé. Je me suis glissé dans la salle des assises, histoire de voir le résultat de notre entraînement. Et de connaître le fin mot de l'affaire, directement de la bouche des enquêteurs. Comme tout quidam peut le faire, d'ailleurs, car, sauf exception, les procès judiciaires sont publics. L'histoire est plus riche que les comptes rendus des journaux. Ainsi, lors de la découverte du cadavre, les enquêteurs avaient immédiatement soupçonné l'ex-petit ami, celui qui avait découvert le corps. Mais sa garde à vue n'ayant rien donné, il avait été écarté des pistes possibles. L'hypothèse de l'accident, brièvement si chère à nos amis de la police, n'avait pas non plus tenu ses promesses. Nicole avait décrit avec soin ces plaies de forme circulaire, d'environ 10 centimètres de diamètre, assez évocatrices d'un culot de bouteille ou de tout autre objet rond présentant des arêtes. Mais rien de ce type qui soit souillé de sang n'avait été retrouvé dans l'appartement. D'où le « Criminel à 100 % » de Nicole le jour de la levée de corps.

Ne restait plus que la piste criminelle. À l'autopsie, Nicole avait conclu que les plaies à la tête n'étaient pas à l'origine de la mort : le corps contenait trop de sang. En revanche, elle avait identifié deux petites ecchymoses au niveau du larynx, invisibles sur la peau, et des signes d'hyperpression dans les poumons. Rachel avait succombé par asphyxie, sans doute causée par une strangulation.

Serge avait tout confirmé. Selon ses analyses, les plaies sur la tête devançaient le décès d'environ vingt minutes, et les marques sur le larynx étaient contemporaines de la mort.

C'est l'examen de l'ordinateur de la victime qui avait permis aux policiers de remonter la piste de Ludovic, l'amant normand. Les relais de téléphonie mobile en avaient rajouté une couche. Tous ceux situés sur le parcours de Ludovic avaient été activés par son téléphone. Un beau mais long voyage, de Saint-Lô à Châtellerault, et retour. Quant aux horaires du déplacement, ils collaient parfaitement avec ceux du crime. C'est ça, le progrès, on finit toujours trahi par la technique.

Appréhendé à Saint-Lô le vendredi suivant les faits (belle efficacité des services de police !), placé en garde à vue et confondu par l'accumulation des preuves, Ludovic avait fini par avouer. Et expliqué son geste. Fou amoureux de sa belle, il n'avait pas supporté le changement de ton qu'il avait décelé dans ses derniers messages. Lorsque Rachel avait annulé leur quatrième rencontre, il avait vu rouge. Rouge vif. Où était la Rachel qui, quelques semaines plus tôt, lui écrivait : « Tu es la plus belle chose qui me soit arrivée. Je serai la femme qui te rendra heureux » ? Il lui fallait une explication. Alors, il avait sauté sur son engin.

Seulement, voilà, la petite discussion avait tourné au vinaigre. Rachel l'avait éconduit sans ménagement, en le priant de déguerpir. Alors, il avait pris le gros cendrier en verre qui était à portée de main et lui avait asséné trois coups très violents sur la tête. Rachel gisait maintenant à ses pieds, à demi inconsciente. La jeune femme émettait de légers râles, signe selon lui de sa souffrance. Après avoir longuement hésité, l'amoureux éconduit avait finalement décidé, dans un geste d'humanité sans doute, d'abréger le supplice de sa victime. En lui comprimant la gorge à l'aide d'un balai. D'où les traces sur le larynx, qui avait fait penser à une strangulation.

Après cet ultime geste d'amour, Ludovic avait entrepris de nettoyer ses traces. Mais pour le sang, il avait renoncé. Après tout, un accident, une mauvaise chute, ça peut faire saigner ! Il s'était changé avant d'embarquer le balai, le cendrier et le téléphone portable de Rachel. Tous ces indices compromettants avaient été abandonnés le long du trajet de retour, le balai ici, le cendrier là. Il avait jeté son téléphone portable et celui de Rachel dans la Loire, à Tours. Une fois chez lui, il avait brûlé ses vêtements tachés de sang, certain d'avoir détruit les derniers éléments pouvant le confondre.

La seule chose qu'il ne pouvait pas effacer, c'étaient ses traces virtuelles.

11. Un médecin dans la salle ?

Il fait sacrément chaud, ce jour-là, dans la petite salle de la cour d'assises de Bressuire, charmante sous-préfecture des Deux-Sèvres. De mon banc, je vois sur l'estrade dominant la salle les visages de quelques-uns des jurés virer à l'écarlate. Les trois magistrats en robe donnent eux aussi quelques signes d'échauffement. Le premier assesseur s'évente aussi discrètement que possible en agitant quelques feuilles du dossier. La présidente endure le col d'hermine de sa grande tenue, tout en essayant de trouver un peu de fraîcheur en remontant aussi haut que possible les larges manches de sa toge. Le second assesseur respire la bouche ouverte, comme un poisson hors de l'eau, cherchant un peu d'oxygène au milieu de cette atmosphère étouffante. Un homme placé au deuxième rang du public a sorti un gros mouchoir à carreaux pour s'éponger le front. La petite dame installée devant lui se tamponne délicatement la lèvre supérieure.

Ces quelques observations pittoresques d'une humanité judiciaire en voie de liquéfaction avancée me procurent de courtes récréations, entre deux plongées dans le dossier de l'affaire du jour. Les faits remontent à cinq ans, et je n'en ai plus qu'un souvenir assez vague. Aussi, je relis avec soin mon rapport d'expertise avant d'aller à la barre répondre aux questions de la présidente et des avocats.

    Cette révision de dernière minute n'est pas dans mes habitudes. D'ordinaire, je prépare mon intervention à l'avance, parfois même en me soumettant à une répétition devant mon équipe. Mais les jours précédents ont été avalés par plusieurs affaires urgentes à traiter. J'en suis réduit à bachoter pendant l'audience, comme le cancre moyen qui arrive en classe sans avoir appris sa leçon. Par chance, le cas n'est pas très compliqué. Pour une histoire de dette non remboursée, un type connu pour de petits trafics de stupéfiants avait attiré l'un de ses contacts dans un guet-apens et l'avait abattu d'une balle en pleine tête. Il s'était ensuite débarrassé du corps en l'enterrant. Mal. L'autopsie de la victime, en état avancée de décomposition, n'avait pas été une partie de plaisir. En revanche, la reconstitution criminelle m'avait laissé le souvenir ému d'une dégustation de bigarreaux chapardés sur un cerisier ; pour parvenir à mes fins, j'avais dû sauter le mur d'un jardin à l'abandon sous le regard réprobateur du juge d'instruction.

    J'en ai terminé de mes révisions studieuses lorsque la présidente appelle à la barre le gendarme qui a dirigé l'enquête. Je dresse l'oreille, à défaut d'autre chose. La déposition des enquêteurs est l'occasion pour moi d'avoir le fin mot d'une histoire dont je ne connais que le tout début. Car les enquêtes criminelles commencent le plus souvent par la découverte d'un cadavre. J'interviens dans les premiers instants pour les constatations sur place et la levée de corps, puis dans les heures qui suivent, j'effectue l'autopsie. Une fois mon rapport déposé, le plus souvent je ne suis plus informé des suites de l'enquête. Parfois, j'ignore même si un présumé coupable a été identifié et arrêté, jusqu'à ce que je découvre son visage dans le box des accusés.

Dans la salle pleine à craquer, l'ambiance se tend au fur et à mesure que le gendarme avance dans son récit. Il relate la découverte du corps, les pistes envisagées, les vérifications entreprises jusqu'à l'identification et l'arrestation de l'auteur présumé. Guidé par la nécessaire manifestation de la vérité, le directeur d'enquête n'évite aucun détail. Ses mots crus frappent durement certains membres de la famille de la victime, déjà éprouvés par la température. Le mercure doit maintenant dépasser les 38 °C. Dans le public, on se déboutonne à tout va. Les cols de chemise et les corsages s'ouvrent comme les tournesols au lever du jour. Bientôt, les premières épaules nues apparaissent ici ou là.

Insensible à cette ambiance « sauna », le gendarme en grand uniforme répond maintenant aux questions des avocats. Puis la présidente, après l'avoir remercié, l'autorise à quitter la salle. L'enquêteur tourne les talons après les avoir claqués et se dirige vers la porte, son képi revissé sur la tête. La présidente m'interroge du regard. Cela va être mon tour. D'un très léger signe de tête, je lui signifie que je suis prêt. Soudain, un grand « boum » résonne derrière moi, suivi immédiatement d'un mouvement du public. Lorsque je me retourne, je vois quelques personnes penchées vers le sol, autour d'une masse inerte. On s'agite, quelques cris fusent. « Papy s'est trouvé mal. » Papy, c'est le grand-père de la victime. Il n'a manifestement pas supporté le récit des dernières heures de son petit-fils. La présidente m'interpelle d'un ton faussement interrogatif.

— Je crois qu'il y a un médecin dans la salle aujourd'hui ?

Je n'ai pas attendu la fin de son apostrophe pour me diriger vers le pauvre homme allongé sur le parquet. Il a le teint pâle, le pouls filant, les yeux révulsés, le visage couvert de sueur, signes d'un malaise. Hypoglycémie ? Une autopsie ne me semble pas la réponse la plus appropriée à son cas. D'ailleurs, je n'ai pas apporté mes instruments. Limité dans ma thérapeutique, je vais à l'essentiel et lève ses jambes le plus haut possible, afin d'aider le retour du sang vers le cœur. Le silence s'est abattu sur l'assemblée, désormais suspendue au sort de l'aïeul. Je sens tous les regards braqués sur moi. Quelques instants plus tard, les joues de l'évanoui retrouvent un peu de couleur. Puis il rouvre les yeux. Un murmure de soulagement s'élève des travées. Pour une fois qu'un médecin légiste ramène l'un de ses clients à la vie…

Avec les huissiers, nous relevons le vieil homme et l'évacuons hors de la salle. Les couloirs du palais de justice, plongés dans la pénombre, offrent un peu de fraîcheur salvatrice. J'installe papy sur un banc et lui fais apporter une boisson sucrée, en attendant l'arrivée des pompiers.

— Ça va mieux, monsieur ?

— Oui, merci docteur. Vous comprenez, c'est horrible d'entendre ça.

— Vous avez pris un petit-déjeuner, ce matin ?

— Non. Je n'arrive plus à manger depuis deux jours, tellement je suis noué.

— On va vous conduire à l'hôpital, ce sera plus sage.

Les pompiers, arrivés entre-temps, prennent papy en charge. Je retourne dans la salle pour faire ma déposition. Puis, mon devoir accompli, je m'apprête à quitter le palais de justice lorsque j'aperçois papy dans le grand hall. À pas comptés, il se dirige vers le prétoire.

12. Musée intime

Les sommets, ça se mérite. Voilà bien deux heures que je poireaute, dans une foule compacte, au pied du téléphérique de l'aiguille du Midi. La perspective d'une superbe balade à skis hors-piste dans la Vallée Blanche me rend très patient, moi qui suis médecin. Je franchis enfin les portes de la cabine, poussé par une masse de joyeux montagnards en anoraks bigarrés. Je note au passage que, si le ridicule ne tue pas, le grotesque non plus, à en juger par les accoutrements qui sont de mise dans les stations de sports d'hiver.

La sonnerie stridente qui annonce le départ imminent retentit. Rien. C'est curieux. La cabine reste désespérément immobile. Deuxième signal de départ. Toujours rien. Je peste en mon for intérieur et en français, deux langues que je pratique couramment. Le préposé va-t-il enfin appuyer sur son maudit bouton pour déclencher la montée ? Troisième sonnerie, insistante.

Brusquement, je me réveille. En fait de téléphérique, je suis dans mon lit, un endroit qui me permet d'atteindre d'autres sommets sans avoir recours à une machinerie d'ascenseur, mais ça, c'est une autre histoire. Sur la table de chevet, le téléphone entame sa quatrième sérénade. Je décroche. Je reconnais aussitôt la voix d'Hervé, l'un de mes correspondants habituels de la brigade de recherches de Poitiers.

— Bonjour docteur, je vous réveille ?
— Heu, à 4 heures du matin, en effet, je dors.
— Bon, voilà, nous sommes sur une scène de découverte de cadavre et votre consœur a besoin de vous.
— Ma consœur ?
— Oui, votre chef de clinique, Marie, est sur place.
— Alors, vous n'avez pas besoin de moi. Elle est tout à fait compétente. Je raccroche. Bonne nuit, Hervé !
— Eh ! Attendez. C'est que l'affaire est très particulière et elle voudrait avoir votre avis. Tenez, je vous la passe.

Je sens que je ne vais pas pouvoir retourner dans mon téléphérique. C'est bête, après avoir fait la queue aussi longtemps… Enfin, j'écoute Marie me faire un rapide résumé de la situation. La victime est un homme d'une cinquantaine d'années, mort d'une balle dans la poitrine. *A priori*, Marie et les enquêteurs pencheraient pour un suicide. Mais le corps présente aussi une blessure par balle de la cheville, ce qui les intrigue. Je reconnais que se tirer dans la cheville n'est pas le moyen le plus judicieux pour mettre fin à ses jours. Je questionne Marie.

— Où êtes-vous ?
— Pas très loin. Vous en avez pour à peine une petite demi-heure. Cela me rendrait bien service.
— Plus précisément ?
— C'est un village au-dessus de Lencloître.

Tu parles d'une demi-heure ! C'est plutôt trois bons quarts d'heure de route pour aller jusque là-bas. Mais mon problème, c'est l'alcoolémie. J'ai passé une excellente soirée en compagnie de mon épouse, à l'auberge située à 50 mètres de la maison. L'avantage, c'est que l'on peut y aller et surtout en rentrer à pied. Nous en avons profité pour déguster une bonne bouteille de bourgogne. Rien que d'y repenser, il me revient en bouche le souvenir des saveurs fruitées de ce grand cru. Reste à savoir quelles autres traces il aura laissées. J'essaie un rapide calcul, en tenant compte de mon poids et du temps écoulé depuis que j'ai avalé la dernière goutte de ce nectar. Heureusement, nous avons dîné tôt et commencé la bouteille à l'apéro. C'est certain, je suis en dessous de 0,20 gramme d'alcool par litre de sang. Je n'ai plus d'excuse pour échapper à cette virée nocturne.

Une heure plus tard, grâce aux explications topographiques de Marie et à l'aide du GPS, j'arrive en vue d'une ferme violemment éclairée par les spots de la gendarmerie. Efficaces, les spots : la ferme est visible à plus de 300 mètres ! Un matériel ne provenant pas, contrairement à ce que prétend la chanson *Mon spot le gitan*, de saisies chez les gens du voyage. Une longue file de véhicules bleus est rangée le long du chemin d'accès. Je me gare et parcours à pied les quelques dizaines de mètres qui restent. L'air frais de la nuit dissipe les derniers vestiges de mes rêves alpins. Je pénètre dans la cour sous la lumière crue des projecteurs. Je salue tout le monde. Lionel, le chef de la brigade territoriale, me raconte l'histoire. Ancien de la BR de Poitiers, c'est un pro, doté d'une solide expérience. Tout comme Hervé, d'ailleurs.

— Ce sont les voisins, intrigués par la lumière de la cour restée allumée, qui sont venus voir et qui l'ont trouvé, sur l'herbe. On a fait venir le médecin du coin. Il n'a même pas examiné le corps. Pour lui, c'est un suicide, point barre. Il voulait signer le papier bleu sans jeter un coup d'œil sur la victime, sans le retourner, sans même le déshabiller. Ce n'est pas normal. On travaille depuis assez longtemps avec vous pour savoir qu'on ne peut pas agir comme ça. Alors, on a appelé votre service. Pour Marie, ce n'est pas clair et on est d'accord.

— Oui, chef, j'aimerais votre avis, mais avant je ne vous dis rien. J'ai tout examiné, l'environnement compris, je l'ai déshabillé, j'ai la cause de décès, mais pour un suicide…

C'est parti. Je joue l'œil neuf. Je commence, comme à mon habitude, par une visite de l'environnement, gardant l'examen du mort pour la fin. Lionel et son équipe me guident vers la maison. Dans l'entrée, deux morceaux de tubes métalliques noirs soudés l'un à l'autre reposent sur une petite table. Les gendarmes n'ont pas eu besoin de ma science de chasseur pour identifier l'extrémité d'un fusil de chasse à canons juxtaposés, sciés récemment à en juger par les marques encore fraîches sur le métal. Pas sciés, d'ailleurs, plutôt coupés à la meuleuse, comme en témoigne le bleuissement du métal. Il y a également un verre contenant un fond de vin, posé à côté d'une lettre manuscrite.

— Le problème, souligne Lionel, c'est que cela ne ressemble vraiment pas à son écriture.

La comparaison avec plusieurs feuillets empilés sur la table, des lettres d'amour aux contenus très évocateurs, laisse en effet planer un sérieux doute. En revanche, il n'y en a pas sur l'intention suicidaire.

À côté, un listing informatique d'une centaine de pages est couvert de noms et prénoms féminins, manifestement tirés de sites de rencontre sur Internet. Certains noms sont rayés, d'autres marqués d'une croix.

Nous sommes chez un chasseur, un fou de la gâchette. Il y a des trophées de chasse partout. Faisans empaillés, bois de cerf, têtes de sanglier, biche, chevreuil se disputent le moindre centimètre carré de mur dans toutes les pièces de la maison.

Une rapide enquête de voisinage a permis aux gendarmes d'apprendre que l'homme vivait seul depuis son divorce prononcé quelques années auparavant. Enfin, une solitude toute relative et plutôt intermittente, entrecoupée par les visites fréquentes de diverses conquêtes féminines pêchées sur la Toile.

La visite de la maison est sur le point de s'achever lorsque Lionel me prévient, juste avant que nous n'entrions dans le garage.

— Vous n'avez pas vu le plus beau. Il avait un musée un peu spécial.

Il ouvre la porte, tourne l'interrupteur et s'efface pour me laisser passer devant. L'effet est garanti. Sur une grande table, au beau milieu du local, s'étalent des dizaines de serviettes hygiéniques, toutes usagées, dûment épinglées et étiquetées d'un prénom et d'une date. Sans doute l'indication de l'utilisatrice et du jour de son pieux recueil. Je note qu'une certaine Germaine a enrichi la collection à plusieurs reprises. Après une courte hésitation, je renonce à la blague idiote, genre « Dommage que ce ne soit pas des tampons, avec un peu d'eau chaude, on aurait pu se faire des infusions ». Le silence un peu consterné qui règne dans la pièce me semble plus de circonstance. Il ne sera pas dit que je ne sais pas me tenir.

La visite des locaux s'achève sur cette image délicate, laissant chacun à ses interrogations. Il semble que ce type aimait garder un souvenir de chaque coup tiré. Gibiers naturalisés ou serviettes usagées relèvent somme toute du même mécanisme. Une sorte de fierté du chasseur.

Ces conjectures semblant indiquer que mon cerveau a du mal à se remettre des effets de la fermentation du jus de raisin, je décide d'en rester là et de m'intéresser au défunt.

Marie a déjà procédé à l'examen externe. Le corps repose maintenant, entièrement nu, sur un grand drap blanc posé sur l'herbe. Sous l'effet de la lumière des spots, on se croirait dans une scène de *Drowning by Numbers*, ce film de Peter Greenaway où un coroner[10] couvre les meurtres de trois maris pour bénéficier des faveurs sexuelles des trois meurtrières, succombant finalement lui-même à ces femmes.

Ma victime présente une plaie béante à la cheville droite, et surtout deux trous dans le thorax. Le premier dans le dos, bien rond, bien régulier, d'environ 18 millimètres de diamètre. L'autre, de presque 8 centimètres, au creux de l'épaule gauche, est fortement déchiqueté. Selon les critères habituels de la médecine légale, le plus petit des orifices correspond à l'entrée d'un projectile de gros calibre. Je pense à une Brenneke, un lingot de plomb de plus de 30 grammes utilisé dans les fusils de chasse pour tuer le gros gibier à courte distance. Pour la plaie plus large, là encore, les observations usuelles désignent ce type de plaie comme

---

[10] Sorte de légiste à l'anglo-saxonne.

le point de sortie du projectile. Le coup mortel a donc été tiré dans le dos, la blessure à la cheville n'ayant pu entraîner la mort. Ces premières constations me semblent suffisamment éloquentes pour évoquer la piste d'un homicide, tout comme Marie et Lionel l'avaient fait avant moi.

Lionel me montre ensuite les images numériques du corps prises lors de sa découverte, avant qu'il ne soit déshabillé et déplacé. À 3 mètres en arrière, un muret haut d'environ 1,20 mètre marque la limite de la cour et retient le sol d'un ressaut de terrain, couvert de jonquilles en fleur. Non loin du muret, le fusil est au sol. Un fusil de chasse de calibre 12. Les étuis percutés de deux cartouches Brenneke sont encore engagés dans les chambres. Reste à trouver le meurtrier, mais là, ce n'est plus mon boulot. Aux gendarmes de jouer.

Qui dit hypothèse criminelle dit autopsie. Rendez-vous est pris pour l'après-midi même – le jour ne va plus tarder à se lever – à l'institut médico-légal.
Pour cette opération, je me contente de faire la petite main, laissant Marie tenir le bistouri. Peu de choses à dire : un grand hachis de muscles et d'artères en dessous de la clavicule en avant, un poumon perforé, une hémorragie massive, un beau trou bien rond dans l'omoplate en arrière et voilà. Ah non, j'ai oublié : l'absence de tout résidu de tir sur la plaie à la cheville permet de conclure à un tir à distance. Cette observation conforte l'hypothèse d'un sujet abattu alors qu'il tente de s'enfuir, le premier coup le touchant à la cheville (soit le tireur est mauvais, soit c'est un tir réflexe déclenché par la fuite), le second dans le dos.
Cependant, les investigations s'annoncent difficiles.

Ce ne sont pas les éléments rassemblés lors de l'enquête de voisinage qui vont aider. L'homme vivait en paix avec ses voisins et n'avait pas d'ennemi connu. Les interrogatoires des diverses conquêtes, y compris de Germaine, la reine du musée intime, ne donnent rien. Le crime de rôdeur semble peu probable, aucun objet n'ayant disparu dans la maison. Même la collection de protections périodiques est intacte. Pourtant, quand on voit ce qui se vend sur certains sites Internet, on se dit que cette composition d'une grande originalité aurait sans doute trouvé preneur à un bon prix.

D'autre part, les gendarmes ont du mal à comprendre ce que faisaient les morceaux de canons sciés dans la maison. Imaginer le criminel sciant le fusil sur les lieux de son forfait pour ensuite abattre sa victime ? Drôle de scénario. Même dans les séries télévisées, ils n'ont pas osé. Alors, dans le Poitou…

L'expertise de l'objet a confirmé l'utilisation d'un outil rotatif, de type meuleuse. Or aucun instrument de ce genre n'a pu être retrouvé dans la maison. Le criminel aurait scié les canons ailleurs et rapporté les restes à la ferme ? Subtil ! Mais les enquêteurs découvrent également que, comme beaucoup d'autres agriculteurs de la région, l'homme avait un autre métier pour assurer ses fins de mois. Et que l'entreprise qui l'employait disposait de tout l'outillage nécessaire à cette opération.

Ce détail fait tiquer les gendarmes. Si l'homme a scié son fusil sur son lieu de travail avec une intention suicidaire, comment alors expliquer le tir dans le dos ? Cela ne colle pas. Ou alors il ne voulait pas voir la mort de face. S'agirait-il quand même d'un suicide ?

Pour tenter d'y voir plus clair, une remise en

situation s'impose. Comme une reconstitution criminelle, mais sans l'auteur. Nous nous retrouvons trois semaines plus tard sur les lieux du drame avec l'ensemble des intervenants. Je suis venu avec Marie, évidemment, mais aussi avec Lolita, toute nouvelle externe dans mon service pour trois mois. Un gendarme de corpulence similaire à celle du mort est désigné volontaire pour prendre sa place. L'arme d'origine lui est confiée. À lui de nous démontrer qu'il peut se tirer une balle dans le dos. Pour la cheville, on peut imaginer que, l'arme tombant au sol après le coup de feu dans le dos, le second coup parte au moment du choc et blesse le suicidé à la cheville.

Pauvre figurant ! Malgré d'incroyables contorsions, il ne parvient à aucun moment à atteindre la détente en maintenant l'arme en position horizontale, indispensable pour respecter la direction de tir relevée lors de l'autopsie.

Il faut envisager autre chose. Un appui sur le muret, par exemple. Là encore, la tentative tourne court. Pour caler le fusil à la bonne hauteur et dans la bonne direction, le gendarme doit s'accroupir, mais il ne peut plus atteindre la détente. Toutes les tentatives échouent, les unes après les autres.

– Et si c'était un suicide assisté ?

C'est une petite voix féminine qui s'élève dans les rangs de la gendarmerie. Une femme de la longue liste d'Internet aurait-elle donné un coup de main à la victime, par pitié, voire par amour ? Voilà en effet qui changerait tout.

Il s'agit maintenant de désigner un autre volontaire pour tenir le rôle de l'assistant. Tous les regards convergent vers Lolita. Mais Lolita est réticente. Surtout lorsqu'on lui annonce que des photographies en situation vont être prises. Et puis, les armes et elle... Il faut beaucoup de persuasion au directeur d'enquête pour la convaincre de prendre le fusil en main. Puis, au bout de multiples démonstrations attestant que l'arme est déchargée et que le gendarme-victime ne risque rien, pour obtenir qu'elle veuille bien appuyer sur la détente. Les réticences de Lolita exclues, l'opération ne présente aucune difficulté.

Mais alors se posent de nouvelles questions. Dans ce cas, pourquoi avoir scié les canons ? Qui est le tireur ? Comment expliquer le tir dans la cheville ? Nous ne sommes guère plus avancés. En ce qui concerne la page d'une écriture qui ne ressemble pas du tout à celle de notre victime, mais annonce son suicide, son alcoolémie au moment du décès suffit à l'expliquer : plus de 3 grammes par litre. Dure, dure, la page d'écriture à ce taux !

Faute d'éléments nouveaux, la piste criminelle perd progressivement de sa crédibilité. D'autant plus que l'un des gendarmes de l'équipe explique depuis le début que l'histoire des orifices d'entrée et de sortie, sur laquelle repose l'hypothèse homicide, n'est pas toujours vraie. Il arrive que les choses s'inversent et que la balle fasse plus de dégâts à l'entrée qu'à la sortie, en fait par l'action des gaz. C'est la présence de traces de poudre au niveau de l'un des orifices qui pourrait permettre de le désigner comme l'orifice d'entrée. Cette observation, relativement aisée à faire sur une peau non recouverte, est malheureusement quasi impossible ici, avec les moyens dont je dispose. Le projectile a traversé plusieurs épaisseurs de vêtements qui auront arrêté tous les résidus. Pour rendre les choses encore un peu plus compliquées, l'homme portait des habits sombres. Seuls des appareils sophistiqués peuvent identifier de minuscules particules dispersées sur un tissu noir. Pour en avoir le cœur net, les vêtements de la victime sont envoyés pour analyse à l'IRCGN[11], à Rosny-sous-Bois, en région parisienne. Tout comme l'arme, pour son expertise. Savoir si le coup peut partir tout seul, à l'occasion d'un choc. Mais avant d'avoir les résultats, du temps va passer. Car les dossiers affluent dans cet institut. En attendant, notre rapport précise en conclusion : « L'origine de la mort doit être considérée comme criminelle, jusqu'à preuve du contraire. » Il ne nous reste plus qu'à attendre les résultats des expertises.

Des mois ont passé et de l'eau a coulé sous les ponts de Poitiers lorsque les conclusions des experts de l'IRCGN arrivent. Elles sont sans appel. Un, la recherche de traces de poudre ne permet pas d'affirmer un tir en arrière. Deux, l'arme présente une défaillance la rendant sensible au choc, d'où le déclenchement possible d'un tir lors d'une chute. Autant d'éléments accréditant définitivement l'hypothèse du suicide.

Il reste à expliquer les observations médico-légales. En fait, c'est l'effet « chambre de mine ». Au moment du tir, le canon étant appuyé contre la poitrine de la victime, le projectile ainsi que tous les gaz émis au moment de la détonation pénètrent dans le corps. Dans le cas qui nous intéresse, ces gaz se sont heurtés dans leur progression vers l'arrière à une surface dure, en l'occurrence l'omoplate, qui a joué le rôle d'un réflecteur. Tandis que la balle traversait l'os, les gaz étaient renvoyés vers l'avant, transformant l'orifice

---

[11] Institut de recherche criminelle de la Gendarmerie nationale.

d'entrée en cratère.

Affaire résolue. Mais je me demande encore ce que les héritiers du monsieur ont bien pu faire de sa collection privée…

13. Les sept péchés capitaux

Pour revisiter les sept péchés capitaux, il y a plusieurs méthodes possibles : aller voir *Seven*, ce film *gore* mais encore loin de la réalité quotidienne, ou relire la *Somme théologique* de saint Thomas d'Aquin afin d'y retrouver la définition générale (*Prima secundae*, question 84) et les descriptions particulières des vices et péchés. Pour le légiste, il suffit de laisser aller son esprit pour se remémorer ses nombreuses affaires. Ce n'est pas le choix qui manque, mais parfois il va lui être difficile de définir le péché à l'origine du drame, tant la nature humaine aime mélanger les genres.

Saint Thomas d'Aquin était d'un naturel sceptique et demandait à voir pour croire. C'est une des différences avec le légiste qui, lui, souvent, n'en croit pas ses yeux...

1 - La paresse (2/2-35[12])

Anciennement l'acédie (du latin acedia*), vieux terme désuet pour parler de paresse morale qui entraîne le relâchement de la prière et des lectures spirituelles.*

Ce sont les mauvaises odeurs qui ont alerté le tenancier de ce petit bar-restaurant des bords du Clain, la rivière qui traverse Poitiers. La puanteur risquant de faire fuir le client, il s'est mis à renifler partout pour tenter d'en débusquer l'origine. Suivant ainsi les indications d'un nez qu'il avait fort développé, il s'est retrouvé devant la porte de l'appartement qu'il louait à un jeune homme tranquille, au premier étage de la maison. Ce locataire discret dérangeait fort peu le voisinage. Il faut dire que son activité principale consistait à traîner au lit. Il n'émergeait jamais avant le milieu de l'après-midi.

Le restaurateur, après avoir frappé à la porte, a appelé les pompiers. Ces derniers ont eu bien du mal à ouvrir le battant après en avoir fait sauter la serrure. Malgré d'intenses efforts et le recours à toutes sortes d'outils, ils ne sont parvenus qu'à entrebâiller l'huis sans pouvoir permettre le passage d'un homme. Ils ont dû se résoudre à passer par une minuscule fenêtre restée entrouverte pour enfin accéder à l'étage et découvrir la présence de deux victimes.

Lorsque je parviens sur les lieux, j'ai le choix entre l'échelle et la porte coincée. Après un honnête essai, ~~trompé par l'image que je~~ me fais de moi (silhouette

[12] Ces chiffres correspondent aux parties et numéros des questions de la *Somme Théologique*

svelte et souplesse légendaire), j'opte pour le passage étroit de la fenêtre, sous le regard goguenard des sapeurs. Bon, je ne suis pas le seul, l'officier de police aussi y a droit. C'est rassurant. Ainsi, moyennant quelques contorsions acceptables, je parviens à me glisser à l'intérieur de ce qui fut sans doute un coquet deux-pièces, mais qui n'est plus qu'une vaste décharge d'ordures. Des monceaux de déchets empilés recouvrent la moindre parcelle du sol. Sacs-poubelle, boîtes de conserve vides, cartons à pizza, emballages de céréales, packs de bières et autres détritus la plupart alimentaires forment une couche uniforme d'environ 60 centimètres d'épaisseur.

Je progresse prudemment vers la chambre, traversant la petite cuisine, puis l'entrée. Au passage, n'ayant aucun indice dans celle-ci, je fais libérer (un peu) l'huis, histoire de préparer une sortie plus facile. À chaque pas, c'est une marche sur des amoncellements chancelants et incertains, tandis que l'odeur insoutenable se fait de plus en plus prégnante. Enfin, j'y suis.

Sur le lit, reposant sur le dos avec un air de satisfaction béate, une première victime, de sexe masculin et de couleur noire. Enfin, quand je dis noire, je parle du versant noir de la putréfaction : il s'agit bien d'un blanc de peau devenu noir de pus. J'imagine déjà la catastrophe que va représenter sa sortie. Je ne suis pas sûr qu'il pourra franchir la porte sans être dégonflé d'abord, mais je garde cette subtile remarque pour moi. Il ne faut pas décourager par avance les troupes ! Pour ce qui est de l'autopsie, il va falloir se la jouer finement pour décourager les asticots.

Si l'entrée et la cuisine sont jonchées de débris à dominante alimentaire, le sol de la chambre est envahi par un autre genre de déchets : des centaines de livres, de revues et de cassettes vidéo pédopornographiques. Le magnétoscope, placé face au lit, sous le téléviseur, est encore allumé. Les policiers qui procèdent aux constatations enclenchent le rembobinage de la cassette et repassent en mode lecture, faisant apparaître les ignobles images habituelles. Même avec le temps, on ne peut s'y habituer. Ainsi, le type se payait une bonne tranche de perversion lorsqu'il a avalé son bulletin de naissance, pour des raisons que l'autopsie va devoir découvrir. Le corps est évacué vers l'institut médico-légal, en compagnie de la seconde victime. Car il y a un autre cadavre dans ce capharnaüm.

Un chat. Le matou est pour sa part non pas putréfié, mais momifié, littéralement déshydraté. Au sens lyophilisé du terme, à croire qu'en le replongeant dans une solution saline il reprendrait vie. Il gît dans la cuisine, non loin de la fenêtre. Le procureur, intrigué par la présence de l'animal qui avait pourtant la possibilité de s'échapper, insiste pour que je procède également à son autopsie. Également et non pas légalement : j'ai beau argumenter que je ne suis pas vétérinaire, que cela frôle l'exercice illégal d'une profession, sa réponse est vite vue :

– Certes, docteur, mais en matière de crime, les vétos ne sont pas compétents.

Crime de chat : bel argument ! À la réflexion, j'ai de la chance, heureusement que mon type ne pratiquait pas l'équitation, parce que mes tables d'autopsie ne sont pas de taille à supporter le poids d'un cheval…

La levée des corps s'achève. Un petit regard vers les boîtes de conserve : toutes sont périmées depuis longtemps, pour certaines depuis plusieurs années. *Idem* pour les céréales. De vieux stocks. Une piste à explorer. Au moment de partir, le propriétaire des lieux nous invite gentiment à l'apéro. Pourquoi refuser ? Mais lorsqu'il nous propose de passer à table, l'appétit n'est pas là : comme les enquêteurs, je traîne les odeurs sur moi. Assez pour ne plus avoir faim.

Le lendemain, je confie à mes étudiants en formation la découpe de l'amateur de jeunesse. Sous ma surveillance, certes, mais à distance. Histoire d'échapper aux petites mauvaises odeurs. L'exercice leur plaît, tant ils sont avides de pratique. L'amateur pervers se révèle gros, gras, puant et suintant à souhait. Les jus de diverses obédiences qui s'échappent à chaque coup de bistouri transforment les manches des instruments en savonnette. Mes étudiants progressent péniblement au travers des chairs corrompues, traquant une éventuelle cause de mort, en vain. Pas de traces de coups, pas de blessures, pas de plaies.

Pour ma part, je me réserve l'examen des restes du chat : là encore, pas de traces de coups, pas de blessures, pas de plaies. La clé de l'énigme se trouve dans l'examen comparé des estomacs de l'homme et de l'animal. Les mêmes débris alimentaires s'y retrouvent. Deux estomacs pleins du même contenu. Évoquant une conclusion possible, une mort par intoxication alimentaire aiguë. Rare, mais foudroyante. Le germe en cause ? Les investigations spécialisées seraient trop complexes et trop chères. Mais l'hypothèse tient la route. Par flemme de se faire à manger, le type avalait n'importe quoi, laissant son animal de compagnie finir les restes. Ils en sont morts tous les deux.

2 - L'envie (2/2-36)

Du latin invidia, *qui signifie la tristesse ressentie devant les biens possédés par autrui et la volonté farouche d'en prendre possession ; ce sens premier est à bien différencier de la jalousie.*

À 86 ans, Mme P. ne quitte plus son lit. Handicapée par l'âge et la maladie, elle a fait aménager sa chambre comme celle d'un hôpital. Son frère, à peine moins vieux qu'elle, veille sur elle avec l'aide d'une infirmière qui passe deux fois par jour et d'une aide-ménagère. Le frère et la sœur occupent une jolie maison, un héritage familial que le frère entretient avec soin malgré son âge.

Cette vie paisible s'interrompt une nuit, lorsqu'une épaisse fumée envahit la demeure. Le vieil homme, réveillé en sursaut par des bruits inhabituels, se précipite aussitôt dans la chambre de sa sœur. Mais malgré tous ses efforts, il ne parvient pas à l'extraire de son lit. Au bord de l'asphyxie, il est contraint de l'abandonner dans la maison en flamme. Lorsque les pompiers parviennent au chevet de la dame, il est trop tard. Fumer tue, c'est bien connu.

Un expert passé en coup de vent conclut à une origine indéterminée de l'incendie, évoquant sans plus de détails le possible dysfonctionnement d'une vieille cuisinière au fioul. Quant à l'autopsie de la victime, elle me permet seulement de conclure que la dame était bien vivante au début de l'incendie. Ce n'est pas un scoop, les gendarmes avaient les déclarations du frère. La pauvre a inhalé une grande quantité de fumée, comme l'attestent les traces de suie présentes dans les fosses nasales, la trachée et les poumons. Cette mort par asphyxie est confirmée par le dosage du monoxyde de carbone dans le sang, qui affiche son taux maximal de 66 %.

L'enquête de routine aurait pu conclure à un simple accident domestique, si les gendarmes n'avaient pas entendu parler du voisin de Mme P. Un petit vieux connu pour son mauvais caractère, qui avait à plusieurs reprises proposé aux deux P. de leur racheter leur maison et son terrain. Il avait chaque fois reçu une fin de non-recevoir. Face à ce nouvel élément, les enquêteurs font appel à un expert en incendie de l'IRCGN, venu tout exprès de la région parisienne. Il procède à plusieurs prélèvements dans la zone d'où est parti l'incendie. Tout près de la cuisinière. Ces fragments sont placés dans des enceintes hermétiques, puis chauffés. Les vapeurs libérées lors de cette opération sont ensuite analysées afin d'identifier la présence éventuelle de substances incendiaires. Bingo : il existe des traces d'essence sur plusieurs échantillons. Or le fuel de la cuisinière n'a pas le profil spectrométrique de ce combustible. Avec ce produit étranger, l'enquête prend une nouvelle tournure.

Le voisin est interpellé, placé en garde à vue. Certes, il a le droit de garder le silence. Mais à quoi bon, devant les évidences amenées par la science criminalistique ? Il devient vite bavard et finit par avouer. Il lorgnait depuis bien trop longtemps cette maison. Et puisque les deux vieux ne voulaient pas la lui céder, il a décidé d'y mettre le feu. Alors, la fameuse nuit, il a cassé un carreau de la petite fenêtre située au-dessus de la cuisinière, versé de l'essence et craqué une allumette.

3 - L'avarice (2/2-118)

Avaritia, en latin, définissait la recherche désespérée et sans fin de richesses dans le seul but de les accumuler.

Pour réparer la toiture d'un immense silo, le propriétaire a fait appel à une entreprise spécialisée. Laquelle a accepté le marché, avant de le confier à un sous-traitant qui a sous-traité à un sous-traitant qui a sous-traité, etc. Le dernier, qui ne doit pas beaucoup payer ses ouvriers, a recours à deux intérimaires qu'il envoie sur le chantier. Rendez-vous est pris avec le patron au pied de l'édifice, le matin de l'ouverture du chantier.

Chacun a reçu un casque et un harnais de sécurité, mais aucun n'a la moindre idée des précautions à prendre. Ils attendent le chef et ses instructions avant de grimper.

Après deux heures d'attente, ils téléphonent à la société de travail intérimaire : le responsable leur explique qu'il n'aura pas le temps de passer. Mais les consignes de sécurité sont très strictes :

— Écoutez, les gars, on ne va pas perdre plus de temps, vous y allez comme ça. Faites juste attention où vous mettez les pieds.

C'est bon. Les garçons se retrouvent à près de 30 mètres au-dessus du sol. Équipés de leur harnais, mais qui n'est rattaché à rien : pas de corde, la fameuse « ligne de vie », pas de point d'ancrage. Ils explorent avec prudence la toiture en Fibrociment sur laquelle ils doivent évoluer. Prudence notoirement insuffisante lorsque la plaque sur laquelle ils ont pris position se brise net. Précipités dans le vide, les deux garçons ont une chance inouïe. La structure interne du silo est telle qu'ils se retrouvent plaqués contre la paroi durant la chute. Ce frottement continu les freine assez pour éviter qu'ils ne se tuent sur le sol bétonné. Ils se contentent de s'écraser dans un bruit d'enfer qui donne l'alerte. Ils sont rapidement évacués par le Samu vers l'hôpital le plus proche, grièvement blessés, mais vivants.

Bien des années plus tard, la cour d'appel me désigne pour procéder à l'expertise de l'une des deux victimes. Après l'accident, loin dans l'Est, les deux intérimaires avaient entamé une procédure afin d'être indemnisés, puis avaient déménagé. L'un s'est installé dans le Sud, où il a été examiné par un de mes confrères locaux. L'autre, mon « client », est revenu chez sa mère, dans le département de la Vienne. D'où ma désignation.

Le garçon est bien vivant, ce qui relève du miracle après une dégringolade de 30 mètres. Il s'en est sorti avec un fracas du crâne, une fracture de la jambe droite, une fracture d'un doigt et un traumatisme dentaire. Il a dû subir deux interventions en neurochirurgie pour réparer sa boîte crânienne endommagée. Tellement endommagée qu'une ostéite, une sorte d'infection de l'os, a rongé un petit morceau d'os sur son crâne qu'il a fallu ôter. Laissant le cerveau sous la peau. Incapable désormais de travailler en hauteur, il a dû changer de travail, ne trouvant plus que de petits boulots.

Il souffre toujours de douleurs diverses. Tout comme son collègue dont il a de temps à autre des nouvelles. Dans le constat que j'adresse aux magistrats, qui fait l'inventaire des troubles actuels directement liés à l'accident, je souligne un état toujours en évolution.

L'avenir de ce garçon semble bien compromis. Une simple corde et un peu de temps pour l'arrimer, voilà tout ce qu'il fallait pour éviter ce drame. Trop cher !

4 - La gourmandise (2/2-148)

Une précision s'impose. Il convient de bien faire la différence entre la gourmandise au sens moderne du terme et la gloutonnerie. Seule cette dernière implique la démesure et l'aveuglement qui caractérisent le péché capital. Et question de se goinfrer, le client qui m'attend ce matin-là en connaissait un rayon. Il est mort à table, la tête dans l'assiette. Le problème, c'est que personne ne s'en est aperçu. Il a fallu que l'odeur devienne insupportable et que les liquides de putréfaction suintent chez les voisins pour que l'alerte soit donnée. D'où ma présence en ces lieux pestilentiels.

La scène se tient dans la cuisine. D'emblée, je sais que nous sommes chez un amateur de bonne bouffe. La pièce, assez vaste, possède tout ce dont un cuisinier amateur peut rêver. Un piano en fonte trône le long d'un mur, ses barres de laiton parfaitement astiquées, prêt pour des gammes culinaires. Au-dessus, autour de la hotte aspirante, pendent des casseroles en cuivre étamé offertes à la poigne du maître queux. Ne parlons pas des plats de service, planches à découper et couteaux à viande qui ne dépareraient pas la boutique d'un charcutier-traiteur. Tout ce beau matériel risque de ne plus servir avant longtemps, vu l'état de son propriétaire ou de ce qu'il en reste, un corps obèse, dégoulinant de suintements nauséabonds par tous les pores d'une peau devenue verdâtre. Il est assis sur une chaise, devant la table. Il n'a pas l'air dans son assiette. Paradoxe de la situation, pourtant, il l'est bel et bien. Sa tête est posée dedans, le front contre la porcelaine. Sous la chaise s'étale une large tache noire desséchée d'où partent des dizaines de petites traces, comme autant de filaments, s'étirant dans toutes les directions. Je n'ai encore jamais vu ça ! Je me trouve devant les pistes des asticots qui se sont nourris du jus du cadavre avant de devenir mouches et de gagner le large.

Sur la table, je note les restes de ce qui avait dû être, à n'en pas douter, un plat de viande pantagruélique. Mais, là encore, les asticots ont fait bombance, ne laissant que les os parfaitement nettoyés. Le contraste des couleurs est saisissant, entre blanc des os et vert foncé tendance rougeâtre du visage aux yeux littéralement exorbités. Des dizaines de pupes, ces petites pelotes noires qui marquent le stade intermédiaire entre l'asticot et l'insecte, témoignent de cette intense activité. Ce qui, compte tenu de la météo[13], me permet au passage de faire remonter le décès à plus de quatorze jours, délai nécessaire à leur formation.

La recherche des causes de la mort va se révéler assez simple, lors d'une autopsie pestilentielle qui laissera un souvenir douloureux à quelques-uns des participants. La victime ne présente aucune lésion traumatique. Les organes sont en relativement bon état, malgré l'aspect extérieur de la peau. En revanche, il y a du monde dans la trachée. L'ouverture du conduit allant

---

[13] La rapidité de croissance des insectes dépend de la température ambiante

de la bouche à l'estomac révèle une véritable pelote grouillante, une assemblée générale extraordinaire d'asticots en pleine action. À croire qu'il s'agit de leur Parc des Princes à eux. Ils sont en train de se régaler de ce qu'il reste d'un énorme morceau de viande de plus de 5 centimètres de long coincé juste en arrière de la cavité buccale. Le défunt, très favorablement connu par son boucher pour les sommes qu'il y laissait chaque semaine, s'était comme à l'accoutumée préparé son mets préféré. De la viande, de la bonne viande, beaucoup de viande. Il a patiemment fait rôtir une confortable pièce de bœuf, s'enivrant des fumets de la cuisson, jusqu'au moment où il a jugé que le stade « saignant » était atteint, grâce à sa sonde thermique. 52 °C à cœur. Il s'est alors attablé, s'attaquant à grands coups de fourchette à son festin. Le dernier. Sa gloutonnerie lui a été fatale.

5 - La luxure (2/2-153, 154)

Pour une fois, j'interviens dans une affaire criminelle presque bouclée. Les constatations, l'autopsie et les interrogatoires ont déjà eu lieu. Le tout figure dans un épais dossier que le juge d'instruction chargé de l'enquête me confie, lors de notre entrevue dans son bureau. Je me plonge dans cette édifiante lecture, qui commence fort logiquement par la découverte d'un corps.

La victime, un jeune homme sans histoire, repose sous un escalier de béton en colimaçon, dans un immeuble d'un quartier ordinaire de Poitiers. À ses pieds, les policiers ramassent un couteau ensanglanté. Le cadavre présente deux plaies par arme blanche au niveau de la poitrine. L'enquête démarre sur une piste criminelle qui va faire long feu. Rien, ni dans le passé ni dans les fréquentations de ce garçon, ne vient conforter cette hypothèse. Les enquêteurs en sont à évoquer un crime de rôdeur, faute de mieux, lorsqu'ils s'intéressent un peu plus à l'arme. Il s'agit d'un couteau de cuisine de grande qualité, à la lame d'acier pointue, à l'affûtage digne d'un rasoir. Du sérieux, qui ne se trouve pas dans les rayons de la grande distribution, mais seulement dans quelques magasins spécialisés dans le haut de gamme. Tout neuf, *a priori*. Bizarre, pour un crime de rôdeur ! Euh, vous avez dit bizarre ?

Contrastant avec le passé ancien de la victime qui est plutôt simple, son passé récent s'avère composé. Paradoxe grammatical ! C'est que ses relevés de carte bleue donnent le blues. Non pas pour son dernier achat : dans une quincaillerie réputée de la ville. Le vendeur, interrogé sur la transaction, désigne très vite et sans hésiter un couteau, le frère jumeau de celui retrouvé sur les lieux du crime. Serait-on face à un suicide ? Mais alors, comment expliquer les deux coups de couteau ?

Pour mon confrère médecin légiste qui a procédé à l'autopsie, le premier coup porté n'a pas été mortel. Il a seulement ouvert le péricarde, cette enveloppe qui protège le muscle cardiaque, frôlant le cœur avant de s'enfoncer dans le poumon gauche. Sans gros dégâts d'ailleurs. En revanche, le second coup de lame n'a pas raté sa cible. Il a complètement éventré le ventricule gauche, entraînant une hémorragie interne foudroyante avec perte de conscience dans les dix secondes. Juste le temps de jeter le couteau, dans un dernier geste de désespoir. Suicide compatible. Je suis d'accord avec lui.

L'affaire aurait pu s'arrêter là, sans la famille du défunt. Laquelle, incapable de comprendre l'étrange geste fatal d'un fils aimé, n'a de cesse d'interpeller le magistrat instructeur. Ce dernier, après plusieurs tentatives d'explications inopérantes, a fini par faire appel à moi, me demandant de bien vouloir convaincre les proches qu'il pouvait s'agir d'un suicide. C'est dans cette perspective que j'étudie attentivement chaque pièce du dossier d'enquête.

Peu à peu, au fil de mes lectures, apparaît une face cachée de la personnalité du garçon, ignorée de la famille. La perquisition menée dans sa chambre a permis de découvrir de nombreuses revues pornographiques et des cassettes vidéo, vaguement dissimulées dans le petit studio qu'il occupait. Cette consommation clandestine a semble-t-il totalement échappé à la propre mère de la victime, tout comme à sa petite amie. Les deux femmes ont rejeté énergiquement l'idée que ce matériel explicite ait pu appartenir à celui qu'elles croyaient si bien connaître. Une face obscure éclairée par les relevés de la carte bleue, le fameux passé composé.

Juste avant de se donner la mort, le garçon s'est rendu à Bordeaux pour une tournée des bars louches et des bordels de la ville. Entre les putes et les bouteilles de champagne, il a claqué environ 8 000 euros en une seule nuit. Là encore, les proches refusent d'admettre une réalité aussi cruelle qu'incompréhensible. Comme si les choses du sexe avaient à voir avec la raison !

C'est donc muni de toutes ces informations que je rencontre la famille. Je leur démontre d'abord, avec de nombreux exemples à l'appui, qu'il est tout à fait possible de se porter soi-même des coups de couteau sans qu'il soit besoin de faire preuve d'une violence extrême. Puis je leur explique à nouveau ce que le magistrat a tenté de leur faire comprendre. À savoir que le premier coup n'a pas été mortel, engendrant seulement une petite plaie pulmonaire de trois fois rien. Leur fils se serait arrêté là, il n'aurait pas pu en mourir, même sans soins. Mais qu'en revanche le second coup a été fatal très vite, et j'en décris le mécanisme.

Ma pédagogie ne semble pas mieux fonctionner que celle du juge. Je lis dans les yeux de la mère toute l'incrédulité du monde, persuadée qu'elle est – et elle le restera jusqu'au bout – de la thèse du meurtre. Et c'est en vain que je tente d'aborder le versant psychologique de l'affaire, évoquant la dictature des hormones mâles sur un cerveau encore en phase de maturation, l'angoisse provoquée par la décision, peut-être irréfléchie ou prise prématurément, de s'engager dans l'armée, la façon de répondre à cette angoisse par une orgie de sexe qui le conduira à la mort.

Quand un garçon sans histoire se jette dans la débauche avant de mettre fin à ses jours, sa mère ne peut l'admettre. Même avec la preuve sous les yeux.

6 - La colère (1/2-46 à 48 et 2/2-158)

Courte folie pour les anciens, le légiste la retrouve souvent dans son quotidien.

Stéphanie vivait depuis quelques années dans un lotissement résidentiel de Buxerolles, à quelques kilomètres de Poitiers. Elle occupait un deux-pièces en rez-de-chaussée. Tout cela appartient au passé, comme me l'explique le policier qui m'accueille et me guide dans l'appartement. Nous traversons un salon ravagé. Objets brisés, meubles renversés, la pièce garde les stigmates d'une lutte acharnée. Un peu partout, des traces sanglantes, sur les murs, le sol, les poignées de porte. Dans le coin cuisine, une empreinte circulaire sur le mur évoque nettement le choc d'un crâne qui a défoncé le Placoplâtre.

Nous arrivons dans la chambre. Le corps de la jeune femme gît au sol, entre le mur et le lit. Toute vêtue de noir, elle porte un chemisier de velours, un pull, une courte veste, un pantalon de jersey à pattes d'éléphant. Le couteau planté dans sa poitrine ne semble pas faire partie de la gamme d'accessoires de mode en vigueur. La lame, enfoncée à demi, s'est pliée en accordéon.

Le cou et la poitrine. Voilà la cible. Le meurtrier (là, c'est sûr, on peut d'emblée éliminer un suicide) s'est particulièrement acharné sur la région du cœur et sur les deux seins, littéralement criblés de plaies. Les avant-bras et les mains portent de multiples lésions de défense. Les faces internes des deux cuisses sont marquées par de vastes ecchymoses : un argument fort pour des violences sexuelles. Dans l'appartement, les enquêteurs retrouvent six couteaux identiques, tous brisés, manches et lames séparés. De la mauvaise qualité fabriquée en Chine. Le problème, c'est que j'ai les mêmes à la maison. Il va falloir que je songe à changer de marque. Ma visite sur place ne m'apprend rien de plus.

L'autopsie de la belle commence par le décompte des ouvertures, à ne pas confondre avec des ouvertures de comptes. J'arrive à un total de 41 coups de couteau, le numéro 39 étant attribué à la lame encore en place, qui s'est tordue en buttant sur le sternum.
Inutile de s'appesantir sur les causes de la mort. Quant à l'auteur, il est en fuite. Il s'agit du petit ami de la belle, très belle, trop belle. Quel gâchis ! Parce qu'elle s'est refusée à lui, le garçon a vu rouge. Ivre de colère, le mâle s'est rué sur la femelle et l'a tuée.

7 - L'orgueil (2/2-162)

Selon saint Thomas, l'orgueil consiste à attribuer à ses propres mérites des qualités qui en réalité sont des dons de Dieu.

Six heures du matin. L'homme de ménage commence sa journée dans les bureaux de la société. Passer l'aspirateur, vider les corbeilles à papier, récurer les sanitaires et cirer le lino du hall d'entrée, une routine qu'il accomplit depuis des années. L'expérience lui ayant appris que le patron arrive parfois très tôt, il a pris l'habitude de commencer sa tournée ménagère par les bureaux de la direction. Il ouvre la porte, allume les lumières. Les plafonniers éclairent brutalement le corps dudit patron, recroquevillé au pied de son fauteuil, baignant dans une mare de sang.

Lorsque j'arrive sur place, les gendarmes me résument la situation : un homicide par arme à feu, aucune trace de lutte, arme du crime absente. Pourtant tous les locaux ont été fouillés. Je confirme rapidement le diagnostic du fait de deux petits orifices. L'un est situé en plein milieu du front, de faible diamètre, environ 5 millimètres, caractéristique d'un calibre 22 long rifle. Le pourtour présente des traces de brûlure et de poudre sur 3 centimètres de diamètre, évoquant un tir à bout portant. Le second projectile a atteint la région du cœur, laissant un orifice irrégulier de presque un centimètre, après avoir traversé les trois couches de vêtement, pull, chemise et tee-shirt. Le pull ne porte aucune trace de poudre, ce qui laisse supposer un tir à distance. Il y aurait donc deux armes. Deux tireurs ?

Transporté à l'institut médico-légal pour autopsie, le corps passe d'abord par le scanner. Très utile pour conserver les informations qui seront modifiées par ma pratique. Une sorte d'état des lieux, mais sans huissier. Très utile également pour localiser les projectiles. L'absence d'orifices de sortie permet en effet de supposer qu'ils sont toujours là. Ce que confirment les clichés. La première balle, très déformée, est dans la boîte crânienne, la seconde en plein poumon gauche. Je peux également, à partir de l'image thoracique, déterminer la trajectoire du projectile dans la poitrine et en déduire une direction de tir légèrement descendante. Les tireurs ont sans doute fait feu sur la victime assise.

Le temps de la découpe est arrivé. Avec ses constats : une plaie de l'aorte avec une hémorragie thoracique massive et rapidement mortelle ; dans le crâne, la balle a causé d'énormes dégâts cérébraux, mortels eux aussi. Mais il n'y a pas que les constats, il y a aussi les surprises. Le projectile thoracique est également un 22 LR, ce qui est inattendu car son orifice d'entrée est d'un diamètre supérieur à celui observé sur la tête. Une anomalie balistique qui s'explique par la bascule du projectile qui n'a pas pénétré la peau de face. Deux hypothèses : l'arme était de mauvaise qualité ou les vêtements ont fait basculer la balle.

L'affaire va se résoudre rapidement avec l'ouverture d'une enveloppe découverte dans un tiroir du bureau, lors de la perquisition. Une enveloppe fermée ne portant ni nom ni adresse : les aveux du père. L'homme, qui a disparu depuis les faits, reconnaît dans une longue lettre le meurtre de son propre fils et annonce qu'il va mettre fin à ses jours.

Quelques heures plus tard, on retrouve son corps en fouillant les abords de la propriété familiale. Il s'est tiré une cartouche de calibre 12 en pleine tête avec son fusil de chasse. Quant à la 22 LR, elle ne sera jamais retrouvée.

Il faudra du temps aux gendarmes pour comprendre les raisons de ce drame familial. Ce n'est qu'au fil des interrogatoires que se dégagera la triste vérité. Le papa avait passé sa vie aux commandes de l'entreprise, fondée quarante ans plus tôt, avant d'en confier les rênes à son fils unique. Mais à 75 ans, il n'est pas parvenu à accepter son éviction volontaire autodécrétée. D'autant que, depuis le passage de témoin, l'entreprise était devenue plus florissante que jamais. Nouvelles méthodes commerciales, gestion modernisée, politique d'investissement repensée, le fils avait définitivement rompu avec l'héritage paternel. Cela en était trop pour l'orgueil de l'ancien, incapable d'admettre les mérites de son propre fils.

14. La cloche ne sonnera plus

Il est bientôt 22 heures lorsque je me présente au troisième sous-sol du parking Notre-Dame, en plein centre de Poitiers. Mais il pourrait tout aussi bien être midi que je ne verrais pas la différence, en ces lieux inaccessibles à la lumière du jour. Tout ce que le commissariat compte de policiers en service ce soir-là a envahi le souterrain, à l'annonce de la nouvelle. C'est que la victime est une personnalité poitevine connue de tous : Banzaï est mort.

Le clochard le plus célèbre de la ville, qui avait élu domicile dans le parking, gît dans son gourbi, un tas de couvertures et de sacs empilés dans un recoin près de la rampe descendante.
Banzaï, c'était un personnage mythique parmi les sans-logis poitevins. Certains prétendent qu'il fut un grand intellectuel tombé dans la dèche à la suite d'une histoire d'amour qui aurait mal tourné. D'autres mentionnent qu'il était professeur de philosophie. Ou encore d'histoire de l'art. En tout cas, ceux qui eurent un jour l'occasion de converser avec lui assurent qu'il

possédait une grande culture générale.

Banzaï détonnait aussi par d'autres aspects dans la communauté de la cloche. Il n'était pas agressif envers les passants et demandait sa pièce avec humour en tendant son chapeau en feutre mou qui, le reste du temps, restait vissé sur son crâne. Selon les horaires de fréquentation, il s'installait près du marché, du côté de la cathédrale ou dans les rues piétonnes, tendant la main, remerciant d'un mot gentil ceux qui lui donnaient la pièce, saluant les autres en soulevant poliment son chapeau. Banzaï, avec sa chevelure grise, sa barbe florissante et son embonpoint bonhomme, était un gentil clodo. Il m'arrivait de le rencontrer, à l'occasion de mes dépositions aux assises. Un de ces rares moments où il m'est possible de flâner sans retenue après ma prestation à la barre. Et s'il était bourré de temps en temps, au moins n'avait-il pas le vin mauvais. Enfin, pas à ma connaissance. C'est le souvenir que j'en ai.

Banzaï était, car il n'est plus. Un automobiliste, intrigué par ce corps inanimé, a donné l'alerte. Les pompiers n'ont pu que constater le décès. Les policiers ont procédé aux premiers relevés et prévenu le procureur, qui a envoyé son substitut. Tous savent que l'opinion va s'émouvoir de cette disparition et des conditions dans lesquelles le drame est survenu. Il s'agit de faire la lumière sur ce qui s'est passé en ce lieu obscur.

J'arrive bon dernier sur la scène de découverte, comme souvent. Il est vrai que l'urgence est rarement de mon côté. Ça tombe bien, la sirène deux tons me donne mal à la tête. Le temps de garer ma voiture entre deux poteaux de béton toujours trop rapprochés à mon goût, de maudire les architectes infoutus de les placer au bon écartement, puis de saluer les autorités, je suis à pied d'œuvre. C'est là que j'apprends l'identité de la victime et que je comprends l'importance du déploiement policier et judiciaire.

Banzaï est allongé sur le côté droit, la tête baignant dans une mare de sang. Le mur de soutènement juste à côté est éclaboussé à sa base de petites taches rouges. Signe évocateur d'une hémorragie respiratoire chez la victime allongée, lorsque l'écoulement de sang dans les bronches provoque des quintes de toux sanguinolentes. Ou d'une hémorragie nasale. Les vêtements de la victime ne présentent aucune trace de désordre, mais ses chaussures ont disparu. Autre anomalie, des débris de verre épais, provenant sans doute d'une bouteille, jonchent le sol.

Le corps que j'examine est encore souple et chaud, les lividités commencent à apparaître. Selon le schéma classique, la mort remonte à peu. Environ deux heures, en tout cas pas plus de trois. Cet élément semble d'une importance capitale pour les enquêteurs, aussi, lorsque j'annonce le résultat, une voix derrière moi exprime une belle déception :

— C'est pas très précis, docteur. On aurait bien besoin de mieux, compte tenu du nombre de passages ici.

— Moins de trois heures, je trouve que ce n'est déjà pas mal !

— Je ne dis pas, mais il paraît qu'une nouvelle technique biologique, avec une analyse de sang, est beaucoup plus précise.

Mince. Un malin qui joue au petit légiste. Pour peu qu'il soit doté d'un pouvoir hiérarchique... Je tourne un peu la tête. Merde. C'est[14]...

— Oui, monsieur le substitut, le principe est connu, mais je pense que vous voulez parler du dosage du potassium dans l'œil ?

— C'est cela, c'est cela. Vous voyez, nous nous intéressons à la médecine légale !

— Et pour certains auteurs, ce n'est utile qu'une fois l'équilibre thermique atteint. Autrement dit, lorsque le cadavre commence sa dégradation.

— Vous pourriez essayer...

— Et cela ne sera pas contributif, le corps est encore chaud.

— Oui, mais pour les autres auteurs ?

— Et en plus, les droites de régression des différentes études publiées ne concordent pas.

— Vous en avez encore beaucoup, des « et » ?

— Encore un : et le résultat n'est pas garanti.

— Ce n'est pas ce que j'avais compris.

— Pour les droites de régression ou pour les résultats ?

— Non, pour l'intérêt.

— Mais si vous insistez, je veux bien essayer.

— S'il vous plaît.

— Mais il me faut une estafette.

— Une estafette ? Vous voulez dire un motard ? Mais pour quoi faire ?

— Il faut centrifuger le liquide rapidement, avant de doser le potassium.

— Vous l'avez par avance.

— OK. Allons-y.

Mon fidèle sac à dos m'a suivi. Il contient le strict minimum nécessaire à la survie du légiste en milieu

---

[14] Mais non, je ne vous dirai pas qui c'est.

hostile. À tâtons, je récupère une petite seringue et une grosse aiguille. Du genre qui pique et qui fait mal. Mais là, Banzaï ne sentira rien.

J'écarte les paupières de l'œil droit, j'approche la grosse aiguille du coin externe du globe oculaire. Et je pique franchement.

— Ah, quelle horreur ! Vous lui crevez l'œil !

C'est Marine, la jeune auditrice de justice, en stage chez le procureur. Comme diraient mes externes, une belle plante. Et sexy : bustier noir et grande jupe ample qui lui cache les chevilles.

— C'est votre première ?

— …

— Bon. Regardez bien, ça va devenir intéressant.

La jeune auditrice est littéralement fascinée. En même temps, sous la lumière des torches policières, je fais légèrement bouger l'aiguille montée sur la seringue. Derrière la cornée encore transparente, parfaitement visible et rendu monstrueusement gros par un effet de loupe, le biseau de l'aiguille s'agite.

— Ah, ça me fait mal !

— À vous ?

— C'est dégueulasse !

— Attendez, je n'ai pas fini !

J'aspire lentement en tirant le piston de la seringue de 5 millilitres. Lentement, mais avec un gros effort, car comme d'habitude le liquide très visqueux a du mal à suivre l'aiguille. Au début, il ne se passe rien. Mais tout à coup, alors que le liquide rentre dans la seringue et que son niveau approche le trait d'un millilitre, le blanc de l'œil se replie progressivement sur lui-même. Puis la cornée et l'iris s'invaginent dans un mouvement un peu brusque.

— Hiiiii !

Le cri, hyper-strident et suraigu, fait sursauter tout le monde. Je tourne la tête juste à temps pour voir les yeux, ceux-là exorbités, de l'auditrice se révulser avant qu'elle ne s'effondre dans la mare de sang. Personne n'a eu le temps de la retenir, heureusement sa tête s'écrase... en douceur sur les multiples couches de notre SDF. Ouf ! Le choc est amorti.

— Bonjour ma scène de crime ! s'exclame l'Identité judiciaire.
— Docteur, il faut faire quelque chose ! Elle est sous ma responsabilité, il ne doit rien lui arriver ! s'affole le substitut.
— Allongez-la, vite.
Je retire rapidement l'aiguille du globe. De toute façon je ne peux pas avoir plus dans cet œil sans aspirer soit la rétine, soit du sang, ce qui fausserait le résultat. Une fois l'aiguille ôtée, je tends la seringue à un des policiers qui la prend de ses mains gantées avec un air dégoûté.
Bon, le pouls est un peu rapide mais régulier, par contre je n'ai rien pour prendre sa tension. Elle est bien tombée. Enfin, façon de parler, se faire soigner par un légiste, ce n'est pas gagné ! J'ouvre ses paupières et je demande une torche.
— Eh, qu'allez-vous faire ?
— Ben, la même chose qu'à Banzaï, bien sûr ! Lui éclairer les pupilles ! Allez, rassurez-vous, je ne vais pas la piquer. Enfin, pas là et pas encore !
Au passage, le faisceau de ma torche éclaire ses pupilles qui, sous l'action de la lumière, rétrécissent brutalement.

— Bon, bonne réactivité pupillaire…

Compte tenu des faibles moyens thérapeutiques à ma disposition, je commence par lui prendre les chevilles pour les lui relever à la verticale. Sans égard pour sa dignité : la jupe tombe sur ses cuisses avant que je puisse la retenir, laissant apparaître des jambes interminables se terminant sur un string. À la racine de la cuisse droite, un superbe tatouage multicolore se dévoile. Mais avant que j'aie le temps d'identifier le motif, elle récupère ses esprits et se redresse brutalement.

— Doucement. Restez assise.
— Qu'est-ce que c'est que ce cauchemar ?
— Ce n'est pas un cauchemar, c'est la réalité.
— Hiiiii !

Le cri, toujours aussi strident et suraigu, fait à nouveau sursauter tout le monde.

— J'ai du sang partout ! Je saigne, je saigne, je ne me sens pas bien… Je vais vomir !

Avant que j'aie pu l'en dissuader, le mal est fait, la mare de sang déjà brouillée par la chute est maintenant souillée par son dîner.

— Putain, con ! On n'avait encore rien prélevé !

C'est l'Identité judiciaire qui s'énerve.

— Bon, monsieur le procureur[15], faut pas nous amener vos poules si elles ne savent pas se tenir ! En plus, on n'est pas là pour faire du baby-sitting !

— Je…

— Ben oui, je m'énerve, je m'énerve, mais merde, quoi ! Qu'est-ce qu'on fait maintenant ? Pour une fois qu'on attend le légiste avant de commencer, voilà votre

---

[15] même s'il est substitut, on l'appelle « monsieur le procureur » sinon il risque de se vexer

dinde qui s'affale dans les indices ! Et en plus, elle vomit ses supions !

— Ses supions ?

— Ben oui, ses supions. D'ailleurs, elle ferait mieux de mâcher au lieu d'avaler comme une goulue !

— C'est quoi, ses supions ? Ses tripes ? Elle a vomi ses tripes, c'est ça ?

— Oh, putain, con ! Vous ne connaissez pas les supions farcis, ici ? Pff ! Quel pays ! Non seulement il fait froid, il fait gris, il pleut, mais en plus, ils ne connaissent pas les supions ! Regardez !

Il éclaire la mare de sang. Écrasée par l'auditrice de justice, puis largement polluée, elle a changé d'aspect. Une partie a subi le balayage des jambes, l'autre est restée comme une grosse galette visqueuse. Pataugeant dans la galette, les supions d'un blanc immaculé tranchant sur le rouge sombre, presque entiers, semblent nous regarder d'un œil glauque, leurs petits tentacules dispersés dans tous les sens.

— Ben oui, des supions, des petites seiches, des petits calamars, si vous préférez. Mais elle les a mal préparés, je ne suis même pas sûr qu'elle les ait cuits, et puis, les avaler comme ça, honnêtement…

— Excusez-moi, excusez-moi, ça ne se reproduira pas.

— Ça, ce n'est pas gagné ! se venge tardivement l'OPJ.

— Pour la cuisine, vous avez raison, c'est la première fois que j'essaie. Je les ai fait mariner dans du jus de citron…

L'auditrice en larmes s'est relevée. Puis elle prend ses distances, histoire d'éviter la récidive. Et part pleurer dans son coin. Surtout qu'entre-temps le second œil de Banzaï a subi le même traitement, avec le même effet, mais en pire : les deux iris se sont effondrés tous les deux vers la racine du nez, donnant l'impression que notre SDF louche avec ses deux yeux déprimés.

— C'est vraiment dégueulasse ! Comment pouvez-vous dormir avec des images comme ça en tête ?

— Rassurez-vous, j'ai mon lot de cauchemars ! Mais attendez la suite !

— Eh, stop, on a notre dose !

— Non, non, c'est pour la bonne cause. Vous ne voulez quand même pas que Banzaï reste comme ça ?

J'ouvre à nouveau mon sac de survie, j'en extrais de petites fioles de sérum physiologique et je remplis une seringue neuve. Puis j'injecte le liquide dans les yeux qui immédiatement retrouvent leur éclat d'avant. Enfin, presque. Mais une fois le volume restauré, la forme est respectée.

Entre-temps le motard est parti avec le précieux liquide pour les labos du CHU. Tout cela pour rien, ne puis-je m'empêcher de penser. Quand est-ce qu'ils voudront bien m'écouter quand je les conseille ?

La suite est plus calme.

L'homme est bien couvert, pour affronter ce mois d'avril plutôt frais. Il porte deux parkas enfilées l'une sur l'autre, deux pulls, un tee-shirt et son éternel foulard noué autour du cou. Il a encore son casque de baladeur sur les oreilles, et son célèbre porte-clés, auquel est accrochée une tétine, pend à sa ceinture. Il a autour du cou une chaîne argentée avec une croix, un médaillon doré et un aigle noir sur fond argent. À sa main gauche, une bague à tête de loup argentée. Tous ceux qui l'ont rencontré connaissent sa tenue.

Je passe ensuite à l'examen de la tête. Je relève de nombreuses ecchymoses des deux côtés, cinq plaies du cuir chevelu, des érosions cutanées. Je n'ai pas besoin de proposer une autopsie, d'emblée le substitut la demande. Le magistrat ne veut rien laisser au hasard dans cette affaire, compte tenu de la personnalité de la victime. La presse locale ne va pas tarder à se manifester. Autant se donner les moyens de répondre aux questions qui ne manqueront pas d'être soulevées.

Le lendemain, l'auditrice n'assiste pas à l'autopsie.

Je refais un rapide examen externe afin de compléter celui réalisé la veille, sur place, dans des conditions d'éclairage pas formidables. Alors que, sous la lumière crue des Scialytique, aucun détail ne peut échapper aux regards. Cette phase ne m'apprend rien de nouveau : les traces de violence se concentrent toutes sur la tête. Le reste du corps est indemne de toute blessure, ce que confirme l'examen interne.

En revanche, le décollement du cuir chevelu fait apparaître deux vastes hématomes des deux tempes. L'ouverture de la boîte crânienne montre un hématome sous-dural du côté gauche, dans la région temporale. Il s'agit d'une hémorragie située entre le cerveau et la dure-mère, son enveloppe de protection. Cette hémorragie cérébrale peut, à elle seule, avoir causé le décès. Le côté droit du crâne présente une fracture importante de l'os temporal passant par la pointe du rocher et s'étendant jusqu'à la base du crâne.

Le poumon droit est totalement envahi par le sang. Cette présence s'explique par la position du corps, allongé sur le flanc. L'homme a saigné dans ses fosses nasales et le sang est descendu dans les bronches droites, celles de gauche, surélevées, lui étant inaccessibles. Une petite incision sur la région du nez met au jour une fracture des os du nez, source du saignement. Cette présence importante de sang dans le poumon peut avoir contribué au décès de la victime en diminuant notablement la fonction respiratoire.

En conclusion, je n'ai pas de problème avec les causes du décès : un hématome intracrânien et une hémorragie nasale qui a envahi le poumon droit. Je souligne dans mon rapport à la fois la concentration des lésions sur le crâne et leur dispersion sur l'ensemble de la tête : les deux tempes, le front, le sommet du crâne, la commissure des lèvres à gauche, la joue et la paupière droites sont concernés. Répartition typique des agressions.

À la découverte du corps, les enquêteurs ont avancé d'emblée l'idée d'une chute dans les escaliers, liée à un état d'ivresse. C'est possible, à condition d'imaginer un mécanisme de chute avec des impacts multiples, comme une dégringolade au cours de laquelle la tête va taper alternativement à droite, à gauche et devant, sur les marches en béton. Difficile de valider un tel scénario : il n'y a pas le moindre bleu sur le reste du corps ni la plus petite trace de sang dans l'escalier du parking.

Pour moi, et c'est ce que j'indique dans mon rapport au procureur, les indices médico-légaux indiquent une agression. Le dossier est confié à un juge d'instruction.

Le magistrat va déployer les grands moyens, lançant les enquêteurs sur toutes les pistes possibles. Les bandes vidéo des caméras de surveillance du parking sont saisies et analysées. On y voit effectivement Banzaï descendre vers son refuge, avant de le perdre de vue. Il avait choisi, pour sa tranquillité, un recoin à l'abri des objectifs des caméras. Pas de chance ! Tous les paiements de stationnement par carte bancaire effectués ce jour-là sont soigneusement épluchés. Les riverains sont interrogés. Un témoignage évoque vaguement une altercation entre Banzaï et deux autres personnes, peu avant que le SDF ne descende dans les sous-sols. Mais la piste s'arrête là.

Après des mois d'enquête vaine, le juge me convoque dans son bureau pour me faire part de ses interrogations.
— Docteur, dans cette affaire, je n'ai rien. Strictement rien. Je ne peux pas laisser autant d'enquêteurs sur un dossier vide, après tout ce qu'ils ont fait. Alors, votre histoire d'agression… je n'y crois plus.
— Monsieur le juge, je suis témoin que tout a été fait. Mais je ne reviendrai pas sur mes conclusions. Pour moi, cela reste un acte criminel.

Tout m'indique que Banzaï s'est fait tabasser. Sans doute sa popularité n'était-elle pas si partagée en ville. Il a reçu une série de coups portés à la tête, à droite, à gauche, en plein visage. Peut-être même a-t-on utilisé une bouteille pour le frapper, ce qui expliquerait la présence des tessons observés sur place.
Trop imbibé d'alcool pour se défendre, Banzaï a encaissé, avant de s'écrouler puis de rendre le dernier soupir, tandis que son ou ses agresseurs s'éclipsaient. C'est du moins ce que j'imagine.

Mais nous ne pouvons pas faire plus. Ni le juge ni

moi. Nous restons sur nos divergences.

Affaire classée.

15. RN 10

Sachant que le médecin légiste est parti de Châteauroux à 21 heures, après avoir effectué une session de formation médicale continue, qu'il fait nuit, qu'il roule sur des routes départementales, qu'il tombe des cordes et qu'il doit parcourir 120 kilomètres pour rentrer à Poitiers, à quelle heure sera-t-il couché ?

J'aimerais bien résoudre rapidement ce petit exercice d'arithmétique élémentaire, mais la solution s'éloigne à mesure que les trombes d'eau s'abattent sur les confins du Berry. Je roule maintenant au ralenti, les mains un peu crispées sur le volant, en essayant de distinguer ce qui se passe devant mes roues. C'est le moment choisi par mon téléphone portable pour se mettre à sonner. Un appel nocturne de ce genre est d'ordinaire une garantie de ne pas dormir dans mon lit. Je ne compte plus les fois où j'ai quitté le monde de mes doux rêves montagnards pour atterrir dans des scènes de cauchemars sanguinolents.

Je me range comme je peux sur le bas-côté et je décroche. Au point où j'en suis, je ne suis plus à cinq minutes près.

— Salut, c'est Philippe.

La voix pleine d'entrain, mon confrère légiste et médecin généraliste m'annonce qu'un car de Marocains venant de Belgique vient de s'écraser sur la nationale 10 près de Poitiers. Connaissant son penchant pour le canular, surtout lorsqu'il est de mauvais goût, j'ai un doute. Surtout que la veille nous évoquions ensemble les « plans blancs »[16] et que je lui avais longuement décrit l'accident de... l'autoroute A10.

— Oui, c'est ça, encore un coup de Charles Martel. Tu n'es pas drôle, tu sais.

— Ce n'est pas une blague. Écoute la radio ! Et puis, ils ne remontaient pas vers le nord, ils allaient chez eux, au Maroc. Résultat, on a onze morts sur les bras. Faut que tu viennes. Maintenant.

— Tu ferais mieux de te recoucher. Moi, j'ai encore de la route à faire. Allez, bonne nuit.

Je raccroche pour reprendre ma progression sous un véritable déluge. Par acquit de conscience, j'allume l'autoradio calé sur les nouvelles locales. Pas un mot au sujet d'un quelconque accident. Sacré Philippe !

Je roule quasiment au pas depuis près de vingt minutes lorsque le téléphone sonne à nouveau. Seule solution, m'arrêter une nouvelle fois. À ce rythme, je ne suis pas arrivé !

— Bonjour docteur. M. F. à l'appareil. Vous vous souvenez ?

Et comment ! M. F. est le procureur de la République en poste à Poitiers. Deux ans auparavant, nous avions

---

[16] Les plans blancs sont des plans d'urgence organisés dans les hôpitaux pour permettre la prise en charge des afflux massifs de victimes, comme dans les catastrophes

travaillé ensemble sur le carambolage de l'autoroute A10[17].

J'ai un léger doute : Philippe n'aurait quand même pas pris le proc comme complice pour crédibiliser sa mauvaise blague ? J'en suis même à faire mentalement la liste des anniversaires, au cas où quelqu'un de mon équipe aurait préparé une petite fête nocturne dans le service. Mais le doute se disperse très vite : le ton est grave, l'inquiétude perceptible, et l'ensemble n'incline guère à la rigolade. Sentant que la conversation risque de durer, j'ai une rapide pensée pour ma couette qui ne m'attend peut-être plus.

Le magistrat poursuit :

— Un car vient de se renverser sur la nationale 10, à une dizaine de kilomètres au sud de Poitiers, en direction d'Angoulême. Il y a onze morts. Votre confrère fait actuellement les levées de corps, mais compte tenu de vos compétences en stomatologie et de notre expérience passée, j'ai absolument besoin de vous demain matin pour terminer les identifications avant midi.

— Le car a pris feu ? Avouez qu'on n'a pas de chance !

— Non, simplement, ils ont tous eu la tête écrasée lors de l'accident.

— On peut peut-être s'en sortir sans autopsies, mais je suis désolé, demain matin, c'est impossible, monsieur le procureur. Je suis en reconstitution criminelle près de Bressuire, sur une affaire difficile.

— C'est très ennuyeux, docteur. J'ai le consulat du Maroc, le consulat de Belgique et les autorités

---

[17] Épisode que j'ai raconté dans mon précédent livre : *Chroniques d'un médecin légiste*.

françaises sur le dos. Il me faut rapidement la liste officielle des victimes.

Je souris intérieurement. Le traitement en temps réel a envahi la sphère judiciaire. C'est presque devenu une seconde nature. Déjà, lors de la catastrophe autoroutière, j'avais été pour ainsi dire amicalement harcelé pour fournir les noms des victimes dans les plus brefs délais. J'avais dû expliquer que je ne travaillais pas sous la pression ni dans la précipitation. Grâce au renfort de la gendarmerie, nous avions toutefois pu réaliser toutes les autopsies des huit corps carbonisés en moins de vingt-quatre heures.

Finalement, ce qui me sauve, c'est un principe assez simple, le principe de réalité. Une référence déguisée à un de mes auteurs favoris : Freud.

Après une courte réflexion, je propose au procureur de confier à Philippe les examens externes des corps, qui seront réalisés dans la nuit et dans la matinée. Cela permettra de recenser les signes distinctifs de type corpulence, taille, âge apparent, tatouages, grains de beauté, cicatrices. Dans le même temps, je demande que soient faits les bilans radiologiques complets. À mon retour, je n'aurai plus qu'à effectuer les examens dentaires. Au terme de ces opérations, Philippe et moi devrions être en mesure de mettre un nom sur chaque corps. Car, pour le moment, les services de gendarmerie sont dans l'incapacité d'établir la liste des victimes.

A priori, faire la liste de passagers d'un car, cela semble pourtant facile. Il suffit de prendre la liste des passagers et d'en retrancher les noms des survivants. Sauf que personne ne sait qui se trouvait vraiment dans ce bus. Les premières vérifications ont permis de récupérer deux séries de noms établies au départ : ceux qui avaient prévu de prendre le car et ceux qui étaient vraiment montés dedans. Or non seulement ces deux listes ne coïncident pas, mais en plus, aucune ne correspond à la liste établie par les policiers qui ont recensé les passagers au CHU. De plus, nous avons des passagers en trop !

Une fois le programme des réjouissances validé par le procureur, je reprends la route, désespérant de pouvoir retrouver ma couche –même si certaines mauvaises langues assurent que j'en tiens une bonne... La dernière partie du trajet se passe sans encombre et sans appel téléphonique, ce qui me permet d'atteindre la maison un peu avant minuit.

Le lendemain, je fais un saut au CHU avant de filer à mon rendez-vous judiciaire. Philippe, qui n'a pas fermé l'œil de la nuit, est épuisé mais satisfait d'avoir bouclé tous les examens. Chaque victime, à défaut de nom, possède désormais une fiche descriptive complète, accompagnée des radiographies et des photographies de ses particularités anatomiques. Sur ce, je file rejoindre le juge d'instruction qui m'attend du côté de Bressuire.

Retour vers 17 heures. À peine arrivé, je passe à la direction où je suis assailli par le procureur et son adjointe, qui n'attendent plus que moi.

Le CHU est alors le centre de tout. L'ensemble des occupants du bus accidenté, les morts, les 9 blessés graves, les 31 blessés légers et les voyageurs indemnes y ont tous été regroupés, ce qui facilite les investigations. Mais ne calme pas les impatiences de la magistrature, loin s'en faut.

— Docteur, il nous faut à tout prix les identifications

d'ici une heure. C'est urgent. Je sais de quoi vous êtes capable !

Basse flatterie ou reconnaissance de mes qualités professionnelles ? Mais c'est vrai, j'en suis capable. Compatissant devant cet état de stress, j'enfile ma blouse à défaut d'autre chose, car l'heure n'est pas aux batifolages, et je m'attelle à l'examen dentaire des victimes. Par chance, les maxillaires sont intacts, seules les parties supérieures des visages ont été détruites lors du choc. Les boîtes crâniennes sont explosées, les cerveaux réduits en bouillie, les yeux éjectés derrière les oreilles. Beurk !

Le premier corps que j'examine est totalement édenté, équipé de deux râteliers roses du plus bel effet.
Le deuxième, même chose. Pas une seule quenotte et deux dentiers que l'on imagine aisément trempant chaque soir dans un verre d'eau sur la table de nuit. Je vais ainsi de corps en corps, relevant de nombreuses édentations totales ou partielles, notamment chez les personnes âgées, compensées par des prothèses amovibles.
Une seule victime présente des mâchoires réduites en petits morceaux. Ce n'est pas une raison pour avoir une dent contre elle, surtout que, de ce point de vue, l'examen est vite fait, elle est édentée. Seules trois victimes, les plus jeunes, ont reçu des soins dentaires dignes de ce nom. Cette différence traduit l'évolution de la dentisterie qui s'est longtemps contentée d'extraire les dents malades, avant de pouvoir disposer des techniques et des matériaux pour soigner les caries.
Ce travail systématique implique une intense circulation des chariots, sur lesquels reposent les corps

numérotés, entre les frigos de la morgue et les salles d'examen. On frôle parfois l'embouteillage et il faut tout le talent des agents de la chambre mortuaire de l'hôpital pour éviter les télescopages et ne pas se mélanger dans les numéros.

À mes côtés, un enquêteur note les éléments que je lui communique. Sur la base de leurs premières investigations et des différentes déclarations des passagers survivants, les policiers ont établi pour chaque victime numérotée une identité présumée, qu'il s'agit maintenant de confronter aux données médico-légales. Globalement, les choses se passent plutôt bien, à l'exception de deux cas.

Il y a d'abord un méli-mélo. Une sorte de drame du libre-échangisme : une femme – très abîmée – a été identifiée par son mari dans le service de réanimation, alors que la description qu'il a faite de son épouse correspond trait pour trait à une des victimes décédées. Cette dernière a par ailleurs été reconnue par un autre monsieur comme étant sa légitime. Après vérification, le vrai veuf se révélera être le premier, anéanti par la nouvelle et tant d'espoirs déçus. Au contraire du second, tout heureux de récupérer son épouse, gravement blessée mais bien vivante. Comme quoi, identifier n'est pas facile !

Second souci, nous sommes incapables, Philippe et moi, de différencier les deux dernières victimes de la liste. Il s'agit de deux femmes plutôt jeunes, de même corpulence et sans aucun signe distinctif. En l'absence des visages, totalement détruits, impossible de dire qui est qui. C'est l'époux de l'une de ces pauvres femmes qui va nous apporter la solution. L'homme, un neurochirurgien, était aussi dans le bus, mais il a eu plus de chance que son épouse. Éjecté, il s'en tire avec quelques contusions et des égratignures. De par sa profession, il sait ce que signifie un écrasement de la tête. Il se refuse à voir ce qui reste du visage de son épouse, préférant garder dans sa mémoire l'image intacte de l'être aimé. En revanche, il possède, selon lui, un moyen infaillible de l'identifier : son pied droit.

— Je suis fou amoureux depuis toujours du pied droit de ma femme. Il est somptueux, superbe. J'ai toujours aimé ce pied, je l'ai caressé, cajolé, massé. Je le connais par cœur. Laissez-moi le voir et je vous dirais s'il s'agit bien d'elle.

C'est ainsi que l'on présente tour à tour au neurochirurgien les deux corps cachés sous des draps, le pied droit dépassant de la toile. Le premier n'est pas le bon. L'homme le dit d'emblée :

— Ce n'est pas ça. Ce pied est un peu pataud, avec les orteils écartés. Et il a un nævus. Celui de ma femme est fin, avec des orteils jointifs et n'a aucune tache.

Il n'a pas plus d'hésitation en regardant le second corps sur son chariot :

— Ah, le pied de ma femme !

La dernière victime est identifiée. Le procureur, soulagé, peut enfin répondre aux demandes des autorités.

Je n'ai plus qu'à rédiger les onze certificats de décès comportant pour chacun les nom, prénom et adresse du défunt, l'heure et le lieu du décès, l'absence de tout obstacle médico-légal, l'absence de stimulateur cardiaque. Ces précisions administratives sont indispensables afin de permettre le transport, l'inhumation ou la crémation des corps. Je dois également compléter le volet médical du certificat concernant les causes de la mort, en précisant chaque fois « écrasement de la tête ». Pas compliqué, mais laborieux car répétitif.

Le soir venu, Philippe et moi nous nous séparons, réconfortés par le sentiment du devoir accompli. Chaque famille endeuillée va pouvoir porter en terre la dépouille de l'être cher en étant sûre de ne pas pleurer la femme ou le fils d'un autre. Lever ce doute, insupportable en pareilles circonstances, donne tout son sens à notre travail, au-delà des aspects purement judiciaires.

Mais le répit est de courte durée en ce qui me concerne. Dès le lendemain matin, un brave homme habitant Casablanca téléphone pour faire part de son étonnement : son nom figure sur la liste des décédés, alors qu'il se porte comme un charme. Léger moment de flottement dans le service. Malgré toutes nos précautions, aurions-nous fait une erreur ? Et si tel était le cas, si notre mort est vivant, alors, qui est le mort ? Après vérification, il s'avère que ce sont les services de l'état civil marocain qui ont fait une bourde en nous communiquant l'identité officielle de la victime. Le mort du bus et le vivant de Casablanca portent en effet le même nom et les mêmes prénoms, mais pas dans le même ordre. Subtil ! Une simple inversion dans les prénoms a suffi pour faire passer l'un pour l'autre.

16. À cœur ouvert

J'aime faire la cuisine. J'ai certes quelques facilités pour la découpe de la viande froide. Mais j'excelle aussi, en toute modestie, dans d'autres domaines. Je concocte par exemple de succulentes terrines à partir des produits de la chasse, activité que je pratique régulièrement. Je tâte également de la pâtisserie, ma tarte Tatin remportant toujours un grand succès. Et ce ne sont pas les amis chez qui nous déjeunons, en ce beau dimanche de juin, qui me démentiront. Dans un silence quasi religieux, les convives dégustent à petites bouchées le dessert aux pommes caramélisées, inventé au xixe siècle par les sœurs Tatin dans leur auberge de Lamotte-Beuvron. Je l'ai faite le matin même, renonçant à la perspective rarissime d'une grasse matinée, et apportée encore chaude pour ce repas amical.

Un portable qui sonne pendant que l'on mange ma tarte Tatin, c'est plus inconvenant qu'un pet en pleine déclaration d'amour. Le moment exige un silence recueilli et une concentration absolue, tandis que se joue la délicate symphonie gustative des papilles. Je m'apprête à excommunier à vie l'abruti propriétaire dudit téléphone perturbateur lorsque j'en reconnais la musique aigrelette. C'est le mien. Je baisse la tête en signe de contrition et m'esquive vers le vestibule. Je décroche.

— Bonjour docteur, c'est la brigade de recherches de la gendarmerie de Poitiers. On a un cadavre au pied du grand viaduc de l'Isle-Jourdain. On pense à un crime maquillé en accident de la route ou en suicide, on ne sait pas trop. Il faudrait que vous veniez tout de suite.

Je visualise vaguement l'endroit, dans le sud-est du département, à trois quarts d'heure de route. Je n'ai pas ma trousse avec moi, et pas question de repasser par le CHU pour aller la chercher. Tant pis. J'emprunte dans la cuisine de nos hôtes une paire de gants Mapa, des ciseaux et je file. Je reviendrai chercher ma petite famille au retour.

La scène que je découvre en arrivant sur place correspond en tout point à ce que m'avait annoncé mon correspondant. Un corps gît au beau milieu de la route, allongé sur le dos perpendiculairement à la chaussée, au milieu d'une escouade d'uniformes bleus. La première d'une longue série[18]. Le directeur d'enquête se détache du groupe et vient à ma rencontre.

— Voilà votre client, docteur.

J'avais deviné. Je ne suis que médecin légiste, mais ma perspicacité légendaire m'incline à penser qu'un type tout habillé qui reste allongé au beau milieu d'une

---

[18] Après la mort, lorsqu'un corps reste à l'air libre, de nombreux insectes viennent le coloniser. Ils arrivent par vagues dans un ordre bien déterminé pour chaque espèce. Chaque vague prend le nom d'escouade.

route départementale alors qu'il est entouré de gendarmes n'a plus toutes ses facultés, quand bien même il serait le doyen. Je m'approche. L'homme, assez jeune, ne présente aucune blessure apparente. Les yeux fermés, le visage détendu, il semble prendre un bain de soleil sur le bitume. Certes, la saison s'y prête. Mais quand même !

Le gendarme me donne ses premières indications.
— Nous avons éliminé l'hypothèse d'un suicide. Regardez, il est à plus de 10 mètres de la base du pont. C'est bien trop loin. S'il avait sauté, il serait tombé au pied. On s'oriente plutôt vers une agression ou un accident.
— Chouette !
— Oui, pourquoi ?
— J'aurais regretté un déplacement pour un problème simple !
— Vous savez bien qu'on ne vous dérange que pour des cas tordus.
— Oui, mais là, ce n'est pas le cas.
— Comment cela ?
— Il est droit comme un « I ».

Fort de cette première analyse, j'entreprends l'examen externe habituel. Une fois les vêtements ouverts, la palpation ne révèle ni lésion ni fracture. Bras et jambes intacts, tête et cuir chevelu sans la moindre plaie. Rien. Je note seulement sur la peau du dos de multiples petites marques en creux, correspondant aux gravillons de la chaussée. Des dizaines de petits cailloux sont d'ailleurs incrustés dans le cuir du blouson que portait le garçon.

L'hypothèse de l'accident de la route me paraît fort improbable. Je m'en ouvre au chef d'enquête.

— La percussion par un véhicule, surtout lorsqu'elle entraîne le décès, laisse immanquablement des traces sur le corps. Or je n'en vois aucune. Ça ne marche pas, votre idée.

— Alors, docteur, c'est qu'on l'a jeté du pont.

Tenu par les pieds et les mains, à la une, à la deux et à la trois, il aurait été balancé par-dessus la rambarde. Le crime par pesanteur, en quelque sorte. Pour visiter les lieux, je me lance, à la suite des gendarmes, dans une longue ascension, le long d'un pilier, afin d'accéder à la rampe de lancement. La pente herbue est raide, heureusement j'ai toujours de bonnes chaussures à semelle Vibram dans le coffre de ma voiture.

D'autres gendarmes patrouillent depuis un moment sur le haut de l'ouvrage, à la recherche du moindre indice. Ils ont déjà inspecté la route qui passe sur le viaduc, examiné le parapet à la loupe, scruté le goudron et les bas-côtés. Lorsque nous arrivons enfin au sommet, leur compte rendu est bref : rien d'anormal.

Je jette un coup d'œil vers le corps, tout en bas. L'idée qu'il ait pu être jeté à 10 mètres de distance paraît impossible, à moins d'avoir affaire à une bande d'haltérophiles reconvertis dans le jet d'homme. Après tout, certains dans le monde pratiquent déjà, malgré l'opprobre que cela suscite, le lancer de nain avec un certain succès. Soit dit en passant, cette activité frôle le débile. Mais il s'agit en général de manifestations publiques et payantes, accompagnées de musiques de foire et de barbes à papa. Je ne vois rien de tout cela ici.

— Dites, gendarme, si ce n'est ni une agression ni un accident, il nous reste l'hypothèse d'un suicide un peu particulier. Qu'est-ce que vous savez de notre bonhomme ?

— Pas grand-chose en dehors du fait que c'est un ancien parachutiste militaire et qu'il a été chuteur opérationnel.

J'ose une bête astuce.

— Nouvelle piste ! Vous n'avez pas pensé à un accident du travail ?

Je ne suis pas déçu de la réponse, accompagnée d'un large sourire, car mes gendarmes me connaissant bien.

— Si, c'était même la première hypothèse. Mais sans parachute, ce n'est plus un accident de travail et on retombe (si j'ose dire) dans les autres hypothèses. Ou alors il a sauté sans, et là, c'est une faute grave qui exclut une prise en charge au titre de l'accident du travail, puisque cela a directement participé à ses dommages.

— Dommage. C'était une belle hypothèse. Bien. On verra ce que l'autopsie peut nous apprendre. À demain.

Je repars chez les amis pour récupérer ma petite famille. Évidemment, de ma succulente tarte il ne reste plus que des miettes. Pour le rab, je repasserai.

Le lendemain, je retrouve le mort du pont sur ma table, prêt à me révéler ce qu'il a dans le ventre. J'ouvre. Le scalpel laisse apparaître un tas de viscères tout ce qu'il y a d'ordinaires et en bon ordre. Décevant. La surprise se tient un peu plus haut, dans la cage thoracique : le cœur est ouvert en deux, comme un livre posé entre les deux poumons. Déchiré. Le pancréas a subi le même sort, sectionné en deux parties reposant désormais de chaque côté de la colonne vertébrale.

Incroyable. Les gendarmes qui assistent à l'autopsie ouvrent grands leurs yeux qui en ont vu d'autres. Mais des comme ça, jamais. Hormis ces deux anomalies anatomiques majeures, le corps ne porte aucune autre lésion. Pas de fractures, pas d'hématomes cachés. La tête est indemne de tout traumatisme, sans la moindre entaille du cuir chevelu. Mais que s'est-il donc passé ?

J'explique aux enquêteurs que l'amour brise parfois les cœurs. Mais qu'en l'occurrence un traumatisme majeur est plus probablement à l'origine de la déchirure complète du cœur et du pancréas. Une décélération extrêmement brutale peut parfaitement conduire à ce résultat, comme on l'a observé sur les victimes de catastrophes aériennes ou d'accidents de voiture particulièrement graves. Je ne vois qu'un seul mécanisme possible. L'homme a chuté depuis le haut du pont, touchant le sol sur le dos. D'où la déchirure cardiaque et la présence des gravillons incrustés dans le blouson. Il a fait le grand saut. Reste à savoir s'il l'a fait de son propre gré ou si on l'a un peu « aidé ».

Je conclus l'examen sur ce doute que les gendarmes ne parviendront pas à lever, même en s'y mettant à plusieurs. L'affaire sera finalement classée. Au bénéfice du doute, pas de la victime.

Quinze ans plus tard (le temps passe toujours trop vite), lors d'un congrès de médecine légale, un de mes confrères médecins légistes présente le cas d'un homme passablement bourré, tombé du quatrième étage d'un immeuble.

Le corps avait été retrouvé à plusieurs mètres du bâtiment, alors que trois autres personnes se trouvaient encore dans l'appartement de la victime. Pour les besoins de l'enquête, le juge avait demandé une reconstitution de la chute au moyen d'un mannequin de crash test automobile. Ce personnage artificiel, doté d'une taille et d'un poids correspondant à la moyenne, est utilisé par les constructeurs automobiles pour tester les dispositifs de protection des occupants d'un véhicule. Truffé de capteurs électroniques, le mannequin enregistre les effets d'un choc frontal ou latéral provoqué lors d'accidents en laboratoire, avant la commercialisation d'un nouveau modèle. Les résultats permettent aux ingénieurs de renforcer telle ou telle partie de l'habitacle, de mieux positionner les airbags ou de revoir les ancrages des ceintures. Et aux commerciaux d'argumenter sur la sécurité du véhicule

L'étude expérimentale de la trajectoire d'un corps lancé par une fenêtre étant assez simple, les enquêteurs ont utilisé un mannequin dépouillé de ses systèmes de mesure. Ce qui a permis, au passage, de réduire considérablement le coût de l'opération, le mannequin complet –détruit partiellement ou complètement à chaque test – revenant à environ 300 000 euros lorsqu'il est pourvu de son électronique. Les simulations du saut dans le vide ont toutes conclu dans le même sens. Les tentatives, à deux ou à trois personnes, pour lancer le corps n'ont jamais pu atteindre la bonne distance. L'homme avait pris seul son élan.

Je repense aussitôt à mon chuteur opérationnel. Coïncidence extraordinaire, il y a dans la salle du congrès le gendarme qui avait dirigé l'enquête. Je me tourne vers lui.
— Vous vous souvenez de notre homme, celui du viaduc ? Il s'est bien jeté tout seul.
En chuteur opérationnel expérimenté, il a donné une bonne impulsion sur ses jambes au moment du départ, puis, les bras écartés, il a entamé un demi-tonneau vers

l'avant qui l'a amené en position dorsale au moment de l'impact. La mort a été instantanée.

Le doute est levé, quinze ans après. Belle chute pour cette histoire !

17. Mort *in utero*

— Docteur, un petit séjour dans une secte, ça vous tente ?
— Bah, ce n'est pas trop mon style, mais vous avez sûrement de quoi me convaincre.

Le gendarme a effectivement un argument indiscutable. Un macchabée. Alors, en route !
Le rendez-vous m'entraîne vers le haut Châtelleraudais et ses belles maisons en pierres blanches, dans ce qui fut une immense propriété agricole. Les bâtiments de l'ancienne exploitation, somptueusement rénovés, sont disposés en carré, délimitant une vaste cour encombrée de véhicules. Ceux de la gendarmerie, mais pas seulement. Les plaques d'immatriculation indiquent des provenances très diverses. De la France entière, et même quelques plaques étrangères, suisses, allemandes et italiennes. Par un raccourci un peu rapide (secte-plaques étrangères-Ordre du Temple Solaire), une petite lumière rouge se met à clignoter dans ma tête. Et si... nous étions sur la même affaire que celle du Vercors, version poitevine ?

Des quelques explications données par l'enquêteur lors du premier contact téléphonique, je devine qu'il s'agit des voitures de « stagiaires » venus suivre, au prix fort, séances de « cri primal », séjours de « renaissance » et quelques autres fantaisies du même ordre dispensés par un gourou. Lequel a fort bien compris que, dans cette ferme, l'heure n'était plus à la culture des céréales, mais au ratissage du blé des crédules.

De grosses entreprises se sont même laissé convaincre d'envoyer leurs cadres suivre les thérapies bariolées du chef spirituel local. Et les affaires marchent fort, à en juger par l'évidente prospérité du lieu.

Dès mon arrivée, je décèle dans l'œil du directeur d'enquête une lueur de perplexité et d'interrogation. Nous nous dirigeons ensemble vers le bâtiment principal et je pénètre à sa suite dans une immense pièce baignée de soleil. Une quinzaine de personnes sont assises sur le sol, en cercle autour d'un individu au visage doux encadré d'une abondante chevelure et d'une grande barbe. Et pour le cas où j'irais imaginer qu'il s'agit du Père Noël en train de distribuer ses cadeaux au pied du sapin, ce qui serait quand même étrange en plein mois d'août, le gendarme me souffle cette précision fatale :
– Le gourou.

J'avais deviné.

Les visages sont graves, certains des individus présents ont les yeux pleins de larmes. Immobiles, ils écoutent en silence le long monologue de leur guide. Ce qui est normal, car quand gourou parle, personne ne saute, et inversement.

À distance, je perçois quelques bribes d'un discours évoquant le sens de la vie, de la mort et de la renaissance. Je préfère ne pas m'attarder : après des années de pratique médico-légale, j'ai déjà mes idées là-dessus.

Nous passons dans la pièce voisine. Le chef d'enquête peut enfin me donner le détail de l'affaire, tout en tentant de me retranscrire ce qu'il avait pu comprendre des explications fumeuses du grand lama chevelu. Bon, tant qu'il ne me prend pas pour le capitaine Haddock dans *Le Temple du soleil* (le lama, pas le gendarme). Selon ce dernier (le gendarme, pas le capitaine Haddock), l'élément fondamental de la souffrance humaine serait le moment de la naissance, souffrance que chacun traînerait toute la vie avec plus ou moins de bonheur. D'où l'idée, pour ceux que ce bagage encombre, de s'en débarrasser en « revivant » leur venue au monde, par le biais de deux techniques.

Là, mon gendarme marque une pause, le temps d'ôter son képi et de s'éponger le front. Il fait chaud, en cet après-midi du mois d'août, mais la température n'y est pour rien. D'ailleurs, une agréable fraîcheur règne derrière les épais murs de pierre. Non, ce qui fait transpirer mon gendarme à grosses gouttes, c'est l'intense effort déployé pour suivre les méandres des théories dont il vient d'entendre parler pour la première fois de son existence. Il reprend :

— Donc, comme je vous le disais, docteur, pour revivre la naissance, il y a deux techniques pratiquées ici. D'après ce que j'ai compris, le cri primal consiste, par le biais d'une thérapie particulière, à faire exprimer par un cri gigantesque le cri initial de la naissance.

J'ose un sourire à l'écoute de ce discours. Je comprends qu'il transpire : moi aussi, je suis un « criprimaliste sceptique ». Pour moi, le premier cri du bébé me rappelle surtout le besoin impératif, pour le nouveau-né, de déplier ses alvéoles pulmonaires pour pouvoir respirer. Question de survie. Mais bon, que pèse l'avis d'un légiste pour des événements qui vous propulsent dans la vie ? Bref, les tenants de cette théorie assimilent ce cri de délivrance, qui salue l'entrée de l'air dans des poumons jusqu'alors baignés dans le liquide amniotique, à une souffrance. Coup de bol, pour mon cas personnel, je n'en ai aucun souvenir.

— Et puis, il y a une autre technique, docteur. De ce que j'en ai compris, elle consiste à remettre l'individu dans l'utérus de la mère et à le faire renaître.

— Alors là, ça m'étonnerait que la mère soit d'accord. Question de taille, ça risquerait d'être douloureux…

— Oui, bien sûr. En fait, il s'agit d'une sorte de reconstitution, pas criminelle celle-là, une remise en situation, si vous préférez. Au moyen des couvertures que vous avez vues dans la pièce à côté.

Effectivement, j'ai noté que, malgré la chaleur à crever – c'est le cas de le dire –, le sol de la grande salle était jonché de couvertures de toutes tailles et de toutes épaisseurs. Afin de recréer l'obscurité, la chaleur et l'étroitesse supposées du lieu, le candidat à la renaissance est enseveli sous plusieurs couches de ces couvertures. Les autres participants se disposent alors en file indienne, collés les uns aux autres, debout et les jambes écartées. Ils forment un chenal figurant les voies génitales de la mère, au travers desquelles doit cheminer le futur nouveau-né s'il veut revoir la lumière et revivre enfin, débarrassé des scories de sa première naissance. Le réalisme est poussé au point de demander à celles et ceux qui forment le tunnel de sortie de serrer les jambes au passage du gros bébé, afin de rendre plus difficile son cheminement. Si difficile que le dernier stagiaire n'a pas réussi à atteindre la sortie. Il est mort *in utero*. Un accident d'obstétrique, en quelque sorte.

Le corps de la victime repose dans une chambre voisine. Le gourou et ses disciples ont préféré le mettre à l'écart, histoire de ne pas gâcher l'ambiance. Raté, si j'en juge aux lamentations de l'une des participantes qui se met soudain à psalmodier :
— Je l'ai tué, je l'ai tué.
Je préfère laisser le soin aux gendarmes de vérifier la véracité de cette autoaccusation pour me concentrer sur la victime. Il s'agit d'un homme d'une quarantaine d'années, d'allure et de corpulence normales. Pour une fois, je n'ai pas à le déshabiller. C'est déjà fait. Il ne porte qu'un slip, descendu sur les genoux. Sans doute pendant qu'il rampait. Mais s'il s'agissait d'un jeu sexuel qui avait mal tourné ? D'autant qu'une goutte de sperme apparaît au méat de la verge ; permettant tous les délires.
Je demande aussitôt aux gendarmes de saisir toutes les couvertures afin d'y rechercher d'autres traces suspectes, tandis que j'effectue les prélèvements d'usage dans les orifices naturels. La mort remonte à deux heures avant mon arrivée, les rigidités cadavériques commencent à s'installer, la petite goutte blanche n'est qu'une simple manifestation de ces rigidités.
Je note que le corps est encore très chaud. Anormalement chaud au toucher. Je pratique une petite incision dans la région du foie pour y insérer mon thermomètre à viande. En quelques secondes, l'écran

numérique atteint les 40 °C. Exceptionnel ! Par ailleurs, la cyanose, qui se traduit par un bleuissement des tissus, est intense, les yeux sont injectés de sang. Pas d'ecchymoses, pas de traces de coups ou de violence. En revanche, les genoux et les coudes gardent les traces de sa reptation désespérée sur la moquette synthétique de la salle, avec de multiples excoriations dues au caractère abrasif du revêtement de sol. Aux États-Unis, ces lésions appelées de façon imagée *carpet burning* (brûlures de tapis) caractérisent les traces d'accouplements illégitimes sur la moquette synthétique des bureaux. Elles touchent généralement la partenaire à quatre pattes subissant les coups de boutoir de son supérieur hiérarchique qui cherche à l'introduire dans le cercle fermé de ses relations. Ou le partenaire, c'est selon la position respective de chacun. Ou les préférences sexuelles.

Je termine mon examen par une palpation générale qui ne décèle aucune fracture, avant d'ordonner le transfert à l'institut médico-légal pour autopsie.

Au passage, la petite lumière rouge s'est éteinte depuis longtemps et j'ai rapidement fait mon deuil d'une belle affaire criminelle : le Poitou ne sera jamais le Vercors.

J'opère le lendemain avec l'aide d'un agent de la chambre mortuaire et en présence d'un seul gendarme. Les congés annuels ont dispersé le personnel de l'institut, et une affaire de coffre-fort arraché la nuit précédente mobilise le reste des enquêteurs. Mais le travail en petit comité a quelques avantages. On y perd moins de temps en discussions parfois vaseuses, mais utiles pour détendre l'atmosphère. Laquelle n'est pas si chaude que cela avec la clim qui nous maintient un tout petit 17 °C réglementaire. J'incise sans temps mort, découvrant des organes totalement congestionnés. Les mésos, ces petites membranes qui assurent la vascularisation des intestins, plus connues en cuisine sous le nom de « crépinettes », sont le siège d'une intense dilatation veineuse, ils sont inflammatoires, rosés. Les glandes surrénales sont hémorragiques, chose rarissime. Le foie est lourd, les poumons sont frappés d'un œdème massif. En revanche, je ne retrouve aucune pathologie cardiaque susceptible d'expliquer cette congestion. Le gendarme, qui suit l'opération d'un peu loin, m'interroge alors que j'en termine.

— Vos conclusions, docteur ?

— Encore une victime des hormones. Il s'est inondé avec ses hormones de stress. D'où l'hyperthermie, qui a entraîné le décès.

Diagnostic que confirmeront quelques jours plus tard les résultats des analyses, avec un taux de catécholamines anormalement élevé.

La conclusion, pour une fois, reviendra au gendarme.

— Pour moi, docteur, ces histoires de couvertures et d'utérus, ce sont des jeux de cons.

18. Bananas

Un dimanche après-midi de septembre 2003, dans un village au sud de Châtellerault. La plaine alentour se dore au soleil d'automne, tandis que les peupliers qui bordent la Vienne jouent aux sentinelles endormies. Pas un souffle de vent pour agiter leurs branches. Quatre coups viennent de sonner au clocher voisin. Un peu à l'écart du bourg, le coquet pavillon de la famille R. rouvre ses volets. Ses occupants, un couple âgé, rentrent d'une petite virée à Noirmoutier en compagnie de leur fille Martine et de son mari, Marcel. Et avec cette chaleur, tout le monde a bien soif.

— Ce s'rait pas l'heure de l'apéro ?», crie le papé du fond de son fauteuil roulant installé sur la terrasse du rez-de-chaussée surélevé.

Quand ils ont fait construire, les R. ont choisi l'option la moins chère. Pas de cave, un garage et une buanderie au rez-de-chaussée, le logement au premier étage. Il faut grimper une bonne quinzaine de marches pour accéder à l'habitation. Autrefois, cela ne posait pas de problème. Mais avec l'âge, c'est devenu une épreuve pour le papé qui ne se déplace plus sans sa canne, et encore, avec bien des difficultés. C'est qu'il n'est plus très vaillant, l'ancien, avec son Parkinson qui le secoue et ses jambes qui ne le portent plus. Sa grande forme de la guerre d'Algérie n'est plus qu'un souvenir nostalgique. Mais une fois là-haut, sur sa terrasse qui domine le jardin, il est drôlement bien. D'autant plus que son gendre lui a bricolé un siège bien pratique, une sorte de transat confortable sur lequel il a fixé de grosses roulettes.

— Ce s'rait pas l'heure de l'apéro ?», répète le papé, impatient.

Ah, enfin, voilà les bouteilles. Faut dire que le Marcel et la Martine, pour un apéro, ils sont toujours partants.

Pan ! Le bouchon saute. Marcel remplit les coupes. Se pose alors une question cruciale, pour le vieux.

— Pour qui on lève le verre ? Pour Chirac ou pour nous ?

La petite assemblée ne prend pas le temps de répondre. Trop soif pour bavarder. D'ailleurs, les verres sont vides et la deuxième tournée suit aussitôt. Belle occasion pour le papé.

— On boit à qui ? À Chirac ou à nous ?

Pas plus de succès. Seul Marcel grommelle dans son coin : « Je vois pas ce que Chirac vient foutre là-dedans », avant de vider son verre cul sec et d'empoigner la bouteille pour une nouvelle tournée. Zut ! Elle est vide.

Pan ! Un autre bouchon s'envole vers le potager. Les tournées succèdent aux tournées, scandées chaque fois par la lancinante interrogation du papé.

— Bon, le verre, on le lève pour qui ? Pour Chirac ou pour nous ?

Sans jamais obtenir de réponse.

Trois bouteilles de champagne ont déjà succombé aux assauts de la famille lorsque le papé, qui connaît son monde, taquine le gendre. En arrivant à Châtellerault, sa fille et son mari sont repassés chez eux, histoire de récupérer leur voiture, avant de rejoindre le pavillon familial. Et il connaît son Marcel, le papé.

— Dis donc, t'as rien bu avant de venir ?

— M'emmerde pas, j'ai bu mon whisky, comme d'habitude.

— Ton whisky ? Tu veux dire ta demi-bouteille, oui... et encore, quand je dis une demi-bouteille !

Le ton monte, tandis que les vapeurs d'alcool embuent les esprits et empâtent les dictions.

À la tournée suivante, le papé pousse le bouchon.

— Celle-là, on la boit pour qui ? Pour Chirac ou pour mon connard de gendre ?

— Hé, tu sais ce qu'il te dit, le connard de gendre ?

Ambiance. Heureusement, la mamy joue les casques bleus en proposant de passer à table. En plus, elle a préparé l'une de ses spécialités, le plat préféré du papé : un rôti de veau à la banane. L'ancien se saisit du grand couteau à découper et attaque la pièce de viande. Chacun est servi. Il ne reste plus qu'à se régaler.

— À partir de là, ça se complique, m'explique le directeur d'enquête qui vient de terminer son récit. Les témoignages dont nous disposons sont, disons, pour le moins confus.

Et ce n'est pas le Marcel qui pourra apporter la moindre précision, vu qu'il est là, devant moi, allongé sur la table en Inox. Il porte encore ses vêtements de la veille, un short gris et un polo à manches courtes de grande marque, entaillé sur le côté gauche. Avec, sortant de la déchirure du tissu, un beau morceau de poumon bien rose qui fait saillie sur près de 10 centimètres. J'ai beau chercher dans ma mémoire, c'est bien la première fois que je vois cela. J'en déduis très vite que les causes de la mort semblent à peu près claires.

En revanche, les circonstances exactes qui ont amené ce grand type costaud, avec ses cheveux grisonnants soigneusement peignés et ses yeux bleus, dans la salle d'autopsie du CHU de Poitiers restent nimbées d'un brouillard à haute teneur en alcool. D'ailleurs, avant même de l'avoir ouvert, mon client empeste l'alcool : à vue de nez, un bon 3 grammes par litre.

Le gendarme me donne les derniers éléments dont il dispose :

— Il devait être aux alentours de 22 heures. Il semble qu'il y ait eu une dispute. Le gendre aurait agressé le beau-père, lequel se serait saisi du couteau à rôti. Il y aurait eu une bousculade, votre client aurait glissé et se serait embroché tout seul sur le couteau. Faut dire qu'il est affûté comme un rasoir. Le couteau, pas le client. Il aurait dit : « J'ai mal, j'ai mal », avant de descendre l'escalier et de s'effondrer au bas des marches. C'est là que le Samu l'a trouvé. Je précise que notre gars était un violent, malgré son air très clean. Connu pour frapper sa femme. Et son beau-père était déjà intervenu à plusieurs reprises.

Je sens dans le ton de mon enquêteur que cette version des faits est loin de le convaincre. Je ne peux retenir ma question.

— Qu'est-ce qui ne vous va pas dans cette histoire ?

— D'abord, le couteau qu'on a retrouvé près du corps, au pied de l'escalier. On voit mal la victime fuir avec cet objet planté dans le thorax, descendre l'escalier, avant de se l'enlever et de le jeter au sol une fois en bas. Et puis, il y a les traces de sang. Après un coup de lame pareil, on s'attendait à en trouver partout et beaucoup. Or il n'y a que des traces minimes, et uniquement sur le palier et les marches de l'escalier. Comme si cela s'était passé ailleurs et que le corps avait été déplacé ! Bref, on se demande si ces gens ne nous racontent pas des craques. Enfin, vous ne trouvez pas cela bizarre, l'histoire du gars qui se plante tout seul sur la lame ? Je sais bien qu'on nous la ressort régulièrement, dès qu'il y a un coup de couteau, mais ici, vu le morceau de poumon qui est visible, ça ne doit pas être une petite plaie ! Alors, pour ce qui est de se piquer tout seul, j'ai de sérieux doutes !

— Et votre scène de crime, vous l'avez passée au Bluestar[19], je suppose ?

— Ouais…

— Et ?

— Et rien. Rien dans la maison. Sur la terrasse, trois fois rien. Quelques gouttes là où se tenait le papé : il s'est fait ouvrir le cuir chevelu par la bouteille de whisky que son gendre lui a fait exploser sur la tête, alors forcément ça a un peu saigné. Et quelques petites taches sur le palier et les marches, là où le gendre s'est déplacé. Mais aucune grosse tache et rien qui fasse penser à un nettoyage : les taches sont bien nettes, bien

---

[19] Le Bluestar est un « produit miracle » qui sert à révéler les taches de sang lorsqu'elles ont été lavées ou sont invisibles à l'œil nu du fait de leur petite taille.

rondes. Vous savez, le Bluestar, c'est imparable. Même s'ils avaient nettoyé les taches, on en retrouverait les traces. À croire que, même perdus dans leur alcool, ils disent vrai. On va les réinterroger, mais pour le moment, ils sont encore en train de cuver, c'est vous dire les alcoolémies ! Ils ont dû faire un concours pour exploser notre éthylomètre ! On reprendra les interrogatoires quand ils seront dégrisés.

Après cette longue tirade que je n'ai pas osé interrompre, il est temps de s'intéresser à la victime.

C'est parti. Quelques gestes rapides et voilà mon Marcel dans le plus simple appareil. Le thorax dénudé laisse apparaître quatre électrodes d'électrocardiogramme et sept traces d'injection. Le Samu a vraiment tout tenté pour le sauver, mais il faut avouer que c'était sans doute perdu d'avance : les images du scanner sont sans appel.

Sur le flanc gauche, la plaie s'étend sous le mamelon et jusqu'à l'aisselle. Le morceau de poumon est resté coincé dans la plaie et en cache les extrémités. J'imagine le mécanisme : la lame qui perfore la paroi, sans doute en passant entre les côtes, la pression dans le thorax en expiration qui pousse le poumon à sortir par la plaie, puis la sortie de la lame qui permet aux lèvres de la plaie de se refermer sur une partie du poumon, l'empêchant de regagner sa place. Un cas rarissime.

Je ne trouve pas grand-chose d'autre : seulement quelques érosions cutanées minimes, notamment sur les phalanges de la main gauche. Marcel a sans doute joué du poing, ce que me confirme le chef d'enquête. Il a envoyé sa belle-mère et sa femme au tapis pour le compte. Encore un mariage qui a mal tourné. La chevalière or sur argent que la victime porte à l'annulaire gauche est pourtant gravée d'un « M. à M. qui s'M pour la vie, le 20 août 1992 ».

Avant d'ouvrir mon client, j'examine à nouveau les planches du scanner affichées sur le négatoscope. Le diagnostic est évident à 3 mètres, même pour un jeune externe : une volumineuse quantité de liquide occupe le thorax à gauche. Vu le contexte, il s'agit de sang.

J'ai l'explication aux maigres traces retrouvées sur la scène de crime : le poumon coincé dans la plaie a fait office de bouchon, empêchant le sang de sortir à l'extérieur.

Il ne me reste plus qu'à inciser. Mon bistouri file du pubis au menton. Chacun ses préférences : pour certains, c'est du menton au pubis. En fait, cela dépend du caractère droitier ou gaucher de l'opérateur, du côté qu'il choisit pour s'installer (à droite ou à gauche de la victime), bref de ses petites manies. Marcel est plutôt musclé, pas très gras. Le gras, c'est l'ennemi du légiste. Pas tant que les asticots, mais pas loin. Aujourd'hui, l'autopsie se présente plutôt bien.

Passant ma lame entre peau et muscles, j'expose la paroi abdominale jusqu'aux limites des flancs, les pectoraux, puis les muscles du cou.

Photos. Ce que j'appelle les photos « de rien », histoire de prouver qu'il n'y a pas d'autre lésion.

Je fais cela depuis que ma parole a été mise en doute devant un juge d'instruction : « D'accord, monsieur le juge, l'expert le dit. Mais qu'est-ce qui le prouve ? » Ce jour-là j'avais failli m'étrangler d'indignation.

Heureusement, j'avais été sauvé par une photographie médiocre prise par les gendarmes :

n'ayant pas compris mes explications, ils n'avaient pas centré le cliché. Du coup, l'indice à photographier était presque invisible et la photographie montrait accidentellement la région indemne de toute lésion.

Avant de passer à l'ouverture de la cage thoracique, je m'attaque au prélèvement de la plaie. Je fais une incision assez large autour de la blessure, ensuite je décolle les tissus en tirant doucement. C'est ce moment que choisit le morceau de poumon pour regagner ses pénates dans un grand bruit de succion. Schouipp ! Qui me fait sursauter : j'avais presque le nez dessus.
Voilà un souci de moins : je me demandais comment ouvrir la cage thoracique avec ce machin en place. Du coup, je vois mieux la plaie. Impressionnante.

Quelque chose m'intrigue. Ses deux extrémités me posent un problème : elles sont strictement identiques. Je demande aux enquêteurs :
— Vous m'avez parlé d'un couteau de cuisine, non ? Un couteau à rôti ? Je peux le voir ?
— Bien sûr, docteur. Comme je vous l'ai dit, nous l'avons retrouvé à proximité immédiate du corps. Il y a bien des traces de sang sur la lame. Elles ont été prélevées pour l'ADN. Vous pouvez le manipuler.

Le gendarme me tend une boîte en carton dans laquelle trône l'objet. Le couteau est maintenu au fond par deux colliers qui jouent le rôle de scellés. Un système bien étudié qui permet l'examen de l'arme sans briser les scellés. Il s'agit d'un couteau de cuisine à lame large (3 bons centimètres), long au total de 32 centimètres. La lame est souillée de sang sur toute sa longueur. Son fil a été modifié par des aiguisages répétés et présente des traces de polissage, il est particulièrement tranchant. Le dos de la lame (la partie non tranchante) est épais d'environ 3 millimètres, ce qui assure une bonne rigidité à l'ensemble. Le manche en matière synthétique noire enserre directement la lame, sans garde.

— Ça ne colle pas. Je suis prêt à parier que ce n'est pas cette lame qui a été utilisée.

— Pourtant, c'est la seule qu'on a retrouvée souillée de sang. Faut dire qu'on n'a pas passé les autres au Bluestar, il y a tellement de couteaux dans cette maison ! Et ils coupent tous comme des rasoirs !

— Oui, mais cette lame a un dos, on devrait en retrouver la trace à l'une des extrémités de la plaie. Cela donne une petite zone où la peau n'est pas coupée, mais un peu écrasée. Avec un dos de 3 millimètres de large, cette trace devrait être visible sur la peau. À l'œil nu. Or, là, je n'ai rien.

— Que proposez-vous ?

— Rien pour l'instant, on va voir en profondeur, cela nous renseignera peut-être... mais j'en doute.

Je peux désormais soulever le plastron, cette partie centrale de la paroi du thorax. Comme prévu, tout le côté gauche de la cage thoracique est rempli de sang. La canule d'aspiration va en retirer près de 2 litres. Une sacrée hémorragie interne. Le liquide une fois évacué, l'étendue des dégâts apparaît dans toute sa splendeur : la lame est passée entre la cinquième et la sixième côte, dont le cartilage a été sectionné. La trace de la lame est nette, l'extrémité de la section ne présente aucun élargissement qui témoignerait d'un dos non tranchant.

Après être passée entre les côtes, la lame a entamé le péricarde, cette enveloppe qui entoure le cœur, sur

9 centimètres de long, a sectionné partiellement la pointe du cœur, ouvrant le ventricule gauche. La plaie n'est pas très profonde, au plus 4 centimètres, mais mortelle.

J'examine à nouveau le résultat de ma dissection, de la surface à la profondeur, en m'attardant sur les extrémités de cette grande plaie. Je ne retrouve aucune trace du frottement d'un dos de lame.

— Il va falloir trouver un autre couteau, je confirme, cela ne colle pas !

— On n'est pas au bout de nos peines ! Dans cette maison, il y a des couteaux partout. Même sur les murs. Et tous affûtés comme des rasoirs. Ça, c'est le papé. Il a fait l'Algérie et il nous en a raconté de drôles d'histoires de fellaghas…

— Ses histoires, je m'en doute et je ne veux pas les connaître. Mais ce couteau, cela ne colle pas. Il a un dos large de 3 millimètres, or les extrémités de la plaie ne présentent aucun écrasement, ni le cartilage ni aucune structure en profondeur. À mon avis, quelqu'un vous roule dans la farine. J'ai deux hypothèses : soit la lame a un dos extrêmement fin, soit plus probablement il s'agit d'une lame à deux tranchants.

Le reste de l'examen ne m'apprend rien sur le déroulement des faits. En revanche, le foie de monsieur en dit long sur sa consommation d'alcool.

L'estomac a lui aussi quelques confidences à me faire. Moment fort de l'autopsie, lorsque j'abaisse le masque qui protège mon nez et hume délicatement le contenu gastrique déposé dans une cuvette en Inox. Effet garanti chez les spectateurs novices… Je les rassure chaque fois, en expliquant que, contrairement à ce qu'ils imaginent, cela ne sent pas le vomi.

Marcel n'a visiblement pas eu le temps de se régaler du rôti à la banane de belle-maman. Son estomac ne contient que du liquide, qui dégage une forte odeur d'alcool. Il me semble distinguer des effluves de whisky auxquels se mélangent quelques notes anisées. Confirmation des gendarmes : avant d'écluser son demi-litre de whisky lors de sa petite halte à son domicile, puis de se finir au champagne chez les beaux-parents, le Marcel avait tâté du pastis, au moment de quitter Noirmoutier. Faut toujours se méfier des mélanges. Ça finit par vous faire du mal, et ce n'est pas Marcel qui dira le contraire.

L'autopsie est terminée. J'en fais un résumé rapide pour les gendarmes, préoccupés par cette histoire de couteau.

Les mois passent, d'autres dossiers occupent mes journées, lorsqu'un gros paquet arrive au courrier. À l'intérieur, le scellé n° 5 *bis*, contenu dans un coffret fermé par un cachet de cire rouge. Un classique du genre.

Je comprends rapidement, à la lecture des documents transmis, que beau-papa a été mis en examen. Avant de m'intéresser à ses déclarations, je prends connaissance de celles de Martine, la fille. La lecture est rapide : « Je suis incapable de décrire le geste de mon père. » Pas grand-chose à en tirer. Compte tenu des remarques sur l'alcoolisation de la famille, l'amnésie ne m'étonne pas.

Le mis en examen, en revanche, est plus bavard. Il revient sur les derniers instants avant le drame : « Marcel se trouvait face à moi, à l'autre extrémité de la table. Il me regardait. Je le regardais. »

Des regards par en dessous, et tout part de travers. « Il est venu vers moi. Il brandissait sa bouteille de whisky, il me menaçait. À un moment, j'ai entendu un grand "clang" et j'ai senti une grosse douleur au sommet de mon crâne. J'ai mis ma main et je me suis coupé avec du verre. Il y en avait partout sur ma tête, et je saignais. Il s'est retourné vers les femmes. Il les menaçait. Il a envoyé son poing dans la figure de ma fille. Puis de ma femme. Elles sont toutes les deux tombées au sol. En se retournant vers moi, il a vu que j'avais un couteau dans la main. Alors il a dit : "Je vais te crever." »

Tout un programme. « Il venait vers moi, toujours menaçant. Je tenais le couteau dans ma main droite. À ce moment-là, je ne sais pas ce qui s'est passé. Peut-être qu'il a glissé. Il s'est empalé sur le couteau. Il a dû faire un geste en arrière qui a fait ressortir le couteau. Je l'avais toujours dans la main. Il a crié : "J'ai mal", puis il est parti par les escaliers et s'est écroulé sur le sol. Je l'ai suivi en faisant rouler mon fauteuil. Après, il a bien fallu que j'essaie de descendre. C'était pas facile. J'ai jeté le couteau près de lui. »

Puis papé a fait des aveux. Mais seulement pour le couteau. En fait, il y a eu substitution. « J'ai déclaré aux premiers gendarmes que Marcel s'était jeté sur le couteau avec lequel j'avais découpé le rôti. Mais je reviens sur mes déclarations. C'est la baïonnette, celle qui se trouvait dans le pot en grès sur le frigo de la cuisine. »

Mais alors, pourquoi avoir menti tout d'abord ? Le papé explique qu'il craignait que l'on ne lui confisque cet objet auquel il tient tant. Un souvenir militaire ramené d'Algérie où, selon lui, cette arme avait déjà beaucoup servi…

J'étais resté sceptique devant le couteau présenté lors de l'autopsie. En revanche, devant le scellé n° 5 *bis*, la certitude est de mise. Et pour cause, puisque la baïonnette contenue dans le scellé est à double tranchant. Une lame féroce, brillante et affûtée comme un rasoir, parfaitement capable de causer la lésion mortelle. Je complète mon rapport d'autopsie et renvoie le tout au magistrat instructeur. Y compris le souvenir de guerre.

De nouveau, les mois passent. Bientôt quatre ans sans la moindre nouvelle. Je ne m'inquiète guère. J'ai bien d'autres chats à fouetter. Des chats qu'au demeurant j'aime beaucoup et sur lesquels je ne lève jamais le petit doigt.
Et puis, un matin, il y a ce coup de téléphone.
— Allô, docteur Sapanet ? Bonjour.
Je reconnais immédiatement cette voix. Celle d'un magistrat récemment arrivé avec qui j'ai déjà eu de longues discussions sur un autre dossier. Il reprend le dossier du papé à la baïonnette.
— Docteur, j'ai une mauvaise nouvelle.
Arrgh ! Quand un juge d'instruction prend la peine de vous appeler au téléphone pour vous dire cela, c'est que vraiment quelque chose cloche. Je m'attends au pire.
— Il y a un problème avec mon rapport ?
— Pas du tout, docteur. Mais il y a un « mais », même si nous sommes en avril.

Je sens que nous allons bien nous entendre, avec son

humour aussi fin que le mien.

Il poursuit :

— Je crains qu'il ne vous faille tout recommencer.

Là, c'est moins drôle...

L'avocat astucieux du papé a épluché le dossier avec méthode, jusqu'à débusquer un vice de procédure qui a entraîné l'annulation de la plus importante des déclarations de son client. Il faut repartir de zéro et le juge d'instruction doit reprendre les interrogatoires.

Sauf que, le temps faisant son œuvre, le papé a dû être placé en maison de retraite médicalisée. Et d'après un certificat médical fourni par son avocat, il n'a plus toute sa tête. En outre, selon l'avocat, compte tenu de son état de santé actuel, il était bien incapable de donner un coup de couteau à la victime il y a quatre ans.

À voir. Tout cela mérite que l'on y regarde de plus près. C'est bien la seule suggestion que je peux faire au magistrat qui, à l'autre bout du fil, m'appelle à l'aide.

Puisqu'il faut bien commencer par un bout, pourquoi pas le bilan de santé du papé ? C'est ainsi que Cassiopée, ma chef de clinique depuis un an, le rencontre peu après dans sa maison de retraite, avec une mission qui est un vrai catalogue à la Prévert. C'est que l'avocat, qui a une copie de son dossier médical, a repris toutes les pathologies de l'ancêtre. Et il y en a une belle liste. Au premier plan, une maladie de Parkinson qui le rend « totalement impotent » et « ne lui permet plus d'avoir tous ses esprits ».

À son retour, je vois dans le regard de Cassiopée toute la crédulité du monde. Il faut dire qu'encore jeune dans le métier, et par nature incapable de mentir, elle croit tout ce qu'on lui raconte.

Elle m'explique avoir rencontré un homme cohérent, bien orienté dans l'espace et le temps, répondant de façon appropriée aux questions posées. Jusque-là, je n'ai pas de critiques. Son avocat a oublié de lui faire la leçon, il a donc toute sa tête.

Certes, cloué dans son fauteuil roulant, atteint d'incontinence, l'ancêtre a fait comprendre à Cassiopée que, bien évidemment, il était tout à fait incapable de porter le moindre coup. Mais quand elle me parle de cet être gentil, charmant, doux, attentionné, je réprime un sourire. Je sens qu'elle est prête à mordre à l'hameçon que lui a tendu pépère. Au point de ne pas s'offusquer des remarques lourdes et libidineuses que son patient a formulées à plusieurs reprises en la reluquant sans vergogne.

C'est que la consultation de son dossier à la maison de retraite en donne une autre image ; y sont relatés de « nombreux actes de lubricité, mains aux fesses, tentatives de caresses », un comportement agressif, ses coups de canne en direction des autres pensionnaires et ses menaces verbales.

Il s'est même vanté un jour d'avoir déjà tué quelqu'un, en assurant qu'il pourrait très bien recommencer. On est loin du papy gâteau que ma chef de clinique a examiné.

Une certitude cependant, il se prend régulièrement les pieds dans son Parkinson. Et ce n'est pas nouveau ; déjà, à l'époque des faits, sa stabilité et son équilibre étaient bien précaires.

Septembre 2008. L'ironie d'un calendrier judiciaire imprévisible nous ramène sur les lieux du crime pour une reconstitution cinq ans après les faits, au jour près.

Drôle d'anniversaire !

Pour des raisons de commodité et par égard au grand âge du mis en examen, le juge a choisi de ne pas respecter les horaires réels, nous évitant de passer une partie de la nuit sur place. D'autant que l'obscurité naturelle régnant au moment des faits n'aurait pas nécessairement éclairé la justice, dont on connaît par ailleurs la cécité.

Le papé est là, avachi dans son fauteuil roulant, le regard perdu dans le vide. Ses mains sont prises de tremblements. Lorsque le juge lui demande de se lever, il en est bien incapable, même en s'aidant de sa canne, cette fameuse canne qui fait régner la terreur à la maison de retraite. Le juge donne le coup d'envoi.

— Monsieur R., pouvez-vous nous dire ce qui s'est passé ce jour-là ?

Silence. C'est que, depuis le temps, le papé est devenu sourd. Il n'entend rien. Le magistrat doit s'y reprendre à trois fois, hausser le ton et se pencher vers l'oreille du vieux.

— Essayez de vous rappeler, monsieur R. Il était où, votre gendre, au début ?

— Au début de quoi, monsieur le juge ?

On n'est pas couché.

Le magistrat insiste, tente d'autres formulations. Le papé reste impassible, puis :

— Oh, le couillon, il me demande ce qui s'est passé, cinq ans après. Est-ce que je sais ce qui s'est passé ce jour-là ? Je vois qu'il y a votre légiste. Vous avez qu'à lui demander, d'abord.

En disant cela, il tourne la tête vers moi. Dans son regard, j'ai l'impression qu'il s'amuse. M. R. se moquerait-il du juge d'instruction ? En tout cas, il a bien toute sa tête.

De guerre lasse, le juge abandonne ses questions sur les circonstances pour se concentrer sur le geste. Il veut savoir si la version de l'embrochement accidentel lors d'une bousculade est possible.

Les gendarmes ont amené un mannequin de même poids et de même corpulence que la victime. Il faut maintenant aider le papé à se mettre debout face au pantin de toile. L'opération est difficile. Dans ce mouvement, j'aperçois son crâne chauve couvert de cicatrices. J'imagine la violence, les cris, les deux femmes frappées et mises à terre, le face-à-face terrible avec ce grand gaillard de Marcel qui vient de lui fracasser une bouteille sur la tête.

Soudain, face au mannequin, M. R. se redresse légèrement. Je vois son œil s'éclairer, tandis que ses mains cessent de s'agiter dans le vide. Il raconte la scène sans chercher ses mots, plaçant la baïonnette (enfin, sa copie en élastomère, moins dangereuse) devant lui dans un geste de protection. Compte tenu de la position du mannequin, de celle du papé et de la faible profondeur des lésions, une blessure accidentelle est effectivement possible. Marcel n'a pas eu de chance, la baïonnette était trop bien aiguisée.

Puis, épuisé, le papé se laisse retomber dans son fauteuil et me regarde. Il est faible, mais parfaitement lucide.

Alors que la petite troupe des présents se regroupe autour du juge, je m'approche et me penche vers lui pour lui poser la question qui me brûle les lèvres depuis le début :

— Dites-moi, Monsieur, c'était quoi, le motif de la

dispute ?

Il sourit.

— Les bananes, docteur, les bananes. Mon gendre, il disait que les bananes que l'on mange comme légumes, ça n'existe pas. Moi, je connais bien les bananes. Aux Antilles, il y a des bananes vertes, et on ne les mange pas en dessert. Vous vous rendez compte, docteur ? Les bananes, docteur. Les bananes.

Il se tait, laisse tomber ses épaules et reprend son air de vieillard égaré.

19. Il ne faut jamais dire, Fontaine...

Rarement patronyme avait été aussi mal porté. Car ledit Fontaine avait toujours évité l'eau, préférant s'abreuver aux tonneaux, en accord avec la sagesse populaire. Laquelle recommande de ne jamais dire : « Fontaine, je ne boirai jamais du tonneau. » L'homme avait suivi ce sage précepte, s'avinant consciencieusement pour oublier sa misérable condition de manœuvre sur les chantiers. Employé pour les travaux les plus pénibles, embauché et débauché au gré des besoins, il avait usé sa carcasse sans jamais se plaindre, jusqu'à ce qu'une chute d'un échafaudage le condamne à l'inactivité. Il y avait gagné une maigre pension d'invalidité et, depuis une quinzaine d'années, avait élu domicile dans une caravane moisie, abandonnée sur un lopin en friche, au milieu de ronciers géants.

C'est la voisine, venue lui apporter un bon bol de soupe et un morceau de pain frais, comme à son habitude, qui avait découvert le corps sans vie. Le médecin, appelé sur les lieux par les gendarmes et un peu perplexe devant la cause du décès, avait mis un obstacle médico-légal. D'où ma présence dans ce coin reculé du nord de la Vienne, aux environs de Loudun, chef-lieu de canton. Loudun, déjà célèbre pour de multiples raisons. Les légistes ont tous en tête cette horrible histoire de sorcellerie, l'affaire Urbain Grandier, curé de la ville brûlé vif en 1634. Les toxicologues pensent, quant à eux, à la bonne dame de Loudun, acquittée du chef d'empoisonnement sur onze personnes, c'est d'ailleurs la même dame qu'évoquent les anatomistes, car elle avait fait don de son corps à la science. Les politiques préfèrent retenir le garagiste autodidacte de la ville, plus contemporain et trois fois ministre avant de devenir président du Sénat. Pour ma part, je ne suis pas sûr que ledit Fontaine appelle à nouveau la curiosité de la France entière sur cette belle ville. Mais sait-on jamais !

Lorsque j'arrive, les techniciens d'investigation criminelle viennent juste d'en terminer. Ils ont relevé empreintes et indices, photographié le moindre détail de la scène telle qu'elle s'est présentée à eux. Leur intervention permet de garder une image le plus fidèle possible de la découverte, avant que le légiste n'entame ses constatations. Car dès que je me serai mis au travail, plus rien ne sera comme avant. Je vais devoir déshabiller le corps, le manipuler, le retourner, avant éventuellement de le faire transférer vers la morgue. Ce premier examen externe, réalisé sur les lieux de la découverte, est essentiel et permet souvent de récolter de précieux indices.

Je pénètre à mon tour dans la caravane. De toute façon, nous n'aurions jamais pu tenir à plusieurs dans cet intérieur minuscule. L'endroit est si exigu que l'on peut quasiment toucher de la main les parois des quatre côtés sans bouger du milieu.

Grâce à cette configuration des lieux, je n'ai qu'un pas à faire, et encore pas trop grand, pour accéder à la victime. L'homme est assis sur le sol, le dos contre la banquette, le menton reposant sur la poitrine, jambes étendues. Il porte un ensemble de coutil bleu délavé et usé, son bleu de travail, sa seule et unique tenue, confirmera plus tard la voisine. D'emblée, je comprends les réticences du médecin généraliste à signer un certificat de décès en bonne et due forme. D'abord, il y a cette ceinture de pantalon passée autour du cou du bonhomme, dont il manque un morceau. Lequel est encore accroché à la charnière métallique du vasistas de toit. Le cuir usagé n'a visiblement pas résisté à une tentative de pendaison. Un tabouret est renversé, juste à côté.

— Il a essayé de se pendre, docteur, mais il n'y a pas que ça, précise le gendarme resté à la porte. En entrant, nous avons fermé le gaz. Les deux robinets du réchaud étaient restés grands ouverts.

Je note la présence d'une petite trace de sang sur le bleu de travail, dans la région du cœur. Je la déboutonne. Le tee-shirt qu'il porte en dessous est percé, avec là encore quelques petites taches rouges. Je fais aussitôt le lien entre cette entaille et la présence, sur le lino à côté du corps, d'un tire-bouchon décapsuleur muni d'une courte lame pour ôter la capsule d'étain sur les bouteilles de vin. Un léger enduit rougeâtre recouvre la lame. L'objet est saisi, mis sous scellés.

La suite de mon examen exige un déshabillage complet de la victime, manœuvre totalement impossible dans le minuscule logement. Avec un gendarme, nous le sortons sans difficulté tellement il est léger. Le corps repose maintenant sur le drap que j'ai étalé au sol. Je peux poursuivre mes investigations. Sur la peau, en regard de l'entaille du tee-shirt, une petite plaie discrète de quelques millimètres dans la région du cœur.

Pendant que je joue du ciseau déshabilleur, je questionne les gendarmes qui m'entourent.

— Vous avez une hypothèse ?

— Bah, docteur, on pense bien à un suicide. Il essaie de se pendre au vasistas, la ceinture casse et il tombe. Du coup, il ferme sa caravane et il ouvre le gaz. Ça ne vient toujours pas, alors il se donne un coup de couteau dans le cœur.

Pour un type qui s'appelle Fontaine, on ne peut pas dire que le scénario coule de source. Mais il a le mérite d'être cohérent avec les premières constatations. Le crime d'un rôdeur venu pour s'emparer de quelque bien précieux est pour le moins improbable. Tout comme le règlement de comptes, faute de protagoniste potentiel. L'individu a au contraire la réputation d'un être plutôt paisible, vivant chichement de sa pension et de la générosité de sa voisine. Va pour la thèse du suicide. Je suis prêt à confirmer.

Pas pour longtemps. À peine ai-je retourné mon client que j'ai un mouvement de surprise.

— Il y a un problème ? s'enquiert le gendarme à mes côtés.

— Oui, et un sacré problème. Regardez les lividités.

De grandes taches violacées s'étendent sur le dos, les cuisses et les mollets du mort. Ces lividités se forment après la mort, sous l'effet de la pesanteur. Le sang dilate les vaisseaux et va s'accumuler, par gravité, dans les parties basses du corps, à l'exception des endroits en contact avec le sol. Dans ces zones, la pression exercée par le poids du corps empêche le sang d'arriver. La présence de lividités permet de déterminer la position du corps après la mort. Dans le cas qui nous intéresse, le cadavre ayant été découvert en position assise, il est logique d'observer des lividités sur les faces postérieures de ses jambes et rien sur les fesses, point de contact avec le sol. En revanche, en aucun cas je ne devrais trouver cette vaste zone lie-de-vin qui s'étend sur le dos. Il n'y a qu'une seule explication :

— Il est resté allongé plusieurs heures sur le dos après la mort, ce qui explique la formation des lividités que vous voyez. Puis le corps a été déplacé.

Les interrogations se bousculent sous les képis.

— Docteur, vous voulez dire que quelqu'un l'a tué ?

— Non, je dis seulement que quelqu'un a déplacé le corps après la mort. Et que c'est suspect.

— Bon, puisque c'est comme ça, on part sur la piste criminelle. Autant être carré. Cela ne vous embête pas, docteur ?

— Pas le moins du monde.

Qui dit piste criminelle dit autopsie, expédiant le sieur Fontaine sur la table à découper. Avant de trancher dans le mort – nous autres médecins légistes tranchons rarement dans le vif –, j'examine plus en détail la plaie déjà identifiée sur le thorax. L'éclairage puissant de la salle d'autopsie montre une légère ecchymose autour de l'entaille. Preuve que le coup a bien été porté du vivant de la victime.

J'ouvre.

La dissection est un cas d'école sur ce corps sans un gramme de graisse. Car la graisse, c'est l'ennemi du légiste. Elle suinte partout, pollue le champ opératoire et transforme le moindre instrument en savonnette insaisissable. Ce qui, au passage, fait courir des risques certains à l'opérateur. Lorsqu'un bistouri plus affûté qu'un rasoir devient incontrôlable, mieux vaut planquer ses phalanges.

L'interne qui m'assiste et le gendarme de la brigade territoriale qui prend des notes peuvent profiter d'une véritable leçon.

— C'est comme une dissection anatomique, ce que vous allez faire ?

— Eh non ! Ce n'est ni de l'anatomie ni de la chirurgie. C'est une autopsie. Et de plus, une médico-légale ! Car il en existe un autre type : les autopsies scientifiques. Même si la technique est presque identique, l'approche est fondamentalement différente.

Ouvrons le ban ! Je procède à l'ouverture des travaux par la rituelle incision allant du menton au pubis, parfois du pubis au menton. Suivie de la découpe des côtes. Je peux ainsi accéder à la cavité thoracique. Peu de dégâts apparents, hormis une petite quantité de sang du côté gauche. En revanche, le péricarde, cette mince enveloppe qui entoure le cœur, est distendu par une masse rouge sombre que l'on distingue au travers de la membrane. Je retrouve aussi une très fine trace correspondant à la plaie. La section du péricarde libère l'énorme caillot de sang coagulé qui formait cette masse compressive. Il pèse 480 grammes, ce qui représente près d'un demi-litre de sang. Je peux enfin accéder au cœur : une petite entaille perfore l'oreillette droite.

Il m'est désormais possible de reconstituer le mécanisme qui a abouti à cette situation. Le coup porté avec la petite lame du tire-bouchon décapsuleur a perforé le péricarde, puis le cœur, qui s'est mis à saigner doucement. Très doucement. Lors du retrait de la lame, la plaie du péricarde, compte tenu de sa très petite dimension, s'est refermée. Ce mécanisme de « clapet » a empêché le sang de se répandre dans la cage thoracique. En revanche, l'oreillette droite a continué de saigner doucement.

Je fais un petit rappel pour l'interne :

— La partie gauche du cœur, ventricule et oreillette, assure une circulation du sang à haute pression en le propulsant dans les artères vers les organes. La moindre perforation dans ce secteur se traduit par une hémorragie brutale et abondante. En revanche, la partie droite du cœur se contente de pousser doucement le sang qui revient des organes vers les poumons afin qu'il y puise de l'oxygène. C'est un circuit à basse pression. D'où le faible débit de la plaie, d'autant plus modeste que l'entaille était réduite.

— Et alors ?

— Alors, le sang s'est accumulé dans le péricarde, comprimant de plus en plus le muscle cardiaque jusqu'à empêcher son fonctionnement.

La cause de la mort me paraît claire. Le reste de l'examen anatomique, après ouverture de la boîte crânienne, ne met en évidence aucune anomalie ni trace de violence.

Il me reste à examiner de près les traces de strangulation sur le cou. Je retrouve en profondeur, sur les tissus sous-cutanés, le sillon quasi circulaire laissé par la ceinture, assorti de petites ecchymoses. Les fragiles cartilages du larynx ne présentent aucune trace de fracture. Ce ne serait sans doute pas le cas si la victime avait subi un étranglement à la main, dissimulée ensuite par la pose de la ceinture.

L'autopsie arrive à son terme. Je peux annoncer aux

enquêteurs que le sieur Fontaine est mort des suites d'un coup de lame porté au cœur. Je leur confirme également que le cadavre a bien été déplacé plusieurs heures après le décès. Tout ce qu'il faut pour affirmer qu'il a été tué. Le dossier est transmis à un juge d'instruction et je passe à autre chose.

Un mois plus tard, je reçois une cordiale invitation à une remise en situation. La caravane n'a pas bougé d'un pouce, toujours posée sagement sur ses vieux parpaings. En quelques semaines, la végétation a repris ses droits. Les herbes hautes recouvrent la petite plate-forme abandonnée. Sans doute l'ancien occupant repoussait-il ces assauts à coups de serpette, entre deux bouteilles de vin. D'ici peu, la vieille coque blanche recouverte d'une pellicule verdâtre aura totalement disparu sous les liserons et le lierre.

Le juge commence par nous faire un petit résumé : malgré les efforts déployés par la brigade de recherches, l'enquête pour homicide volontaire est au point mort. Toutes les vérifications aboutissent au même portrait du défunt. Celui d'un homme gentil et sans histoire, inconnu des services de police, étranger à tout trafic et jamais condamné. De quoi avoir de sérieux doutes sur la piste criminelle. D'autant que le médecin traitant de la victime a rapporté quelques épisodes dépressifs antérieurs pour lesquels il avait ordonné un traitement léger.

Le juge marque une pause et se tourne vers moi.

— Alors, docteur, dans ce contexte, vous excluez le suicide ?

— Je n'exclus rien, monsieur le juge. S'il n'y avait pas eu ces lividités anormales, compte tenu de la position du corps au moment de sa découverte, j'aurais effectivement conclu dans ce sens. Mais il nous manque une explication.

Nous reprenons ensemble tous les éléments des constatations médico-légales. Tentative de pendaison, coup de lame et gaz, sans que l'on puisse établir à coup sûr une quelconque chronologie pour ces trois événements. La plaie du cœur, avec son petit débit de fuite, a laissé à la victime plusieurs minutes de lucidité, assez pour accomplir l'un ou l'autre geste. On sait par ailleurs qu'il a effectivement respiré du butane, puisque l'on en a retrouvé des traces dans son sang. Mais si c'est un suicide, pourquoi le corps a-t-il été bougé ? Et par qui ?

Faute de mieux, le juge demande aux gendarmes de vérifier si la victime pouvait se pendre sans une aide extérieure. L'un des militaires, de même taille que la victime, est prié de refaire les gestes nécessaires. Muni d'une ceinture en tout point semblable à celle retrouvée autour du cou du défunt, le gendarme n'a aucun mal à atteindre la charnière métallique pour y nouer le lien de cuir.

— Alors, docteur, reprend le juge, cela ne peut-il pas être un suicide ?

— Oui, mais... il y a ces lividités qui ne collent pas.

L'embarras est général.

C'est à ce moment précis qu'arrive Louise, la voisine si prévenante de Fontaine.

Les gendarmes sont allés la chercher pour qu'elle explique au juge ce qu'elle a vu lorsqu'elle a trouvé le corps. Elle a d'abord refusé, encore mal remise du choc de cette découverte macabre. C'est qu'elle l'aimait bien, Fontaine. Elle n'a aucune envie de revivre la scène. Et puis, les gendarmes étaient déjà venus l'interroger, le premier jour. À quoi bon recommencer ? Les pandores ont dû parlementer longtemps, puis hausser un peu le ton pour que Louise comprenne qu'elle n'avait pas le choix. Faut y aller. Alors, la voilà, à petits pas chaloupés, façon culbuto. La faute à son poids respectable et à son arthrose des genoux et des hanches. Les gendarmes qui l'encadrent sont obligés de rester à distance pour ne pas être éjectés à droite ou à gauche.

Tout en marchant, elle ne cesse de répéter la même phrase :

—Oh, pauvre Fontaine, mon Dieu, pauvre Fontaine.

Devant le juge, elle ne semble pas entendre les questions, tout entière absorbée par sa litanie lancinante : « Oh, pauvre Fontaine, mon Dieu, pauvre Fontaine. »

En désespoir de cause, le juge se tourne vers les gendarmes.

— Vous l'avez interrogée ? Qu'a-t-elle dit ?

— Eh bien : « pauvre Fontaine » ! On n'a rien pu lui soutirer d'autre. Dès qu'on aborde le sujet, elle se met à pleurer et à rabâcher : « pauvre Fontaine ».

Le juge, un peu découragé, tente une dernière approche.

— Madame Louise, c'est bien vous qui l'avez trouvé, Fontaine ?

— Ah oui, pauvre Fontaine. Comme il était gentil. Pauvre Fontaine.

— Et il était comment ?

— Ben, il était gentil.

— Non, ce que je veux savoir, le jour où vous l'avez trouvé, comment il était, dans la caravane ? — Je lui apportais à manger. Mais là, il bougeait pas.

— Mais il était où ?
— Il bougeait pas, je vous dis. Pauvre Fontaine. Ah, pauvre Fontaine. Il était tellement gentil !

On est proche du naufrage. Le magistrat lance une dernière bouée. Il demande à un gendarme de prendre la place de la victime dans la caravane. Le militaire s'assied sur le sol, le dos contre la banquette. Le juge interpelle une dernière fois le témoin en lui montrant le gendarme :

— Madame Louise, quand vous l'avez trouvé, M. Fontaine, il était comme ça ?

— Ah ben non. C'est qu'il était sur le lit. J'ai essayé de le réveiller, je l'ai sacrément secoué. Y'a même eu un moment où il m'est tombé sur les pieds. Mais il bougeait toujours pas. Pauvre Fontaine, qu'il était gentil.

— Et alors, madame Louise, qu'est-ce que vous avez fait ?

— J'ai essayé de le remonter sur son lit. Mais c'est que j'ai jamais pu. Pauvre Fontaine !

Affaire classée. Au risque de créer un naufrage judiciaire, c'est Louise qui avait déplacé Fontaine.

20. Attention bébé à bord

Il paraît qu'aux âmes bien nées la valeur n'attend pas le nombre des années. Pour celles qui n'ont pas cette chance, ce sont les emmerdements qui ne tardent pas à venir. Le petit Corentin en sait quelque chose. À l'âge de 2 mois, il est hospitalisé pour une « hypotonie », c'est-à-dire un affaissement général du tonus musculaire et une grande pâleur. Des examens sont réalisés en urgence. Mais ni les analyses ni l'échographie au travers de la fontanelle, cette petite membrane qui sépare les os du crâne du bébé pas encore soudés entre eux, ne permettent de trouver les causes de cette faiblesse générale. Faute de mieux, les pédiatres concluent à un reflux gastro-œsophagien, une très désagréable remontée du biberon à peine ingéré qui se traduit par des vomissements et une sous-alimentation pouvant expliquer la baisse de tonicité de l'enfant. Corentin peut rentrer chez lui avec ses parents, muni d'un traitement diététique et médical.

Huit jours plus tard, le garçon est de nouveau hospitalisé en urgence pour un malaise et une hypotonie sévère, accompagnés d'épisodes de perte totale de contact de plusieurs minutes avec son environnement. L'enfant éveillé ne répond plus à aucune sollicitation, il est en état de mort apparente. Les médecins s'interrogent. L'équipe du Samu qui l'a réanimé évoque une forme particulière de crise convulsive qui se manifeste parfois non pas par de grands mouvements désordonnés, mais justement par une hypotonie générale. Le diagnostic précédent du reflux gastro-œsophagien suggère aussi une éventuelle « fausse route », le passage du biberon dans les voies respiratoires pouvant entraîner insuffisance respiratoire, malaises, perte de tonicité. Le débat entre les tenants de ces deux diagnostics est tranché par le scanner cérébral : le cerveau de Corentin a saigné. Stupeur des pédiatres, qui ordonnent aussitôt le transfert de l'enfant au CHU de Poitiers.

Placé en observation, Corentin reste dans un état stationnaire. Puis, quatre jours après son admission, il est pris de convulsions. Une nouvelle échographie au travers de la fontanelle montre cette fois un « décollement crânio-cérébral ». Nouveau scanner. Corentin présente un important hématome sous-dural, résultat d'un saignement entre le cerveau et son enveloppe, la dure-mère. Les clichés révèlent également l'existence des lésions de contusion cérébrale, comme si le cerveau avait été… secoué ?

Le grand mot est lâché. Secoué. Pour tous les spécialistes de la petite enfance, le « syndrome du bébé secoué » correspond à un acte de maltraitance. L'enfant pleure sans raison apparente, les parents craquent et le secouent comme un prunier. La tête du bébé, bien trop lourde pour ses petits muscles du cou, part dans tous les sens, provoquant une mise en mouvement du cerveau qui se cogne contre la boîte crânienne. Hémorragies, hématomes, lésions cérébrales, les dégâts sont catastrophiques ; selon une étude récente, 10 % des bébés secoués décèdent dans les jours ou les semaines qui suivent, et 75 % en garderont des séquelles parfois très lourdes (retard mental, hémiplégie, épilepsie, perte de la vue). Le tableau est suffisamment noir pour que les soignants redoublent d'attention envers le petit Corentin.

Les soins prodigués au bébé permettent de résorber partiellement l'hématome qui oppresse son petit cerveau. Le liquide accumulé entre la dure-mère et l'encéphale est ponctionné au travers de la fontanelle. Deux jours plus tard, nouvel examen, cette fois-ci au moyen de l'imagerie à résonance magnétique. L'IRM permet aux médecins de distinguer des lésions de deux âges différents, de plus de cinq jours à gauche et de plus de trois semaines à droite. Le soupçon de maltraitances se renforce, car celles-ci sont souvent répétées.

L'hypothèse trouve sa confirmation avec l'examen du fond de l'œil de l'enfant. La présence d'hémorragies de la rétine, liées à la déchirure de petits vaisseaux lorsque le cerveau est violemment projeté en arrière par le mouvement de la tête, est caractéristique du secouage. Tout cela conduit l'équipe médicale à faire un signalement auprès du procureur de la République.

L'état de l'enfant s'améliorant, malgré une hypotonie musculaire persistante du tronc, les parents sont autorisés à le ramener à la maison. Pas pour longtemps. Un violent épisode de fièvre et une augmentation du volume de l'hématome cérébral le ramènent aux urgences du CHU. Là, il subit une intervention chirurgicale délicate, puis, après une courte phase de convalescence, retourne chez lui.

Entre-temps, la procédure pour maltraitance s'est enclenchée. Les parents, interrogés par les gendarmes, nient tout acte de violence sur leur fils. Évidemment. C'est toujours comme cela. Lorsque les mains secoueuses ont laissé des traces, les secoueurs invoquent généralement la chute de la table à langer ou dans la baignoire. Le papa est le premier suspect, question de statistiques. Dans les affaires de bébé secoué traitées par la justice, les agresseurs sont, par ordre décroissant, le père biologique, le conjoint de la mère, la baby-sitter et la mère biologique. Ah, la famille…

Mais curieusement, lors des interrogatoires, ni le père ni la mère de Corentin n'ont invoqué les prétextes habituels. Non, Corentin n'est pas tombé. Non, il n'a pas fait de malaise. Non, il n'a pas été secoué.

Mais devant l'insistance des gendarmes, un tantinet agacés, ils ont fini par lâcher un détail qui a son importance. Dans la voiture, le père a remarqué que, lors des premiers trajets en compagnie de Corentin, malgré le siège-auto, la tête du bébé bougeait beaucoup. Enfin un semblant d'explication. Fausse, sans doute. Mais aucune piste ne doit être éliminée. Les enquêteurs décident d'aller examiner le véhicule. Et le siège-auto de Corentin.

Le papa ne se fait d'ailleurs pas prier pour exhiber son engin, une Subaru Impreza. Sur laquelle il a fait apporter quelques « améliorations » par un professionnel de la chose, au motif d'aller faire des temps sur un circuit fermé. Nouveaux ressorts et amortisseurs, suspension retravaillée, rigidité améliorée, pneus larges à gomme molle, car ce qui compte, ce n'est pas le budget, mais la performance. Accessoirement, il a installé des sièges baquets et des harnais.

— Et depuis, elle va mieux ?

— Elle peut, vu ce que cela m'a coûté !

— Soyez plus précis.

— Ben, j'ai dû gagner quelques chevaux...

— Et encore ?

— Ben, sans doute un peu plus de 310 chevaux. En vitesse, maxi un peu plus de 250. Mais sur circuit, jamais sur route. Et de 0 à 100 en un peu moins de 4''5... Elle est belle, non ?

— Vous nous confirmez que c'est dans cette voiture que vous avez installé le siège de Corentin ?

— Tout à fait. Et j'ai fait quelques petites virées avec lui. À chaque fois il rigolait comme un perdu. Enfin, au début, parce qu'ensuite il se mettait à pleurer. Là, j'arrêtais tout de suite.

— Et vous alliez où, pour faire cela ?

— Sur une petite départementale, pas loin de chez moi. Sur 5 kilomètres, le macadam a été refait, il n'y a pas un gravillon et l'adhérence est bonne. En plus, il y a beaucoup de virages, on peut s'amuser sans aller vite.

— Vous l'avez fait souvent ?

— Non, je ne me souviens pas. Maintenant que j'y pense, c'était chaque fois avant ses malaises. C'est ça, deux fois.

— On aimerait voir le siège.

— Il est dans la voiture de ma femme.

Un superbe siège dont le tissu est en parfaite harmonie avec les garnitures intérieures de la Subaru.

— Mais c'est un groupe 1 ! Corentin n'a pas un âge

suffisant pour être dans ce type de siège ! Vous savez que vous êtes en infraction, avec ce siège ?

En fait le siège enfant est totalement inadapté à la stature du petit Corentin. Le papa explique, un peu embarrassé, que la couleur des sièges des groupes 0 et 0+ réservés aux nourrissons ne s'accordait pas avec l'intérieur de sa belle auto. À ceci près qu'un siège de groupe 1 est conçu pour des enfants dont le poids est compris entre 9 et 18 kilos.

— Il est hors de question de trimballer votre enfant dans ce siège, monsieur. Vous irez acheter un groupe 0 ou 0+. Vous n'avez pas d'autre enfant ? Bon, on repart avec le siège, je vous le rendrai quand vous me montrerez votre achat à la gendarmerie. Et dès demain, je vous prie. Et quelle que soit la couleur, c'est entendu ?

Air consterné du papa.

— Vous croyez que cela peut venir du siège ? C'est vrai que sa tête ballottait dans tous les sens.

— Je ne sais pas. On va étudier ce problème. Mais ce qui m'intéresserait, c'est aussi de voir comment vous conduisez votre bolide, histoire de comprendre si Corentin a pu être secoué dans son siège.

— Quand vous voulez, mais sur le circuit, je tiens pas à avoir un PV pour excès de vitesse…

Tout ceci est consciencieusement noté dans le procès-verbal d'audition.

Rendez-vous est pris quelques semaines plus tard au circuit du Vigeant, requis pour deux petites heures. Va falloir faire vite !

Les gendarmes ont apporté leur outil de travail : ils ont fait venir leur Subaru Impreza qui prend les chauffards en chasse régulièrement sur l'A10. Un modèle WRX largement modifié, avec son pilote surentraîné aux interceptions en toute sécurité. Un gars d'un calme olympien, car il n'y pas de place pour les agités au volant d'une Subaru de la gendarmerie.

— Bon, vous nous avez dit que vous aimiez bien la conduite sportive. Et que c'est peut-être ça qui a secoué votre fils. Nous, on veut bien, mais on veut voir. Le but, pour vous, c'est juste d'essayer de nous suivre. Si vous y arrivez. On a monté une caméra à l'arrière. Histoire de voir si vous savez secouer votre engin. Compris ?

— Oui, oui.

— Mais ne vous plantez pas !

— Non, non.

— On s'est mis un handicap, on est deux dans la voiture. Vous connaissez le circuit ou vous avez besoin de quelques tours ?

— J'y suis déjà venu un peu. Mais il faut que je chauffe les pneus…

Un vrai pro.

— OK, on fait un tour pour les pneus, et ensuite rendez-vous sur la grille de départ pour un tour enregistré.

Dans le rétro des gendarmes, le pro zigzague à qui mieux mieux, accélère brutalement, freine, comme s'il était dans son tour de chauffe en F1. Très concentré.

— Pff, t'as vu ça, le cinéma !

— J'espère qu'il sait piloter un minimum, ils ne sont pas toujours fins, les pilotes, ici !

— Que veux-tu, tu ne peux pas leur demander la lune. Sur cent qui viennent ici, il n'y a pas beaucoup de vrais pilotes. La plupart, c'est pour s'amuser ou se faire plaisir. Ou un peu peur. Bon, c'est mieux qu'ils viennent là plutôt que de faire les cons sur les routes.

— Garde la distance, le largue pas tout de suite, attends tout à l'heure.

— Ouais. J'aime bien leur laisser croire. C'est comme sur l'autoroute !

Dans sa Subaru modifiée, le pro est sur un nuage. Il vit son rêve de toujours : jouer aux gendarmes et aux voleurs dans une vraie course-poursuite ! Et en plus, avec caméra embarquée ! Les pensées se bousculent, c'est l'heure de gloire. Mais son orgueil est titillé : « Qu'est-ce qu'il croit, l'autre naze, qu'il va me gratter au démarrage ? Tu vas voir, mon poulet ! »

Les pneus sont chauds, le pro aussi. Les deux Subaru décalées sur la ligne de départ, celle du pro légèrement en arrière. Le gendarme enclenche la caméra.

— Tu l'as dans le champ ?
— Oui, oui. Il est parfait…
C'est parti !

Des deux côtés, le départ est foudroyant. Mais brutalement, dans la voiture de gendarmerie, ça tourne au vinaigre :

— Ah, putain, le con !
— T'as loupé ton départ ou quoi ?
— Pas du tout ! Putain, c'est quoi cette caisse ? Putain de bordel de meeerde !

Le garçon a perdu son calme. Ce langage peu châtié est loin de ses habitudes, mais là, il est piqué au vif ! Son départ a été exemplaire. Comme toujours à l'entraînement ! La voiture répond comme à son habitude, une merveille. Et pourtant ! Avant même la première courbe du circuit, le pro a installé le cul de sa voiture au nez du capot de la gendarmerie.

Avantage : le pro ! Et ça ne fait que commencer. Là où la gendarmerie glisse des quatre roues sur le macadam dans la courbe, la Subaru du pro semble rivée sur des rails. L'effet miracle des gommes spéciales bien chaudes ! Au point que, emporté par l'image obsédante de ce cul provocateur, le gendarme oublie que la courbe finit en se resserrant. Il échappe de peu à la sortie de route et perd un peu plus de temps.

— Tu disais quoi ? Que ce n'était pas une flèche ? On a l'air fin !

— Fais pas chier !

Manifestement, le pro est sur son terrain et connaît son circuit par cœur. À la fin des premières courbes qui marquent l'entrée de la grande ligne droite, il a déjà plusieurs grandes longueurs d'avance. Dans l'habitacle de la gendarmerie, les gros mots fusent. La suite est censurée. Question de décence. C'est perdu pour les gendarmes. Du coup, le pilote lève le pied.

— N'empêche ! Et en plus, il va se vanter. On va carrément avoir l'air con.

— T'inquiète pas, j'ai une surprise pour lui. De quoi le calmer. T'as personne qui entendra parler de ça. Même pas la hiérarchie.

— Surtout pas, tu veux dire !

— Ouais, y a pas intérêt ! Sinon, on est mal…

Avant que la gendarmerie ne franchisse la ligne d'arrivée, le pro a mis un point d'honneur à sauter de son véhicule et attend ses poursuivants le coude négligemment appuyé sur le toit.

— En plus, il se fout de notre gueule !

— Il y a de quoi, non ? Bon, soit honnête, il a été meilleur que nous.

— Putain, j'aimerais avoir l'adresse de son préparateur !

Réunion de synthèse sur place.

— Bon, le bilan, c'est qu'effectivement vous savez secouer votre tire.

— Merci.

— Mais votre moteur est manifestement plus puissant !

— Dites tout de suite que je n'ai pas de mérite !

— Ce n'est pas ce que je dis.

— OK. Je vais être gentil, je vais vous dire vos erreurs.

Le pilote gendarme s'étrangle. Mais avant qu'il puisse protester :

— D'abord, vous m'avez pris pour une brèle avec mon air con. C'est vrai qu'ici, sur le circuit, il y en a qui ne sont pas terribles. Mais attention, vous avez aussi beaucoup de vrais compétiteurs. Faut pas sous-estimer l'adversaire. La preuve, vous rigoliez en me voyant zigzaguer dans votre rétro. Mais la température des pneus, c'est essentiel en compète : 5 °C de moins et vous êtes dans les choux. Détail que vous avez oublié, parce que, pour vos interceptions, vous démarrez toujours pneus froids. Moi, si je fais ça en course, un jour ou l'autre, je me tue. Vous, vous avez fait comme d'habitude et vous n'avez pas chauffé vos pneus.

— Hum !

— Moralité, avec vos pneus froids, le temps d'arriver à la première courbe, vous aviez déjà perdu la course.

— Ce n'était pas une course. On voulait voir ce que vous appeliez une conduite sportive. Vous deviez rester derrière.

— Ça, vous ne me l'avez pas dit ! Et pour ce qui est

de la conduite, vous avez vu.

Le gendarme qui a récupéré son calme reste silencieux.
— Après, quand je vous ai montré mon cul...
— Restez poli, hein !
— Osez dire que ça ne vous a pas énervés !
Le gendarme attend la suite.
— Donc, disais-je, quand je suis passé devant, ça vous a énervés et vous êtes arrivés trop vite dans la deuxième partie de la courbe, celle qui se resserre. Le gros naze, lui, devant vous, avec ses pneus bien chauds, il est passé comme sur des rails. Et vous, vous avez failli partir dans le décor.
Ce dialogue est une torture gendarmesque.
— Quoi d'autre ?
— Après, c'était facile, avec mes pneus chauds. Vous savez, ils me coûtent une fortune. Mais quand on veut des résultats, il faut prendre les moyens. D'ailleurs, pour tout vous dire, j'ai fait peaufiner mon engin avant de venir. Et pour les gommes, c'est une monte spéciale. Rien que pour aujourd'hui. Rien que pour vous.
— ...
— Ensuite, la différence dans les courbes, ce n'est pas dans la ligne droite que vous allez la rattraper ! C'est que moi aussi j'ai un moteur... Résultat, à la fin des 3 kilomètres j'aurais eu le temps de me rouler une clope ! Par contre, je suis déçu pour la vidéo. Vous auriez dû mettre aussi une caméra devant ! Pensez-y la prochaine fois !
Le gendarme tire sa tronche des mauvais jours.
— Bon, ça va, ne vous vexez pas, je vous explique. J'adore les courses. Tout mon fric passe dedans. C'est sur ce circuit que je me prépare et ça fait des années que

je gagne des coupes. Alors là, l'occasion était trop belle ! Une course même d'un tour sur un circuit qu'on connaît par cœur et une interception sur une autoroute, ce n'est pas la même chose ! Vous aviez perdu d'avance. Mais ça vous fera des souvenirs à raconter !

— Bon, d'accord, je ne vais pas faire le mauvais perdant, je vous offre à boire. Mais avant, j'ai un coup de fil à passer.

— D'ac, mais sans alcool ! On se retrouve au bar...

Et le pilote gendarme disparaît.

Quelques verres sans risques plus tard :

— Bon. On va faire notre rapport. Au fait, avant de partir, pas un mot de notre petite course !

— Vous rigolez ? Ce n'est pas parce que vous avez fermé le circuit pendant deux heures que ça ne va pas se savoir ! Nous avons fait une course tout ce qu'il y a de plus réglo. On n'a pas fait de pari, mais vous m'avez pris pour un gros naze et vous avez perdu. Forcément que cela va rigoler dans le paddock !

— À votre place, je réfléchirais et j'éviterais !

— Avouez que c'est trop drôle ! Je ne vais pas louper ça ! Bon, allez, salut, sans rancune, et si vous voulez une petite leçon de pilotage, n'hésitez pas ! Il y a ce qu'il faut ici.

Et le pro s'en va, l'air goguenard.

— On n'est pas dans la merde !
— Mais non...
— Putain, ça va forcément remonter au colonel !
— T'inquiètes pas...
— Je ne te comprends pas. Cela te plaît par avance de te faire foutre de ta gueule comme ça ?
— Reste zen... Il ne le fera pas.

— Tu paries quoi ?

— Rien du tout, ça ne serait pas honnête, tu vas perdre. Mais je t'offre un verre. Après, on rentre. Et je t'invite à une petite surprise...

En fait de surprise, c'est le pro qui, au même moment, en a une grosse sur la D10 voisine. En pleine ligne droite, un gendarme l'intercepte. Pourtant, il en est sûr, il n'a pas dépassé le 90.

Un quart d'heure plus tard, la Subaru des gendarmes arrive.

— Vous avez un problème ?

— Ben oui, il y a vos collègues qui m'emm... bêtent avec un problème de carte grise.

— Logique. C'est moi qui les ai prévenus, je ne voulais pas qu'ils vous ratent ! J'ai vérifié la carte de votre bolide au fichier. Elle date de son achat, non ? Et depuis les modifications qui ont changé la puissance du véhicule, pour ne parler que de cela, vous n'êtes pas passé au service des mines... Donc, sur circuit, rien à dire, mais sur la route, vous êtes en infraction. Et quand je dis en infraction, cela promet un beau cumul. En plus, va falloir rentrer à pied... À bientôt !

C'est ainsi que je suis commis pour donner un avis médical sur l'origine des lésions de l'enfant par inobservation du règlement sur les sièges-auto destinés aux enfants. Après étude du dossier, le « secouage automobile » apparaît une hypothèse cohérente vu la description faite par son auteur. Et compatible avec la chronologie : secouage, malaise, secouage, malaise... Toutefois, pour conforter mon analyse, je recherche dans la littérature scientifique les études portant sur des cas similaires. J'épluche les revues médicales les plus connues, puis celles à diffusion plus confidentielle, j'explore les journaux professionnels, je ratisse les bulletins techniques, en vain.

Il me faut de longues heures de travail et un peu de chance pour débusquer, dans la revue trimestrielle de l'Institut belge de sécurité routière, le résultat d'une enquête préliminaire réalisée aux États-Unis. Enquête qui fait état des « risques de certains comportements de conduite automobile pour les enfants, indépendamment des accidents, lorsque le siège-auto n'est pas adapté ». Le Pr Ramet, pédiatre à l'université d'Anvers, insiste sur les éléments importants, à savoir « le caractère répété des accélérations et décélérations, un épisode unique n'apparaissant pas suffisant pour causer les lésions observées ».

On ne le répétera jamais assez. Le siège-auto doit impérativement être adapté à l'enfant, et non à la garniture de l'habitacle.

21. Pizza Carbone

Pizza calzone. J'en rêve, mais j'ai autre chose à faire. Et j'ai mal à la tête, je n'aime pas cela : la douleur sourde m'empêche de réfléchir.

La maison est blottie au pied des remparts d'une petite ville, quelque part dans le nord du département. Elle n'est pas bien grande, avec sa petite cuisine et une pièce servant à la fois de salon et de chambre. Le locataire, un pizzaïolo de 25 ans, s'en contentait. Et ce n'est pas maintenant qu'il dira le contraire, vu qu'il est étendu raide mort sur son canapé.

Les secours ont été alertés par les clients venus commander leurs pizzas au camion garé devant la maison. D'ordinaire, la cheminée perchée sur le toit du véhicule se mettait à fumer dès 18 heures, embaumant le quartier des senteurs du feu de bois, tandis que Philippe, debout derrière son comptoir, faisait ses gammes. Margharita, regina, capricciosa, napolitaine ou quatre fromages sortaient du four peu après, pour la plus grande satisfaction des clients. D'où leur inquiétude, ce jour-là, en trouvant le camion fermé et le four éteint. La chose était déjà arrivée dans le passé. Mais Philippe avait toujours pris soin d'apposer une affichette en guise de mot d'excuses. Cette fois, rien. L'un des plus courageux, ou des plus affamés peut-être, est allé frapper à la porte du logis, avant d'alerter les pompiers. Les valeureux sapeurs casqués ont trouvé fenêtres et volets clos, la porte d'entrée fermée à clé, le verrou tiré de l'intérieur. Le chambranle éclaté témoigne encore des efforts qui ont été nécessaires pour forcer l'huis. C'est ainsi qu'ils ont découvert le pizzaïolo aussi froid que son four.

Les enquêteurs, suspicieux de nature, ont été intrigués par cette mort sans cause apparente d'un jeune homme en pleine force de l'âge, seul et barricadé chez lui. Ils ont requis ma présence sur les lieux afin que j'éclaire les lanternes de la maréchaussée, laissant le soin aux urologues de s'occuper de leurs vessies.

J'ai l'habitude, mes plus fidèles lecteurs le savent déjà, d'inspecter l'environnement proche avant de m'intéresser au corps. En l'occurrence, et compte tenu de l'exiguïté des locaux, l'affaire est expédiée d'un seul coup d'œil. Le jardinet disposé à l'arrière de la maison est consacré à la culture exclusive et artisanale d'une variété de chanvre à usage récréatif. Je note mentalement –car je dispose de cette faculté, en plus de quelques autres que je ne citerai pas par modestie – que si monsieur cultive le cannabis, c'est sans doute que monsieur fume sa modeste récolte. Intuition confirmée – trop fort, le légiste – par la présence, dans le séjour, d'une boîte métallique contenant des graines de cannabis et plusieurs mégots de joints. Le logis fort modeste est chichement meublé – une table basse, une chaise bancale, un canapé-lit – et doté pour seul système de chauffage d'un petit poêle à charbon trônant en plein milieu de la pièce. Aucune trace de désordre ou de lutte.

Personne n'ayant songé à faire du feu dans l'assistance, il fait un froid glacial dans la maison. Nous ne sommes qu'en novembre, mais l'automne est souvent rude dans cette partie de la Vienne prise dans les brumes dès le mois de septembre. Visiblement, le pizzaïolo n'a pas eu ce genre de problème : il repose complètement nu, allongé sur son canapé, les mains sur son pubis. Soit il avait fait ronfler le poêle, soit il était tellement défoncé par la fumette qu'il se croyait sous les tropiques en train de siroter un Piña Colada. J'ai un faible pour la première hypothèse.

Comme je n'ai pas à le déshabiller, l'examen externe auquel je procède est rapide. Pas de lésions traumatiques, pas de blessure apparente, pas de marques de piqûre. Je note des traces de vomissures sur le côté droit du visage, avec des débris alimentaires dont des morceaux bien identifiables de champignon. Un relâchement du sphincter anal a largement souillé le canapé, qui va être difficile à ravoir. Le dessous des ongles présente une jolie couleur bleue. Le tableau évoque la possibilité d'une intoxication, peut-être liée à la consommation de champignons. La toxicomanie du jeune homme étant avérée, aurait-il goûté à quelques espèces hallucinogènes ? C'est une pratique assez répandue dans la région. Et si tel était le cas, aurait-il déjà concocté des pizzas avec cet ingrédient illicite ? Je pose la question aux enquêteurs.

— Il n'y a pas eu d'empoisonnements dans la région, avec des pizzas ?

— Pas à notre connaissance, docteur.

La recherche des causes de la mort va donc passer

par la salle d'autopsie. Il est temps de rentrer au CHU. De toute façon, je ne suis plus guère en état de réfléchir, en raison de ce sacré mal de crâne qui me taraude l'occiput. Curieusement, il semble que je ne sois pas le seul dans ce cas.

L'examen interne de la victime confirme l'absence de violences portées sur le corps. En revanche, tout l'appareil respiratoire est encombré de liquide gastrique. Dans la trachée, je retrouve un pied de champignon de 35 millimètres de long. D'autres fragments sont identifiables dans les bronches. Toujours le champignon. Je procède à des prélèvements envoyés pour analyse au laboratoire.

De multiples caillots de sang dans les artères pulmonaires attestent une longue agonie.

Le contenu de l'estomac présente un début de digestion très modéré. Là encore, je retrouve des morceaux de champignon.

Bref, à l'issue de l'autopsie, et en dehors d'un problème de champignons, je n'ai aucun signe permettant d'orienter les enquêteurs. Mes observations me permettent toutefois de formuler deux hypothèses.

La première concerne la régurgitation du liquide gastrique dans les voies respiratoires. On rencontre ce cas dans les accidents d'ivresse, liés à l'alcool ou au cannabis, parfois dans l'usage de certains médicaments. La noyade dans son vomi est un grand classique de l'ivrogne ou du défoncé.

La seconde repose sur le fameux champignon qui pourrait se révéler toxique et à l'origine du décès. Mais la détermination exacte du spécimen à partir des fragments vaguement digérés risque d'être très compliquée. Pour avoir une analyse ADN de champignons, il va falloir que je me batte.

En attendant cette lutte prévisible, je mets les échantillons au congélateur et je vais au plus simple : commencer par l'analyse toxicologique du sang de la victime.

La clé du mystère viendra du laboratoire, quelques jours plus tard, sous la forme d'un tableau de résultats. Alcool : néant. Le garçon n'avait pas bu une seule goutte. Cannabis : quelques traces de consommation, mais remontant à plus de vingt-quatre heures avant le décès. Monoxyde de carbone : 66 %. Bingo. C'est le taux maximal d'absorption qu'un humain peut atteindre avant de mourir. Philippe le pizzaïolo est mort intoxiqué par les émanations de son poêle, défectueux.

Je comprends alors l'origine de mon mal de tête pendant la levée de corps. D'autres s'étaient plaints du même symptôme. En restant un long moment dans la pièce, autour du poêle heureusement éteint, nous avions tous respiré du monoxyde de carbone. Ce tueur silencieux. La ventilation naturelle, lors de l'ouverture de la porte par les pompiers, avait heureusement fait baisser sa teneur au-dessous du seuil mortel. Les risques du métier…

22. Passez par la case prison

Chaque profession, si honorable soit-elle, a ses brebis égarées. Les pompiers ont leurs pyromanes, les psychiatres leur fous, et les légistes leurs assassins, heureusement fort peu nombreux. Quelques légistes ont ainsi été expédiés derrière les barreaux, alors qu'ils ne cherchaient sans doute qu'à prendre de l'avance dans leur travail. Il est vrai que la recherche des causes de la mort s'avère bien plus rapide lorsque l'on a soi-même exécuté le défunt. Et ce n'est pas mon ex-confrère, condamné en appel en juin 2010 par la cour d'assises du Haut-Rhin à vingt ans de réclusion pour le meurtre par balle de son épouse, qui me contredira.

Mon passage par la case prison a, en ce qui me concerne, de plus nobles motifs. Un juge d'instruction me demande d'aller examiner Mme Y qui y est détenue, de procéder à son examen médical et de dire si son état de santé est compatible avec la détention. La mission, d'une grande banalité et à la portée de tout médecin généraliste, revêt toutefois un caractère particulier compte tenu à la fois des faits et de la personnalité de la prévenue. J'en prends conscience en lisant le dossier que m'a transmis le magistrat. La dame donnait ses deux enfants, deux garçons de 9 et 11 ans nés d'un premier lit, en pâture sexuelle à son concubin et à son amant. Chaque week-end, d'inconcevables partouzes à cinq se déroulaient dans l'appartement, scènes relatées sans aucun complexe ni remords par la maman tout au long des 60 pages d'audition devant les enquêteurs. Elle égrène les pénétrations, fellations et masturbations sans plus d'émotion que s'il s'agissait de sorties au musée, à la piscine ou au cinéma. C'est le comportement étrange des deux enfants à l'école qui a permis aux enseignants de donner l'alerte. De mémoire de professeur, personne dans l'établissement fréquenté par le plus âgé des garçons n'avait encore jamais vu une chose pareille. Surpris en train d'administrer une fellation à l'un de ses camarades de classe, l'aîné s'est d'abord étonné d'être réprimandé. Avant d'expliquer qu'il faisait « ça » tous les week-ends « avec maman et les amis de maman ».

Je me présente devant la porte austère de la taule afin d'accomplir ma mission. Ce n'est pas la première fois que je dois pénétrer dans une enceinte pénitentiaire, et chaque fois j'ai le même sentiment fait d'un mélange d'émotion et d'appréhension. On n'entre pas en prison comme dans un grand magasin. Je me souviens de ma première, il y a longtemps. J'étais médecin dans les chasseurs alpins, le temps d'un service militaire à la montagne, et très loin de me douter que je serais un jour légiste. Entre autres charges, j'effectuais les visites médicales d'incorporation dans mon bataillon. Mais l'un de nos gentils membres était absent, coincé qu'il était en prison. Ce motif n'étant pas une cause reconnue d'exemption, à la demande des gentils organisateurs, j'avais dû vérifier que l'état de santé de l'irascible était compatible avec son incorporation dans les rangs de l'armée. Le garçon bagarreur avait cogné un peu fort sur un quidam, le laissant hémiplégique pour le restant de ses jours. Pourtant, quand il m'a vu arriver (pas de loin, je le concède, il n'était pas au courant de ma visite et la cellule n'était pas très grande), il est resté charmant avec moi, s'excusant presque de n'avoir pu se présenter à la grille du 27ᵉ BCA d'Annecy : « Vous savez ce que c'est, docteur, on s'énerve, on s'énerve, et puis voilà. Le gars, il me faisait chier, alors je lui ai mis mon poing dans la gueule. Bon, j'aurais pas dû taper si fort. Mais si vous pouvez me sortir de ce trou, docteur, je suis d'accord pour faire mon service. » Le tout avec un sévère accent du coin. Au terme de mon examen, j'étais ressorti de cette prison toute neuve en gardant à l'esprit l'image de locaux modernes d'une propreté parfaite. Tout le contraire de mes premiers pas dans la vieille enceinte pénitentiaire poitevine, en pleine ville. Depuis, elle a été d'ailleurs remplacée par un nouvel établissement tout beau, tout neuf à la campagne.

Après les portiques de détection, les fouilles et je ne sais combien de contrôles, j'accède enfin à l'infirmerie. Ma « cliente » est déjà là, accompagnée d'une surveillante qui s'éclipse avec un regard ironique avant le début de mon examen.
Je commence l'interrogatoire de ma patiente en me concentrant exclusivement sur les aspects médicaux. Mais dès ses premières réponses, elle se met à parler des « événements » qui l'ont conduite dans ces lieux. Elle a manifestement un grand besoin de parler et, surtout, d'exprimer son étonnement. J'ai beau essayer de recentrer le débat sur ses antécédents médicaux, rien à

faire. Elle ne comprend pas pourquoi on l'a mise en prison pour des choses « aussi normales ». Son discours est hallucinant.

— Docteur, mettre une pine dans une bouche, qu'est-ce que ça peut faire ? C'est pas méchant. Évidemment, si c'est un enfant, c'est un peu gros, mais ça passe quand même. Et puis, souvent, c'est moi qui faisais une pipe à mon fils, pendant qu'il me léchait la chatte. J'aimais bien. Vous voyez ?

Je ne suis pas sûr d'avoir envie de voir ce que j'entends. J'essaie de rester calme et de la réorienter encore une fois sur ses antécédents. Peine perdue. Elle revient sans cesse sur son sujet favori, le sexe. J'ai un petit espoir en passant à l'examen clinique, pour lequel je demande toujours le plus grand silence, le temps de l'auscultation pulmonaire.

— Madame, je dois vous examiner, pourriez-vous vous déshabiller en gardant vos sous-vêtements ?
— Vous allez me faire quoi ?
— C'est un examen comme celui de votre généraliste.
— Comme mon généraliste ? Chouette !

J'ai une petite inquiétude. Mais dans le même temps, je lui dois quelques explications.
— Ne vous inquiétez pas, ce n'est pas parce que je suis médecin légiste que cela change quelque chose.
— Je ne suis pas inquiète, docteur, au contraire

Un court silence me laisse espérer une suite plus calme, mais son œil brillant ne me laisse pas d'illusions.
— Vous savez, docteur, je ne me suis jamais fait de médecin légiste. Faut dire que j'en connaissais pas ! Par contre, mon généraliste, alors ça, oui. Et souvent.

Court silence.

— On fait comme avec lui ? J'aimais bien quand il me broutait la chatte.

— Je ne suis pas là pour ça.

Le temps de m'asséner ces fraîches évocations de ses rapports avec le corps médical plutôt membré, ma patiente a jeté ses vêtements par-dessus bord. Et comme elle n'a pas de sous-vêtements, on peut dire qu'elle est nue sur le divan d'examen... Je n'en demandais pas tant, même si l'anatomie qu'elle exhibe sans complexe est d'un point de vue plastique très satisfaisante. Je précipite mon examen.

— Ah oui, je comprends, vous avez des trucs spéciaux, vous, les légistes ! Alors, brouter ma chatte, ça ne va pas vous exciter...

Déçue, elle abandonne. Le contexte général de l'entrevue m'incite toutefois à accélérer le mouvement. Je conclus rapidement à la compatibilité de l'état de santé de la dame avec l'incarcération, en ne tenant pas compte de ses protestations concernant sa mise à l'isolement.

— Ils m'ont mise seule dans ma cellule. Je ne comprends pas pourquoi. J'aurai bien aimé avoir une partenaire pour jouer un peu.

Je me garde bien de commenter son sens de l'hospitalité, me contentant de ranger un peu précipitamment ma sacoche et d'appeler la surveillante. Qui devait être derrière la porte, tellement elle revient vite. Avec une lueur très amusée dans les yeux.

— Ça s'est passé comme vous vouliez, docteur ?

— En quelque sorte.

— Elle a été sage ?

— Secret médical. Je ne peux pas vous en parler.
— Dommage…

Je reprends le chemin de la sortie. J'ai un grand besoin d'air frais pour évacuer le glauque de la situation.

23. Survivantes

1 – Je t'aime, moi non plus...

Je ne sais pas s'il faut appeler ça le destin, l'obstination ou la malchance. Mais force est de reconnaître que si le sort s'est acharné sur Thérèse, elle y a aussi mis du sien.

Je découvre son histoire un beau matin, alors que j'assiste à une expertise pour le compte du fonds de garantie des victimes des actes de terrorisme et autres infractions (FGTI). Thérèse et Paulo ont une relation particulière, du genre amour vache. Thérèse se fait régulièrement dérouiller par son homme. Elle encaisse, stoïque sous le déluge de coups, confiante dans sa météo personnelle qui dit qu'après la pluie de gnons vient le beau temps des câlins. Jusqu'au jour où Paulo frappe un peu plus fort que d'habitude, laissant la belle étalée sur le carreau de la cuisine. Sans doute déprimé par ce triste spectacle – car même les brutes ont du sentiment – et par l'indisposition momentanée de son punching-ball favori, Paulo s'en est allé faire un tour au bistrot. Thérèse, qui revient à elle, profite de cette absence inopinée pour se précipiter hors de chez elle et appeler de la première cabine téléphonique les infirmiers du centre d'accueil et de traitement des addictions.

Elle les connaît bien. Depuis quelques années, elle y est suivie par un psychiatre en raison de sa fragilité mentale et de sa consommation de stupéfiants. Une équipe vient la récupérer de toute urgence. L'interne qui l'examine lors de son admission relève de multiples hématomes, des plaies superficielles laissées par des coups de couteau, un traumatisme facial et plusieurs fractures dentaires. Son état est effrayant. Interrogée par les soignants, Thérèse raconte son quotidien. Son concubin la frappe, cogne sur leur fils, interdit toute visite de sa famille et la séquestre. Des faits graves qui poussent le psychiatre à signaler le cas au procureur de la République. Une procédure est diligentée par le parquet. Paulo est condamné à deux ans de prison et incarcéré.

Que fait Thérèse durant cette période de répit ? Sa convalescence à peine terminée, elle s'en va rendre visite à son bourreau au parloir de la prison. Et pas qu'une fois. Mieux, elle n'hésite pas à l'accueillir de nouveau sous son toit à sa sortie de prison.

Paulo retrouve vite ses bonnes habitudes, d'autant que la détention n'a pas amélioré son sens des relations humaines. Alors, il cogne. Retour aux urgences pour Thérèse au grand cœur, avec des hématomes par paquets, des arrachements du cuir chevelu, des fractures dentaires. Et une particularité originale : se prenant sans doute pour le pirate des Caraïbes, Paulo a embroché la poitrine de la pauvresse d'un coup de sabre ; les deux seins transpercés dans un gigantesque piercing. Sans doute pris de remords, il a immédiatement désembroché sa victime. Mais les temps ne sont plus ce qu'ils étaient pour la flibuste, ces exploits envoient le sabreur directement derrière les barreaux.

Lors de cette nouvelle procédure, l'expert psychiatre qui examine Thérèse relève l'existence d'une relation sadomasochiste extraordinaire entre les deux amants : « En état d'ivresse, monsieur est d'une grande violence avec madame. Elle est quant à elle d'une grande ambivalence à l'égard de l'auteur, lui reprochant les violences tout en étant incapable de refuser une relation avec lui. Elle dit aujourd'hui qu'elle ne voudra plus le voir, mais on sent une grande nostalgie dans ses propos. »

Il ne croit pas si bien dire. Car, à l'issue de cette deuxième hospitalisation, Thérèse récupère plus difficilement. Elle revient à plusieurs reprises aux urgences, dans un état de panique totale, en proie à des crises d'angoisse. Alors qu'elle avait décroché, elle replonge dans la drogue. « Angoisse de la séparation », estime le psychiatre, qui note dans ses comptes rendus que la victime commence à reparler de son tortionnaire et qu'elle semble attendre la sortie de prison de ce dernier. Ce qui n'est pas sans inquiéter sa famille. Par précaution, le juge a d'ailleurs confié la garde du fils aux grands-parents maternels.

Quelques semaines plus tard, le propos est devenu plus affirmatif. Thérèse assure qu'elle revivra avec Paulo. Et puisque le médecin le lui déconseille, elle renonce à le voir. Désormais, elle continue de fréquenter le centre médical qui traite sa toxicomanie en lui délivrant des doses de méthadone, mais elle refuse tout contact avec le psy. Elle peut ainsi, sans encourir la moindre remarque négative, reprendre sa vie commune avec Paulo. En liberté provisoire dans l'attente de sa comparution devant le tribunal correctionnel, l'homme modère sans doute ses manifestations d'affection envers Thérèse. Car si le personnel soignant est persuadé qu'il continue de battre sa compagne, elle n'en porte aucune trace visible. Cependant, on relève une baisse brutale des qualités intellectuelles de la jeune femme, en phase dépressive manifeste. L'équipe d'aide augmente les doses de méthadone, mais note que « le pronostic reste très mauvais ».

Tout cela, je l'apprends en lisant le dossier qui m'a été remis en vue de l'expertise destinée à évaluer les séquelles de l'agression. Si Thérèse devait garder un handicap directement lié aux violences commises sur sa personne, elle percevrait, comme toute victime, une indemnité. Cette somme est versée par l'auteur de l'infraction ou, lorsqu'il est inconnu ou insolvable, par le fonds d'indemnisation prévu à cet effet. C'est l'objet de cette réunion à laquelle j'assiste.

Je découvre la Thérèse de chair et d'os, dont je viens de lire l'histoire mouvementée. Une petite bonne femme, plutôt menue, sans allure, le cheveu raide et tombant. Le regard est vide, fuyant, les pupilles resserrées par une prise récente de drogue. Et c'est d'une voix terne qu'elle nous explique son étonnement de se trouver là. Elle est en pleine forme, ne souffre en rien des suites des violences subies et regrette que la justice se soit mêlée de ses affaires sans qu'on lui demande son avis.

D'ailleurs, elle nous annonce très officiellement

qu'elle vit de nouveau avec ledit Paulo et que tout va pour le mieux.

Question conviction, j'ai déjà entendu mieux. En campagne électorale, elle ne ferait pas recette. Toutefois, l'examen clinique mené par mon confrère médecin expert ne relève que d'anciennes traces de violence, dont bon nombre laissées par des armes blanches. Les plaies sont cicatrisées, les fractures ressoudées, les hématomes résorbés. Paulo a visiblement mis la pédale douce.

Quelques semaines plus tard, le tribunal correctionnel condamne le concubin violent et récidiviste à une peine de cinq ans d'emprisonnement.

Quelques années plus tard, je retrouve l'expert au hasard d'un congrès médical. Au cours de la conversation, nous évoquons l'affaire de Thérèse, qui a laissé à tous les participants un souvenir très fort. Mon confrère m'apprend que Thérèse a quitté la région peu après la condamnation de son concubin. Elle s'est installée dans le Nord. Mais que, malgré cet éloignement, elle n'est pas parvenue à échapper à ses démons. Car, au moment même où nous parlons, elle se trouve hospitalisée dans le coma. À la suite d'une agression à l'arme blanche par son nouveau concubin.

2 – Allez, cul sec !

Vanina a toujours eu la réputation d'avoir la tête sur les épaules. Ce qui, soit dit en passant et les lois de l'anatomie étant ce qu'elles sont, est une sorte de pléonasme. On voit mal en effet à quel autre endroit elle pourrait bien se trouver, cette tête. Même si certains lendemains de fête, les moins modérés d'entre nous ont eu la très nette impression de l'avoir dans un endroit relativement inadéquat.

Cette tête bien faite et bien pleine, la sage Vanina a bien failli la perdre. Lorsque sa voisine l'a trouvée, alertée par ses cris, elle baignait dans une mare de sang, quasiment décapitée d'un coup de lame porté sur la nuque. La plaie béante était si profonde qu'elle laissait apparaître la moelle épinière cervicale. Chose extraordinaire que ni le chirurgien qui a réparé la pauvre femme, ni moi qui dois expertiser ses blessures n'avons jamais vue dans notre carrière. La tête de Vanina ne tenait plus que par la force des muscles situés à l'avant du cou et de quelques ligaments miraculeusement épargnés par la lame, c'est-à-dire pas grand-chose. Normalement, un truc pareil vous emmène tout droit sur ma table d'autopsie. Frustration compensée par l'originalité du cas.

L'agresseur de Vanina ne s'était pas contenté de lui sabrer l'encolure. Il s'était également acharné sur sa sphère intime, obligeant le gynécologue à y effectuer quelques travaux de réfection en urgence. Le spécialiste avait noté de multiples plaies du vagin et de la grande lèvre gauche, ainsi que de nombreuses ecchymoses autour de l'anus.

Je prends connaissance de cette agression particulièrement violente lorsque le juge d'instruction chargé de l'affaire me demande d'expertiser la victime. Vanina est alors hospitalisée dans le service de traumatologie. J'écoute d'abord avec attention le récit de son calvaire. Je crois avoir entendu beaucoup d'horreurs dans le cadre de mes activités. Mais des comme celles-ci, rarement. Clouée sur son lit de douleur, couverte de pansements, elle fait de gros efforts pour ne rien omettre de la longue série de supplices infligés par son agresseur.

Je procède ensuite à l'examen. Du moins, de ce que je peux en faire. Pas question en effet de demander à la pauvre femme de se lever ou de se retourner, ni même d'écarter les jambes. Je dois me contenter d'une inspection des parties visibles et accessibles de son corps. Je note ainsi qu'il existe « sur le visage des traces de coups dans la région du nez et des deux orbites, avec un gros hématome de chaque côté, au point qu'elle arrive à peine à ouvrir les paupières. La partie inférieure du visage est marquée par des plaies superficielles très fines, linéaires, caractéristiques de l'action tranchante d'une lame sur la peau. La joue, le menton et le cou ont été profondément taillades. L'ensemble de ces lésions est en totale cohérence avec les déclarations de la victime ».

Les circonstances ne se prêtent pas à un examen gynécologique. D'ailleurs, les constatations faites lors de l'intervention de mon confrère gynécologue et mentionnées dans le dossier sont assez éloquentes. Je note quand même l'important œdème des organes génitaux externes. La conclusion du rapport que je remets au juge évoque sans ambiguïté une agression à composante sexuelle, avec pénétration vaginale et anale.

La pénétration vaginale, attestée par les plaies et les hématomes, est caractéristique d'une lame de couteau. Il est probable que cette pénétration a été répétée. Pour la pénétration anale, je n'ai pas de renseignements sur ses modalités. Sur le visage, je suis dans l'incapacité de dénombrer les coups portés, tellement ils ont été nombreux, comme je ne peux préciser s'il s'agit de coups de pied ou de poing. Quant à l'extravagante plaie du cou, elle correspond à une hémi-décapitation qui a bien failli la tuer.

Je précise enfin que le pronostic vital n'est plus engagé et que l'incapacité totale de travail prévisible sera d'au moins deux mois, sauf complications ultérieures. Un tracas qui sera finalement épargné à Vanina, le mauvais sort estimant sans doute l'avoir suffisamment servi.

Je retrouve l'affaire quelques mois plus tard lorsque les assises de la Haute-Vienne s'apprêtent à juger son agresseur présumé. C'est dans une salle horrifiée et respectant un silence glacial que je viens apporter ma parole d'expert à la barre. La situation est très impressionnante. La victime n'est pas là. Afin de ne pas revivre l'horreur de son agression, elle s'est fait représenter par son avocat. Mais elle a tenu à ce que le public sache les horreurs qu'elle avait subies.

Cette audience particulière me permet de confronter mes observations aux déclarations de l'accusé, notant avec une satisfaction purement professionnelle la parfaite concordance entre les deux. L'interrogatoire de l'agresseur présumé n'apportera qu'une seule précision manquant à mon rapport. J'avais en effet été incapable de préciser la nature de la pénétration anale sauvage subie par la victime. Il s'agissait d'une bouteille de vin d'un litre introduite par sa partie la plus large.

3 - Même pas mal

Caroline, 17 ans, a failli passer de vie à trépas. Elle ne cessait d'ailleurs de le répéter, debout dans le hall de l'hôpital : « Je vais mourir, je vais mourir. » À son âge, l'idée semblait saugrenue et aurait pu passer pour un manque de savoir-vivre. Mais le sang maculant son chemisier a incité le personnel hospitalier à lui faire confiance. Quelques minutes plus tard, les chirurgiens du CHU de Poitiers stoppaient l'hémorragie qui était en train de la tuer.

L'affaire était pourtant mal engagée. Caroline avait reçu deux coups de couteau dans l'abdomen, qui l'avaient touchée au foie et au diaphragme. Ses blessures saignaient doucement mais sûrement dans sa cavité abdominale, la vidant de son sang. Et sans une intervention chirurgicale rapide pour suturer les plaies, elle n'aurait pas survécu.

Elle pouvait remercier son sauveur, le garçon qui l'avait conduite à toute vitesse jusqu'au CHU au péril de son permis de conduire, alors qu'elle sentait la vie s'échapper de ses entrailles. À ceci près qu'il ne s'était guère montré galant, la jetant littéralement de la voiture devant le grand hall d'accueil avant de filer sur les chapeaux de roue. Et que, par-dessus le marché, c'était lui qui avait poignardé Caroline. Il n'avait fait, en quelque sorte, qu'assurer le service après-vente. Vraiment pas de quoi lui dire merci.

Circonstance aggravante, le goujat n'était autre que le petit ami de Caroline. Comme quoi, dans la vie, il est important de bien choisir ses relations. La jeune fille, ayant négligé ce conseil, sortait sans le savoir avec un jaloux de la pire espèce. Le genre sanguin imprévisible qui pète les plombs pour un mot maladroit ou un coup d'œil en biais. Cela n'avait pas manqué. Pour une peccadille, le nerveux s'était jeté sur la belle pour la larder comme un gigot. Puis, peut-être pris de remords, l'avait emmenée à l'hôpital à tombeau ouvert, ce qui, pour une fois, n'était pas une figure de style.

Lorsque je l'interroge, à la demande du juge, Caroline est encore hospitalisée en réanimation, mais elle est en bonne voie. Et en bonne voix : elle n'est plus intubée et peut enfin parler, même si le ton est encore faible. Elle a retrouvé ses esprits et se souvient de tout. Des mots échangés, de la tension qui grimpe, de la lame d'acier qui sort soudain d'une poche et s'enfonce deux fois dans son ventre. À ce stade de son récit, elle marque une courte pause, façon de me signifier que ce qui va suivre est important.
Puis elle reprend :
– Docteur, je n'ai rien senti.
Grièvement atteinte au foie et dans la région du cœur, Caroline n'a pas éprouvé la moindre douleur. Ce n'est qu'ensuite, lorsqu'elle a vu le sang s'échapper de ses plaies, qu'elle a compris le problème. Et qu'elle a cru sa dernière heure arrivée.

Caroline a eu beaucoup de chance. Et j'ai appris quelque chose qui me rendra service pour répondre aux questions qui tuent, en particulier celles du ministère public lors des assises :
— Docteur, comme vous l'avez montré avec votre autopsie, la victime a reçu deux coups de couteau.

Pouvez-vous préciser à la cour à quel point elle a souffert avant de perdre connaissance et de mourir ?

— Monsieur le président, dans mon expérience, d'après les déclarations des victimes qui ont survécu à ce genre d'agression, les coups de couteau...

4 – Qui s'y frotte...

L'expertise médico-légale sur les vivants a ceci d'agréable qu'elle ne comporte pas – en principe – de mauvaises odeurs, comme c'est si souvent le cas lors des levées de corps ou des autopsies. En effet, les intéressés sont convoqués suffisamment à l'avance pour prendre une douche et changer de chaussettes. On n'est jamais trop prudent : le personnel des urgences peut témoigner qu'à l'inverse, chez le quidam amené par surprise et à l'insu de son plein gré dans leurs locaux, ce n'est pas toujours le top de l'hygiène intime. Autre avantage, l'expertise du vivant se pratique dans le calme olympien de mes locaux, au sous-sol du CHU, à l'écart de l'agitation régnant dans les étages supérieurs. Il est vrai que l'on se bouscule rarement pour les admissions ou les visites à la morgue et que mes patients, allongés sur leurs chariots dans les frigos à 4 °C, ne sonnent pas l'infirmière pour un oui ou pour un non. Je peux me consacrer à ma tâche sans être dérangé.

Ce jour-là, j'entame la lecture des documents que m'a transmis le commandant de police dans une affaire d'agression sexuelle. Je dispose du procès-verbal d'audition initiale de la victime, du rapport d'expertise d'un gynécologue, des vêtements portés par la victime au moment des faits et d'une paire de ciseaux saisis sur les lieux.

Cet enquêteur, que je connais depuis des années, a un instinct prodigieux pour traquer le mensonge. Or aujourd'hui il a de sérieux doutes. Les constatations et les déclarations de la victime sont-elles réellement cohérentes ? C'est que nous sommes dans l'hypothèse d'un viol. Deux gars sont en garde à vue. Viol en réunion, ils risquent gros. Fallait pas faire les cons !

Je commence par la déposition. Jenny a 22 ans. Elle explique que ses agresseurs étaient deux. L'un a joué un rôle très actif, tandis que l'autre s'est contenté de jouer les spectateurs, au plus de lui maintenir les bras à la demande de son comparse.

Le premier l'a plaquée sur le mur en appuyant sur son épaule gauche, lui laissant un bleu à cet endroit. Il lui a mis un gros cutter orange et noir sous la gorge, lui demandant d'être bien sage et de s'asseoir par terre, au pied de son canapé. Il a ensuite exigé qu'elle s'allonge, puis a tenté de couper le pantalon de Jenny à l'aide du cutter. Mais l'élastique de la ceinture a résisté à la lame, ne parvenant qu'à y faire une entaille. C'est qu'en matière de déshabillage tout le monde n'a pas l'expérience du légiste.

Devant cet échec, il a demandé à la demoiselle si elle avait des ciseaux. Elle lui a répondu oui et a indiqué le tiroir de la cuisine dans lequel ils se trouvaient. L'agresseur s'est levé pour aller les chercher, abandonnant la place au second. Qui a commencé à lui passer la main « partout ». Puis le premier est revenu muni des ciseaux rouges, s'est rassis sur elle. Toujours en la menaçant, cette fois avec les ciseaux, il a coupé son tee-shirt, son soutien-gorge, son pantalon et son slip. Il s'est ensuite amusé à faire aller et venir la pointe des ciseaux sur le torse dénudé de sa victime, depuis la gorge jusqu'aux poils pubiens.

À tour de rôle, chacun lui a posé moult questions intimes sur sa vie amoureuse et sexuelle. Est-ce qu'elle avait quelqu'un ? Est-ce qu'elle pensait à lui, la nuit, en se touchant ? Est-ce qu'il lui aurait fait mal ? Elle s'est alors mise à crier. Le premier homme a aussitôt appliqué les ciseaux grands ouverts sur son cou, la menaçant de l'égorger si elle s'avisait de recommencer. Selon Jenny, son agresseur actif a voulu lui introduire une bombe de pulvérisation munie d'un préservatif dans le vagin. Une sorte de bombe sexuelle... Devant la résistance de la jeune fille, il lui a donné des coups de poing violents sur les cuisses et des coups de ciseaux sur la poitrine. Elle a dû céder sous la contrainte et subir la douloureuse manœuvre imposée par son agresseur.

Voilà pour les déclarations. Je passe ensuite à l'étude des vêtements, placés sous scellés comme pièces à conviction. Les découpes correspondent à peu de chose près aux dires de Jenny, à l'exception de cette fameuse entaille que le cutter aurait faite sur le pantalon, introuvable. Je note toutefois l'existence d'une déchirure non signalée.

Mon confrère gynécologue qui a examiné Jenny n'a pas retrouvé grand-chose. Il a noté la présence d'un petit hématome sur la tête, de petites érosions cutanées le long du torse, linéaires et parallèles les unes aux autres, assez caractéristiques du frottement des ciseaux sur la peau. L'examen vaginal et anal n'a relevé aucune trace de violence, ni ancienne ni récente. Les photos des lésions prises au service des urgences, que je scrute à la loupe, confirment les observations de mon confrère. Il n'existe aucune trace de coups violents qui auraient pu être portés sur les cuisses.

Il ne me reste plus qu'à procéder à mon tour à l'examen de la demoiselle. Jenny, qui a répondu à ma convocation, ne présente plus aucune trace de l'agression. Il faut dire que plusieurs semaines se sont écoulées depuis les faits présumés : la cicatrisation a fait son œuvre. Une plainte bien tardive !
Lorsque je l'interroge, ses réponses sont très imprécises et collent mal avec les observations du dossier. Pas de traces du cutter sur le pantalon, pas d'hématomes correspondant aux coups reçus, pas de lésions vaginales laissées par l'introduction en force de la bombe aérosol.
Surtout, les traces laissées par les ciseaux ne ressemblent pas à ce que je connais en matière d'agression. Je conclus mon rapport par ces mots : « Les caractères des blessures, la méthode de déshabillage font émettre des doutes sur la réalité de l'agression. Tous ces éléments sont très évocateurs de jeux érotiques. »

Quelques mois plus tard, les enquêteurs de la police judiciaire me donnent le fin mot de l'histoire.
Devant les doutes du commandant de police, Jenny a fini par reconnaître que ses tourmenteurs supposés n'étaient que « deux parmi cinq », tous présents ce soir-là chez elle pour une partie sexuelle bien alcoolisée. Un grand pied d'ailleurs, et totalement consenti. Mais son petit ami, qui n'était ni présent ni au courant, a découvert le lendemain les petites érosions cutanées des ciseaux, dont le frottement à la limite de la douleur exacerbait son plaisir.

Ne pouvant ni les expliquer logiquement ni avouer, pressée de questions, elle avait fini par inventer cette histoire d'agression. Mettant du même coup deux des étalons dans les stalles de garde à vue.

Elle a été poursuivie pour dénonciation calomnieuse.

24. Enfant de chœur

Retour de congrès. Je roule depuis bientôt cinq heures sur l'autoroute et il me tarde d'arriver à la maison. Il aurait été plus raisonnable de partir avant la fin des communications, mais d'une part les congrès internationaux en langue anglaise organisés en France sont assez rares, d'autre part le dernier thème de la journée était passionnant : « Les histoires exceptionnelles de la médecine légale ». Des histoires quasi impossibles où les causes de décès se partagent entre crimes, suicides et accidents. Entre autres, l'histoire d'un homme qui avait consciencieusement construit sa guillotine. Après l'avoir essayée sur des moutons, il s'était décapité avec sa machine. Un projet de vie original, en quelque sorte, qui l'avait soutenu pendant plusieurs années, le temps de faire ses recherches documentaires et de mettre au point l'engin.

Moralité, la fin du trajet est assez pénible. Une station-service s'annonce, je vais prendre mon énième café. À peine le moteur coupé, la sonnerie stridente de mon portable me fait sursauter. À 1 heure du matin, je n'ai guère de doutes sur l'origine de l'appel, d'autant plus que le numéro qui s'affiche est dans mon répertoire.

— Docteur Sapanet, toujours au service de la gendarmerie, j'écoute…

La voix qui me répond a des intonations chaleureuses. Sans doute mon interlocuteur s'attendait-il à me réveiller.

— Bonsoir docteur, c'est la gendarmerie de Lussac-les-Châteaux. Je suis désolé de cet appel tardif, mais nous avons absolument besoin de vous pour une affaire particulière. Je vous passe le directeur d'enquête.

Je n'ai pas le temps d'expliquer ma situation que déjà j'ai droit à un long exposé.

— Bonsoir, docteur. Voilà, on a eu une disparition il y a huit jours, une jeune femme à la vie un peu agitée. Une fan des bars et des boîtes de nuit. Au début, on ne s'est pas trop inquiété, c'est une habituée, elle part quelques jours et on la retrouve en général bien imbibée, plus ou moins amnésique. Mais là, c'est un promeneur qui l'a retrouvée hier soir, tard, complètement nue en pleine nature. Ça sent pas bon à notre avis, vous voyez, le genre agression sexuelle. D'autant plus qu'elle a des drôles de lésions sur le pubis.

— Bon, d'accord pour vous donner un avis, mais je pense que, en ce qui me concerne, cela peut attendre demain matin. D'ici là, il faut la conduire en gynécologie, ils vous feront l'examen et tous les prélèvements. Surtout si vous pensez à une soumission chimique.

— Euh, il y a erreur, docteur, on ne s'est pas compris, elle est morte !

— Ah !

— Cela fait plusieurs heures que nous sommes sur la

scène de crime, avec tout notre matos. On aurait besoin de vous, je sais que l'heure est tardive, mais on a déjà dû protéger la scène avec une bâche, à cause de la pluie, alors si vous pouviez venir sans tarder...

— Ah ! Ça va être difficile, là, tout de suite. Je ne suis pas à Poitiers, je reviens d'un congrès et j'en ai encore au moins pour deux heures de route. Appelez mes confrères, ils vous feront cela très bien et plus vite.

— Docteur, c'est une histoire complètement tordue, et depuis votre levée de corps de Monts-sur-Guesnes[20], pour ce genre de trucs, c'est vous que l'on veut.

— C'est flatteur, mais vous ne m'aurez pas toujours sous la main... En plus, je vais avoir plus de 600 kilomètres au volant, alors, pour ce soir, ce n'est pas raisonnable.

— Et si nous gelons les lieux jusqu'à demain matin ?

— Vous tenez vraiment à m'avoir, hein ? Bon, OK pour demain matin, mais pas avant 10 heures, le temps de m'organiser.

Après m'avoir indiqué le lieu du rendez-vous, le gendarme raccroche. Je n'ai plus qu'à poursuivre ma route. Lorsque j'arrive enfin chez moi, la pluie s'est mise à tomber dru. Elle ne va pas cesser de la nuit.

Le lendemain, c'est réveil en fanfare, comme tous les matins. Depuis que les enfants sont en âge d'aller à l'école, les grasses matinées se sont envolées : même le samedi et le dimanche, ils ont le chic pour nous réveiller. Mais rien ne pourrait me faire rater le rituel du petit-déjeuner partagé, avant que mon petit monde familial ne se disperse à l'extérieur. Entre les bols de

---

[20] Voir « Un drôle d'homicide » dans "Chroniques d'un médecin légiste".

chocolat et les tartines, je donne un coup de fil à Sophie, ma secrétaire-assistante-coordinatrice, qui prévient l'équipe. Je n'ai plus qu'à passer au CHU pour récupérer mon autre petit monde, le professionnel : Sophie, bien sûr, mais aussi l'externe en formation dans le service et le stagiaire juriste du moment. Tous deux très beaux gosses, au point que Marie et Sophie les ont surnommés Brad et Pitt. Deux caractères différents : l'un extraverti et assez bavard, l'autre beaucoup plus réservé. Marie ne sera pas avec nous ce matin, elle est retenue aux assises

Nous voilà partis tous les quatre vers un lieu reculé de la Vienne. Le beau temps est revenu et le trajet prend des allures de sortie champêtre.

En suivant scrupuleusement les indications données la veille au téléphone, nous arrivons à un rond-point, face à un panneau « Route barrée » qu'un gendarme se charge de faire respecter. Des fois que... Je m'avance doucement, je baisse ma vitre et je me présente au factionnaire qui, pour l'occasion, a pris un visage sévère et renfrogné.

— Bonjour, je suis le Dr Sapanet, le médecin légiste.

Cette phrase miracle répétée à l'envi des centaines de fois est le sésame absolu lorsque l'on m'espère avec impatience. Le reste du temps...

— Ah, docteur ! Pas de problème, on vous attendait. On a barré la route pour vous depuis hier soir.

Mince alors ! Depuis la veille, l'itinéraire est impraticable à cause de moi. Les riverains ont dû drôlement apprécier. Le gendarme pousse son modeste barrage et nous nous engageons sur la route. Un peu plus loin, une longue file de voitures bleues surmontées de gyrophares occupe le bas-côté. Je me range à la suite et nous descendons. Nous nous dirigeons vers l'attroupement qui occupe toute la chaussée. Il y a du beau monde, ce qui me conforte dans la gravité de l'affaire : la substitut du procureur, la juge d'instruction et sa greffière, les autorités gendarmesques où je reconnais non seulement la brigade locale, mais également mes correspondants habituels de la brigade de recherches. Même le maire de la commune est là, mais cela, c'est plus classique. Comme premier magistrat de sa commune, le maire est toujours mis au courant. Le directeur d'enquête me refait son topo de la veille, pensant sans doute que j'ai tout oublié. Il rajoute quelques informations fraîches :

— C'est bien elle, nous l'avons identifiée grâce à ses papiers d'identité retrouvés sur place. Type européen, d'une trentaine d'années. Comme je vous l'avais dit, une habituée des soirées chaudes et des boîtes de nuit. Vu l'endroit où on l'a retrouvée, on a mis le gars qui l'a découverte en garde à vue. Quand vous y irez, vous comprendrez pourquoi. Faut vraiment le vouloir pour aller là-bas. Sa famille avait signalé son absence et elle avait placardé sa photo partout dans le département. Belle femme, d'ailleurs.

Personne ne semble vraiment attentif à ses explications et même moi je ne l'écoute que d'une oreille distraite, jusqu'à sa conclusion lapidaire :

— Vous allez voir, docteur, c'est sexuel.

— Ouais, ben, y a pas qu'ça qu'est sexuel, se lâche Brad juste à côté de moi.

Je serais d'ailleurs assez d'accord avec lui. Comme beaucoup dans l'assemblée, ses yeux sont figés sur la substitut du procureur. Même la juge d'instruction et sa greffière paraissent perplexes. Il faut avouer que le spectacle en vaut la peine. Svelte mais pas très grande, ses talons aiguilles lui donnent bien 10 centimètres de plus et se prolongent vers le haut par deux somptueux mollets, suivis de cuisses sculpturales dont les racines sont à peine masquées par le peu de tissu d'une minijupe qui s'arrête aux hanches.

— Ah, la vache, vous avez vu ? À ras le ponton, poursuit mon externe.

— Ah bon, chez vous, c'est « à ras le ponton » ? Nous, dans la région, on dit plutôt « à ras la moule »...

— Non, non, le ponton. En Bretagne, c'est à ras le ponton. Et le piercing ? Vous avez vu le piercing ?

Effectivement, la hauteur des talons à aiguilles a une conséquence directe sur ses courbes : le creux de ses reins est particulièrement cambré, ce qui fait ressortir d'une part une croupe bien ferme, d'autre part un léger bombé abdominal, ma foi plutôt agréable à contempler, au milieu duquel trône un bijou suspendu au nombril. Une énorme larme argentée constellée de petites pierres qui renvoient les rayons du soleil comme autant d'éclats. Impossible de ne pas voir ce ventre qui s'expose comme un miroir aux alouettes, comme une invite à une suite prometteuse.

— Ouah ! Et le bustier, vous avez vu le bustier ? poursuit Brad qui, entre-temps, est devenu écarlate. On a l'impression qu'il va éclater avec ce qu'il y a dedans !

— J'ai l'impression que c'est plutôt vous qui allez éclater... Vous me rappelez le loup de Tex Avery.

— Quelle journée ! Elles sont toutes comme ça, au palais de justice ?

— Les substitutes ? Ben oui, cela fait partie des critères de sélection du procureur, c'est pour faire craquer plus vite les délinquants lors des interrogatoires !

— Pourquoi dites-vous « substitutes » ? Je croyais

qu'on disait « la substitut », au pluriel cela fait « les substituts »

— C'est pour vous éviter toute ambiguïté. Vous auriez pu croire que les substituts mâles devaient répondre aux mêmes critères de choix.

— Ben, l'ambiguïté, avec « substitute », elle n'est pas là... On frôle le jeu de mots.

— Pas du tout, je pensais à *Substitute*, le titre des Who, en 66.

— Je n'étais pas né, je ne connais pas. Mais merde, je n'aurais pas dû faire médecine, j'aurais dû faire droit... Et en plus, elle est blonde !

— Bon, là, on n'est pas bien sûr. On va vous confier une mission, si vous voulez bien. Vous pouvez vérifier ?

— Vérifier si elle est blonde ?

— Ben oui, le sens de l'observation, c'est une des premières qualités d'un légiste ; alors, le temps de la levée de corps, vous avez une chance de vérifier, non ? D'ailleurs, tout le parquet se pose la question...

— Ce n'est pas la peine, j'ai bien regardé, ses racines de cheveux sont bien blondes, c'est une vraie blonde !

— Ce n'est pas comme ça qu'on vérifie...

— Vous ne voulez quand même pas que je lui demande ?

— Et si elle vous ment ?

— Si je pense à ce que vous pensez, je vais me prendre une claque ! Et encore, au mieux. Au pire, je ne préfère pas imaginer.

— Pas sûr, cela peut même être le début d'une histoire d'amour ! Vous avez vu comme elle vous regarde ?

Ce dialogue murmuré est brutalement interrompu par une voix de stentor. Le directeur d'enquête s'impatiente.

— Bien, tous ceux qui vont approcher de près le corps s'équipent de la tête aux pieds, les autres peuvent rester sans protection. Mais ils ne font que regarder.
— Je reste comme ça s'exclame immédiatement la substitute, les yeux braqués sur Brad.
— Moi aussi, répond aussi vite celui-ci, les yeux braqués sur la substitute.
— Très bien. Allons voir, dis-je, les yeux passant de l'un à l'autre.

Sophie et moi nous mettons en tenue : combinaison intégrale blanche en matière spéciale afin de ne laisser échapper aucun fil pouvant polluer les lieux, calot de protection sur la tête pour empêcher les cheveux des intervenants de finir en indices, gants et masque sur la bouche et le nez. Nous chargeons nos sacs à dos et en route.
— Heu, pour la descente, ça ne va pas être très facile. J'ai quand même fait poser une corde, précise mon enquêteur.
Nous quittons la route et nous engageons sur le talus qui descend en pente d'abord douce puis de plus en plus raide. Avec les pluies des dernières heures, le terrain moussu est une vraie patinoire. J'entends derrière moi les cris étouffés des un(e)s et des autres, ponctuant les glissades et les chutes. J'en connais une qui doit regretter ses talons aiguilles. Les gendarmes également, obligés qu'ils sont de déléguer deux des leurs pour soutenir la substitute en déroute. En aparté, les commentaires indélicats vont bon train chez les képis au sujet de l'inadéquation de la tenue.
J'avance en deuxième position, juste derrière le chef d'enquête qui ouvre la voie. Nous approchons du fond de ce petit ravin, il me semble même entendre le

murmure du cours d'eau qui coule en contrebas. Il ne nous reste plus qu'une dizaine de mètres à parcourir lorsque le sentier abrupt et incommode sur lequel nous cheminions disparaît brutalement dans un à-pic. Pas très haut, mais quand même assez pour nous empêcher de sauter.

L'excursion se termine par une brève descente en rappel installée par les gendarmes. Rien de bien dangereux, mais c'est assez impressionnant. Mon équipe s'en sort tant bien que mal, la substitute est descendue au harnais par des gendarmes grincheux, sous l'œil attentif de Brad qui, d'en bas, ne rate pas une miette du spectacle. Histoire de répondre à sa première mission médico-légale. Je l'entends bougonner entre ses dents :

— Pas assez de lumière, on n'y voit rien. Dommage, j'étais bien placé

Nous nous retrouvons dans le lit d'un ruisseau. À droite, un tunnel de tôles ondulées permet son passage sous la route. Le directeur d'enquête nous entraîne vers la gauche, dans un étroit vallon en pente très douce. L'atmosphère fraîche est saturée d'humidité et la lumière du soleil a bien du mal à se frayer un chemin entre les frondaisons des buis gigantesques qui ont poussé là. Je n'en avais jamais vu d'aussi grands. Il y a également de nombreux ifs.

La scène de crime se révèle enfin à nos yeux, parsemée de petits chevalets de plastique jaune portant de gros chiffres noirs, déposés par les techniciens d'investigation criminelle intervenus dès la découverte macabre. Ils signalent la position et le numéro de chaque indice. Je note mentalement le numéro posé près du corps, le dernier d'une longue liste : « 35 ». Cela promet.

Une gigantesque bâche d'un bleu gendarmerie suspendue au-dessus du ruisseau est illuminée par les quelques rayons qui arrivent à percer la végétation. Tendu la veille pour abriter le site de la pluie, ce chapiteau incongru donne à l'ensemble un aspect étrange, presque irréel. Un peu comme si la fête prévue sous le vélum avait tourné au drame. Un drame tout entier symbolisé par ce corps nu, d'une blancheur absolue, comme crucifié sur un rocher noir.

Impossible de ne pas être frappé par la position du corps de cette femme. Les jambes repliées sous elle, le talon gauche au contact du pubis, entre la racine des cuisses, l'autre talon sous la fesse droite, le dos allongé sur la face plane d'un gros bloc de pierre presque vertical, les bras presque horizontaux dans un simulacre de crucifixion. La tête, à l'abondante chevelure d'un roux flamboyant, est rejetée en arrière, les yeux et la bouche ouverts. Contrastant avec la pâleur de la peau, une large tache noire à berges rouges, équivalant à la surface de deux mains, s'étale sur le pubis de la victime dans une forme de cœur et s'étend vers la racine des cuisses.

Fermant un œil, joignant mes pouces et mes index en un cadre improbable, l'image qui m'apparaît est une mise en scène obscène où les contrastes des couleurs m'évoquent les tableaux de Goya, cet immense peintre des souffrances humaines. Belle photo en perspective !

Comme à mon habitude, je ne m'attarde pas immédiatement sur le sujet principal de mon travail. Je préfère toujours m'imprégner des impressions et des ambiances alentour. Abandonnant le corps, je poursuis mon cheminement en suivant le ruisseau. Seul ou presque : en dehors de la substitute et de Brad, personne ne se décide à me suivre. Il faut dire que tous me connaissent et savent que j'ai besoin de solitude pour m'imprégner des lieux. Quant à Pitt, il est resté scotché, la bouche ouverte, devant le cadavre. Son premier.

J'entends le bruit feutré des dialogues qui agitent le groupe resté en arrière. Au fur et à mesure de ma progression, ces conversations se perdent dans le bruissement des feuilles.

Le ruisseau-sentier est parsemé de chevalets jaunes dont les chiffres vont en diminuant. En fait, les premiers enquêteurs sont arrivés par l'aval, comme le promeneur suspect, et ont posé les repères au fur et à mesure de leur progression vers l'amont. Je me demande un instant si le chemin escarpé de la descente n'est pas une petite vengeance, histoire de se consoler de la longue attente nocturne sous la pluie. Mais non, la suite va me montrer que l'autre choix était une très longue marche en terrain humide. Je me retourne pour faire quelques commentaires, mais cette fois-ci, je suis seul. Mes deux accompagnateurs ont disparu.

Je poursuis et parviens ainsi jusqu'à la bande jaune tendue en travers du ruisseau, marquée « Gendarmerie nationale défense de pénétrer ». Un peu plus loin, c'est la limite du territoire sauvage : au-delà, des prairies humides conduisent jusqu'aux berges de la Vienne, de grands herbages prêts à accueillir les pique-niques familiaux, typiques des zones de loisirs. Sous les saules, j'aperçois un très joli petit pont de bois, style « pont des Nymphéas ». Décidément, entre Goya et Monet, l'ambiance est aux peintres célèbres. Je me demande qui aurait pu mettre sur la toile notre substitute en talons aiguilles. Enfin, sur la toile, façon de parler.

Il est temps pour moi de rebrousser chemin. Cette fois-ci, je saisis en numérique des vues générales et le détail de chaque indice. Je reviens à la hauteur du chevalet n° 1, posé à côté d'une chaussure de femme. Éloigné de 2 mètres, le chevalet n° 2 tient compagnie à son alter ego. Puis le 3, le 4, et ainsi de suite sur près de 50 mètres. Tous les indices ont été protégés par des sacs de plastique. Il s'agit bien du chemin suivi par la victime et son agresseur. Car à l'évidence – mais il faut toujours se méfier des évidences, je n'ai de cesse de le répéter à mes étudiants – et pour tous les témoins présents ce matin-là, il s'agit bien d'une agression à caractère sexuel.

Lorsque je suis de retour près du corps, le silence est absolu. Je continue mes photoss. Le chevalet 35, sur un rocher rond et moussu tout proche du corps, protégé par le vélum blanc, marque un sac à main ouvert et renversé. Un gendarme me tend plusieurs scellés.

— C'est le contenu de son sac, il était dispersé autour du corps. On l'a mis sous scellés, pour le protéger de la pluie.

Dans un sachet plastique, je reconnais une ordonnance datant d'une semaine dont les médicaments ont bien été délivrés, comme en témoigne le cachet du pharmacien. Dans un autre, des plaquettes de médicaments et quelques préservatifs, enfin un petit carnet d'adresses. À part, un emballage déchiré.

— Vous avez retrouvé la capote ?

— Non. Pourtant, on a tout fouillé dans un rayon de 200 mètres. Introuvable.

— Sophie, vous pouvez recenser les médicaments, s'il vous plaît ?

— On vous a préparé la liste, docteur. On a eu le temps.

Allusion perfide. Alors que le silence est retombé et que je suis profondément plongé dans la lecture d'une longue liste de molécules, la voix du directeur d'enquête me fait sursauter :

— Son pubis... Vous avez vu son pubis ?

Le chef enquêteur tient à son hypothèse de crime sexuel. Il aimerait que le légiste la lui confirme sur-le-champ. Il est vrai que ce pubis saillant est original : la toison rousse est coupée court, sa couleur rutilante tranche sur un fond noir charbon. La peau y est dure, séchée, cartonnée, ce qui contraste avec la souplesse de la peau blanche environnante. Les grandes lèvres sont gonflées, noires elles aussi, mais elles ne sont pas desséchées, plutôt humides et suintantes. En les examinant de plus près, je dépiste des occupants inattendus. De belles larves grassouillettes bien blanches qui étaient abritées par le talon gauche et qui fuient vers l'obscurité du vagin : des asticots. Si tous voient ce pubis d'aspect calciné, moi, je vois surtout les asticots qui grouillent. Photos.

Au-dessus du pubis, l'abdomen présente un ombré bleuté qui annonce la putréfaction toute débutante. Et sur le thorax, quelques veines sont plus visibles que les autres, premier signe de circulation posthume. Si j'en crois la taille des asticots, le corps est là depuis plusieurs jours. Je garde ces réflexions pour moi : en médecine légale, il est toujours dangereux de parler trop vite, au risque d'énoncer une contre-vérité qu'il faudra démonter péniblement par la suite.

— Docteur, on vous a mis de côté quelques bouteilles.

— Pour l'apéro ? Et au fait, votre substitute et mon externe, vous les avez vus ?

— Non, pas depuis que vous êtes parti avec eux. Et les bouteilles, ce ne sont pas les nôtres. On les a trouvées en remontant la piste. Bon, je vous donne la liste : deux de tequila, trois de gin, cinq de vodka. Toutes vides.

— C'est pour me faire travailler plus vite ? Vous êtes pressé ?

— ... ?

— Oui, une levée de corps TGV, quoi...

— Ah, ah...

Je fixe à nouveau mon attention sur le corps. C'est que les traces sont nombreuses !! Il existe, entre autres, des ecchymoses ou hématomes récents sur les deux bras et sur les deux cuisses. Mais assez larges, comme dans les chocs contre l'environnement, peu caractéristiques de saisie ou de contention forcées. Aucune plaie. Ni de traces de strangulation.

— Bon, résumons-nous, docteur. Elle a été vue vivante la dernière fois le 26 septembre dans la soirée. Elle a été retrouvée sans vie le 3 octobre vers 17 heures. On est le 4. Que pensez-vous pouvoir nous donner comme date de décès ?

— Pff. Ça va manquer de précision. Ce n'est pas comme avec le TGV. Pas le cocktail, le train. Lui, il enregistre. Alors, la précision... sauf si vous poursuivez l'élevage des asticots. Mais ça, c'est de l'entomologie, je ne suis pas compétent.

— On a ce qu'il faut à l'IRCGN, docteur.

— N'hésitez pas à les leur confier. En tout cas, pour moi, sous réserve de méthodes plus précises, c'est un décès aux environs du 28 septembre. Ça vous laisse un petit choix : le 27, ou le 28, ou le 29. Avant et après, je n'y crois pas. En tout cas, j'ai une certitude : pas le 31... ça, c'est sûr.

— Pourquoi pas le 31 ? s'exclame Pitt, resté silencieux jusque-là.

— Vous n'étiez pas au courant ? Cette année, ils ont supprimé le 31 septembre... Hou là là, vous êtes perturbé, vous ! C'est à cause de la brune ou de la blonde ?

— Ben, les deux, mais vous disiez que blonde, c'était pas certain. Vous savez maintenant ?

— Moi, non. Mais Brad étudie le problème.

Il est temps de passer à la suite. Avec Sophie, nous emballons la tête et les mains de la victime dans des sacs de papier kraft afin que, durant les manipulations et le transport, aucun élément, même le plus ténu, ne puisse être perdu. Au passage, je remarque une cyanose intense des ongles.

Il s'agit maintenant de déloger le corps de son rocher pour le poser sur un grand drap blanc tendu sur le sol. L'opération se passe sans anicroche, c'est l'occasion de constater que les rigidités ont disparu. Puis une petite demi-volte et madame se retrouve sur le ventre. Là le spectacle s'aggrave. Je peste intérieurement : les fans de la position en levrette risquent d'être perturbés lors de leur prochain câlin. Toute la partie médiane du bas du dos, entre les fesses, et la région du sacrum sont putréfiées et bourrées d'asticots. L'effet du contact du rocher moussu et humide. Quant à l'odeur... Le reste de l'examen va très vite, pour constater que le dos comme la nuque sont indemnes de toute plaie, de tout hématome. En revanche, une belle collection de multiples griffures superficielles et de petites érosions cutanées s'expose, dispersée sur le dos, les fesses, les genoux, les jambes, les avant-bras. Comme on l'observe lors d'un passage dans les taillis. Sauf que, là, les passages toute nue dans les branches, ça a dû faire mal ! Enfin, il y en a qui aiment cela, se balader nus dans la nature. Un petit clignotant s'allume dans mon cerveau : drôle d'association d'idées, mais je tiens un truc à creuser. Sophie remarque mon temps d'arrêt, mais ne dit rien.

Reste maintenant à faire rentrer la dame dans sa housse mortuaire. Bras et jambes reprennent leur position normale sans difficulté. Fin de mes investigations sur les lieux. Je reste silencieux. Le directeur d'enquête tout comme la juge d'instruction se gardent de tout commentaire, me laissant réfléchir.

Quant à la substitute et à mon externe, ils ont définitivement disparu.

Je n'apprendrai plus rien sur les lieux. Tandis qu'une équipe spécialisée se charge d'évacuer le corps par le fond du vallon, au prix d'un brancardage difficile, toute notre troupe opère une remontée plus ou moins académique vers la route départementale, qui a été rouverte à la circulation. La présence des voitures de la gendarmerie a d'ailleurs agi comme un aimant à blaireaux, attirant de nombreux curieux qui en sont pour leurs frais : il n'y a rien à voir.

Il est 14 heures, et avant de nous séparer, le chef enquêteur revient vers moi. Il est de coutume que le légiste livre oralement ses premières conclusions.

— Docteur, je suppose qu'il faut attendre pour en savoir plus ?

— Je ne sais pas si c'est sexuel. Réellement, ça peut le faire croire, ça peut l'être, mais il n'y a rien de sûr. Pour les certitudes, il faut attendre l'autopsie.

— Pour la date du décès ?

— Cela fait plusieurs jours que le corps est là.

— Pas très précis, mais je vais m'en contenter en attendant. OK. Je doute que notre promeneur soit en cause, parce qu'alors je ne comprends pas l'intérêt qu'il aurait à nous amener sur les lieux de son crime. Quoique parfois ils sont tellement bizarres.

— Bizarres ? Vous avez dit...

— Oui, j'ai dit bizarres. Vous savez, par exemple, ces gars qui viennent se faire interviewer par les enquêteurs sur les lieux de leur forfait ou ceux qui veulent aider les journalistes. Non, zut, l'inverse. Ne m'en veuillez pas, la nuit a été courte ! Bon, ce qu'il a dit ce matin est cohérent, on va le relâcher. Quitte à le récupérer plus tard.

Retour à la voiture. Brad est subitement réapparu. Comme la substitute, d'ailleurs.

— Vous avez de la mousse dans les cheveux !

— ...

— Alors, qu'en pensez-vous ? C'est sexuel ou ça ne l'est pas ? Je vous parle de notre rousse...

— Elle n'est pas rousse, elle est blonde, dit-il en piquant un fard.

— Revenez avec nous, je vous parle de la femme retrouvée morte sur le rocher.

— Ah oui ! Euh... vous savez, c'est la première fois et j'étais un peu distrait.

— Un peu, oui... Ça vous a plu, la balade à la

campagne ? Ça change de l'hôpital, hein ?

— Arrêtez de le chambrer, intervient Sophie. Il va croire qu'on ne pense qu'à ça. Vous, vous n'y croyez pas, hein ?

— À quoi ? Qu'elle est blonde ?

— Vous savez bien.

— Non. Dites-moi.

Pitt, mon jeune stagiaire juriste, qui est resté attentif et coi pendant quasiment toute la matinée, se lance à son tour :

— Mais c'est forcément sexuel ! Vous avez vu, elle est toute nue dans un endroit où cela n'a pas lieu d'être. On imagine bien le satyre qui vient et qui la viole.

— Non, qui va, qui vient et qui la viole. Vous avez oublié l'élément dynamique !

— Et la grande trace sur le pubis, alors ? Sans parler des fesses. C'est érogène, les fesses. Elle s'est fait battre, cette pauvre fille. Et sur les bras, les hématomes ? Elle s'est fait malmener, c'est évident !

Il insiste, malgré mon air ironique. Je finis par lui rappeler l'un des préceptes que j'enseigne à l'Institut de sciences criminelles et qu'il n'a visiblement pas retenu : attendre d'avoir tous les éléments pour tirer les conclusions. Pour l'instant, je ne sais pas. Ce que je me borne à répéter à ma petite équipe.

— N'empêche. Vous n'y croyez pas.

— Ah ! Sophie, il ne faut pas tout leur dire. Sinon, ce n'est pas drôle.

Pas question d'attaquer une autopsie le ventre vide : une fois au CHU, je convie l'équipe à un déjeuner tardif et rapide dans les locaux de l'internat. Ce qui ne manque pas de provoquer la stupeur chez notre ami juriste. Car l'endroit, comme le veut la tradition des carabins, se veut l'expression à la fois d'une certaine forme de génie artistique et d'un goût certain pour la débauche et les plaisirs de la chair. Les murs de la grande salle réservée aux repas sont recouverts d'immenses fresques hautes en couleur, réalisées avec l'aide des étudiants de l'école des beaux-arts de Poitiers. S'inspirant de photographies authentiques des grands patrons de l'hôpital, les artistes ont placé ces respectables personnages, membres éminents de la notabilité poitevine, dans d'étranges positions, tout en les dotant de sexes surdimensionnés.

Par charité, pour épargner à Pitt le choc des images, je l'ai installé le dos à la fresque principale. Mais c'est peine perdue, et je crains qu'il n'attrape rapidement un torticolis. Sa tête s'agite dans tous les sens, à croire qu'elle est montée sur roulements à billes, à l'image de la jeune Regan possédée par Pazuzu, dans *L'Exorciste*.

Finalement, son regard se fixe sur sa gauche, sur la « reproduction » de la façade de Notre-Dame-la-Grande.

— Je ne comprends pas, il y en a qui sont représentés plusieurs fois, les deux du vitrail au centre de la façade. Un tout petit homme et une femme mince. Lui, on le retrouve dans le bassin des fonts baptismaux. Il est plus important que les autres ?

— C'est le doyen.

— Pourtant, il ne fait pas beaucoup plus vieux que les autres.

— Non, ce n'est pas le plus vieux, c'est le doyen de la faculté de médecine. Le patron, quoi. On l'appelle comme cela par tradition, parce que depuis 68, en théorie, son titre c'est « directeur de l'UFR ». Comme c'est moins prestigieux, on continue à l'appeler

« doyen ». Cela lui fait plaisir. Chez vous, c'est pareil, non ?

Pitt reste coi. Quelque chose le préoccupe.

— Mais la femme qui le tient sur ses genoux, c'est sa maîtresse ?

Éclat de rire général dans l'assistance.

— Vous savez, les artistes sont libres de leur interprétation. Cela n'engage qu'eux !

— Vous pouvez bien me le dire ?

— Et le secret médical, vous l'avez déjà oublié ?

— Je sais, vous me l'avez suffisamment dit et répété. Je ne dois rien rapporter de ce que j'aurais vu, entendu ou compris. J'ai tout juste le droit d'en parler avec vous. Ou de me taire. Comme en garde à vue. D'ailleurs, c'est marqué sur le mur, dans le serment d'Hippocrate.

— Tout à fait.

— Mais si vous ne voulez pas me le dire, c'est que cela doit être vrai.

— Sacré élément de preuve, ce que vous me dites là !

Il se retourne.

— Et derrière nous, celui qui a un air béat avec une sucette à la bouche ? On ne voit pas ce qu'il fait avec son sexe. Ce ne serait pas votre confrère qui vous a dit bonjour, quand on est arrivé ?

— Oui, c'est un grand chirurgien. Vous avez le sens de l'observation. C'est bien, c'est utile en médecine légale.

— Et vous avez vu ? Il y a de superbes femmes, je n'ai jamais vu des seins aussi beaux...

— Ah bon ? Et la substitute ?

— C'est malin, s'exclame Brad qui, au passage, repique un fard.

— Elles ont posé nues ? s'enlise un peu plus Pitt.

— Il fallait bien. Et en séance publique, pendant

l'amélioré[21] du mercredi. On était tous là. Le plus dur, ça a été pour les hommes. Garder l'érection pendant toute la pause, au bout de deux heures, cela devient douloureux...

— Deux heures ? Ce n'est pas vrai ?

— Si, si, je vous assure. En médecine, nous sommes très entraînés. Vous connaissez notre réputation. Les plus vieux ont quand même pris du Viagra.

— Vous me faites marcher.

— Pourquoi ? Deux heures, vous n'y arrivez pas, à la fac de droit ?

Marie qui nous a rejoints et Sophie ont du mal à garder leur sérieux. Un « Arrêtez, il est tout jeune, il va croire n'importe quoi » met fin à mes plaisanteries. Mais l'atmosphère érotique des lieux conforte sans doute le juriste dans son impression. Entre deux bouchées de son boudin-purée, Pitt répète :

— Elle a bien été violée, elle a bien été violée.

Je m'efforce de le ramener à la raison en terminant mon lapin chasseur (car c'est ainsi, nous avons un large choix de plats de qualité à l'internat du CHU de Poitiers).

Pendant ce temps, le corps rapatrié dans nos locaux a été entièrement passé au scanner dans sa housse, puis installé sur la table d'autopsie, dans la salle principale. Des clichés qui, lorsque je les examine, ne révèlent strictement rien d'anormal. Aucune fracture, en particulier, qui pourrait être la conséquence d'une agression. Les enquêteurs et la substitute du procureur nous ont maintenant rejoints. Il est temps de passer à

---

[21] Chaque mercredi, le repas de base fourni par les cuisines du CHU est "amélioré" par l'économe de l'internat : plateau de fromages, vins etc.

l'examen du corps.

Je reprends d'abord l'inspection externe détaillée. Certes, j'ai déjà examiné le corps sur le terrain. Mais les conditions sont rarement idéales à l'extérieur. Les manipulations sont compliquées, la lumière est insuffisante. Une fois qu'il est sur la table, des détails visuels passés inaperçus lors du premier contact peuvent devenir évidents.

J'examine à nouveau la peau sur toute la surface du corps, à la recherche d'égratignures qui pourraient évoquer une contention forcée, en particulier au niveau des chevilles et des poignets. Rien. Mais compte tenu du contexte très particulier de cette affaire, je préfère redoubler de précaution. Je fais des « écouvillonnages sur les surfaces de prise ». Les amateurs de la série télévisée *Les Experts* connaissent bien cette phase qui consiste à passer une sorte de Coton-Tige sur les endroits où l'agresseur a pu laisser sa trace. Le violeur tente généralement d'immobiliser sa victime et de parvenir à ses fins en la tenant par les poignets, les bras, les chevilles ou le cou. Sans oublier la face interne des cuisses. Lors de ce contact, il laisse nécessairement quelques-unes de ses cellules, donc son ADN que des prélèvements peuvent retrouver. J'inspecte également le dessous de ses ongles, à la recherche de fragments de peau d'un éventuel agresseur. Rien. L'examen externe ne révèle strictement rien d'autre.

La phase suivante consiste à rechercher d'éventuels hématomes qui seraient restés invisibles sous la peau. Pour cela, on pratique d'ordinaire ce que l'on appelle les « crevés », de longues incisions le long des membres. Mais le risque existe toujours de passer à côté d'une lésion. Aussi, et là encore en raison du contexte, j'opte pour un écorché complet. L'opération est longue, pas toujours très facile, mais c'est la seule méthode qui ne laisse rien au hasard. Pour cela, j'incise la peau et je glisse la lame de mon scalpel entre la couche de graisse et les muscles afin de la décoller entièrement. Ce « déshabillage » du cadavre ne donne rien. Pas le moindre bleu à la face profonde de la peau.

La suite est plus classique. Je pratique une incision profonde du menton au pubis. Difficulté inhabituelle dans cette zone : au niveau de la tache sombre, la peau est entièrement desséchée, dure comme un vieux cuir épais. Mais à sa profondeur, aucune trace d'ecchymose ou d'hématome qui témoignerait de coups. Il s'agit bien d'une déshydratation très localisée de la région et non de traces de coups.

Le corps ouvert laisse apparaître une congestion diffuse des organes. La pesée révèle un foie, des poumons et un cerveau anormalement lourds. La section du tissu pulmonaire montre un œdème important, il y a d'ailleurs une mousse rosée dans les bronches. La vessie est pleine à éclater. Tous les arguments en faveur d'une intoxication. Bien évidemment, c'était une de mes hypothèses silencieuses, compte tenu de la grande quantité de médicaments trouvés dans le sac à main de la victime et des bouteilles d'alcool. Mais les analyses toxicologiques demandées en urgence ne sont pas encore réalisées. Dans l'estomac, je ne remarque qu'un peu de liquide gastrique, comme chez quelqu'un à jeun. Plus inhabituelle est la présence de petites feuilles : trois petites feuilles arrondies de buis, également quelques feuilles plus étroites et plus longues, plates et luisantes malgré l'action du liquide gastrique. Et deux petites boules noires. Le tout est soigneusement lavé et mis sous scellés. Je retrouve la même présence intrigante dans son œsophage, que j'ouvre sur toute sa longueur.

— Marie, c'est à vous. Vous avez vu la technique à plusieurs reprises. Maintenant, vous mettez en application. Vous m'extrayez les organes génitaux.

Je vois passer une petite inquiétude dans ses yeux, au-dessus du masque de protection qui couvre son visage. Mais elle ne dure qu'une fraction de seconde.

— Oui, chef.

Je lui tends le bistouri, qu'elle saisit d'une main assurée.

La lame part en arrière de l'anus, remonte de part et d'autre, fait un large tour de chaque côté des grandes lèvres et vient rejoindre l'incision principale de l'abdomen. Il ne reste plus qu'à extraire, dans un seul mouvement, tout l'appareil génital qui est déposé sur la planche de dissection. Marie procède à quelques prélèvements dans l'anus et le vagin, afin de conserver d'hypothétiques traces d'ADN. Elle réalise des frottis sur des lames de verre afin de rechercher la présence de spermatozoïdes. Ce ne serait pas une preuve de viol. Mais cela pourrait permettre, dans le cas d'un viol avéré par d'autres moyens, d'obtenir l'ADN du violeur.

Marie passe en suite à l'ouverture des organes. Un coup de ciseau incise l'anus dans toute sa longueur, révélant une paroi interne sans la moindre trace de pénétration violente. Même opération sur le vagin, avec le même résultat. Sauf que la place est déjà occupée : par les asticots ! Je soupire ; ce soir, ce sera abstinence...

— Au fait, Marie, vous connaissez la définition du viol ?

— Bien sûr : « Tout acte de pénétration sexuelle de quelque nature que ce soit commis sur la personne

d'autrui avec violences, sous la contrainte ou sous la menace... »
— Stop ! Brad, complétez la phrase !
— Zut, à chaque fois j'oublie.
— La surprise, Brad. La surprise.

Dernier coup d'œil du côté de l'utérus et des ovaires afin de détecter une éventuelle grossesse. C'est en effet un mobile d'agression pour des partenaires peu portés sur la paternité. Mais non, la dame n'attendait pas d'heureux événement.

L'autopsie est terminée et je n'ai aucune cause de mort à proposer aux enquêteurs. Mais des arguments pour une cause toxique. En tout cas, il n'y a pas eu de violences sévères.

Cette journée a été rude. J'arrive à la maison trop tard pour dîner avec la famille. Les enfants sont déjà couchés. Après avoir dégusté l'une de mes terrines favorites, du cerf aux fruits secs, je m'assoupis doucement devant le feu qui crépite dans la cheminée. Lorsque, brusquement, une image surgit dans mon esprit embrumé, comme un flash. La victime du petit vallon m'apparaît, crucifiée. Je me réveille en sursaut, couvert de sueur. Je crois qu'il est temps d'aller au lit.

Les jours passent. Les gendarmes poursuivent l'enquête. Ils reconstituent peu à peu l'itinéraire de la dame, ses multiples conquêtes, sa fréquentation assidue des boîtes de nuit. Pas grand-chose à voir avec l'emploi du temps d'une jeune femme sage. Et s'ils n'éliminent pas la piste criminelle, ils s'avouent peu convaincus par la scène de crime. Mais aucune piste à l'horizon.

J'ai repris mon activité quotidienne ordinaire, faite de rapports à rédiger, de cours à donner et d'expertises à réaliser, le tout agrémenté de mille formalités administratives. Mais cette histoire me tracasse. Au point que je fais des rêves étranges et à répétition. En fait toujours le même : je me revois, enfant de chœur dans la petite chapelle de mon village, à la fête des Rameaux, sous la férule du curé en soutane. Une nuit, le souvenir se précise. Toujours dans l'église, toujours en train de préparer les rameaux. Je tiens une branche de buis entre les dents, lorsque le curé se précipite vers moi en hurlant quelque chose d'incompréhensible. Manifestement, mon inconscient travaille.

Finalement, la toxicologie revient. Elle n'est pas banale. D'abord, il y a une difficulté technique. Le sang prélevé a coagulé malgré les précautions. Inexploitable avec les techniques courantes. En revanche, la vessie pleine a parlé : les urines contiennent une concentration très importante d'une molécule particulière, la carpipramine, principe actif d'un médicament utilisé dans les états anxieux et dans certains troubles psychotiques. Par ailleurs, il n'y a ni alcool ni stupéfiants.
Mais l'interprétation des dosages urinaires est beaucoup plus complexe que celle des dosages sanguins. En effet, le taux urinaire d'une molécule ne dépend pas seulement de son taux sanguin, mais également de la filtration du sang par les reins, qui modifient la concentration des urines. Or celle-ci peut varier considérablement en fonction de nombreux facteurs. Quoi qu'il en soit, ce taux particulièrement élevé correspond manifestement à un surdosage. Surtout, les symptômes de l'intoxication expliqueraient parfaitement les constatations de la levée de corps : le surdosage entraîne en particulier une confusion mentale,

une désorientation, un délire, des hallucinations et une agitation.

La scène de crime prend dès lors un tout autre aspect : déprimée, anxieuse, ma victime a pris ce médicament. En grande quantité, sans que l'on puisse dire que c'était volontaire. Peut-être l'angoisse était-elle trop grande pour elle qui avait déjà été hospitalisée en psychiatrie. Ce serait alors un possible surdosage accidentel. D'où les troubles du comportement. Perdue dans une errance sans fin, incapable de s'orienter, incohérente, elle suit le petit ruisseau à partir du pont des Nymphéas, semant au passage ses chaussures puis ses habits, bataillant avec les branchages, glissant sur la mousse humide, jusqu'à heurter les rochers ronds de l'environnement. D'où les nombreuses traces relevées. Mais pas de viol, dans tout cela. Puis elle décède du surdosage.

Il me reste quelques interrogations. *Quid* des bouteilles d'alcool sur lesquelles on a retrouvé ses empreintes ? Et de cette courte période où, disparue, nous en sommes certains, elle était encore vivante ? Aurait-elle passé quelques jours à boire dans son petit vallon avant d'absorber ses médicaments ? Puis, en panne d'alcool (lui aussi anxiolytique), aurait-elle décidé d'en finir ? Pourquoi pas ! Tout cela reste des hypothèses et une bonne base pour un scénario.

Mais que viennent faire mes rêves là-dedans ? Brutalement, ils se télescopent avec une de mes autopsies. Celle d'une autre victime d'intoxication médicamenteuse avérée. Cette fois, je suis bien réveillé. Le suicide ne fait aucun doute. Les gendarmes ont retrouvé une lettre d'adieu, et tous les témoignages décrivent un état dépressif profond. J'en suis à ouvrir l'estomac de la victime, lorsque je découvre un petit fragment de plastique argenté provenant d'une plaquette de médicament. J'ai un flash brutal. L'image des feuilles de buis dans l'estomac de la dame sur son rocher vient se superposer à celui du fragment de blister dans cet estomac. Et dans le même temps, la phrase indistincte du curé en soutane de mes rêves vient de se décoder. J'entends : « Jette ça, petit malheureux, tu vas t'empoisonner ! »

Très perturbé par ces événements, je termine tant bien que mal l'opération en cours, pour me précipiter, aussitôt changé, vers mon bureau, afin de consulter mon livre sur les plantes toxiques. Un ouvrage magnifiquement illustré qui confirme ce que mes rêves avaient fini par me dire : le buis est un poison. Mais aussi et surtout l'if. Ça, je le savais, mais les petites feuilles étroites n'avaient pas suffisamment retenu mon attention. Dans son délire, notre victime avait également ingéré ces végétaux hypertoxiques dont j'ai retrouvé des traces dans l'œsophage et l'estomac. Quant à savoir lequel des toxiques, médical ou végétal, l'a tuée, cela restera toujours une interrogation.

Du jour au lendemain, mes rêves d'enfant de chœur ont disparu.

25. Mystère médical...

L'union des cerveaux faisant la force de déduction, mon équipe est rassemblée au grand complet dans la salle d'enquête. La cafetière tourne à plein rendement, crachant son jus noir et brûlant sans discontinuer. Chacun puise à tour de rôle sa ration de caféine, comme pour y chercher un peu d'inspiration. Sans grand résultat pour le moment : au mur, le grand tableau blanc est vierge de toute inscription.

Depuis bientôt un quart d'heure, Marie expose le cas de Jenny. Le mal mystérieux dont elle souffre a-t-il pu être causé par une intervention extérieure, et ce, dans une intention criminelle ? Voilà la question que pose la gendarmerie. Pas simple. En plus, j'ai loupé le début de l'exposé, coincé au téléphone par un juge d'instruction. Mais écoutons Marie.

— Donc, je reprends tout pour le chef qui n'était pas là. Il s'agit d'une jeune femme de 20 ans. L'histoire commence il y a quelques semaines, quand elle sort en boîte avec son frère et des copines.

— Ça y est, je vois le tableau. C'est le videur, hein ?

Dans les boîtes, d'habitude, ce sont les videurs qui nous servent de fournisseurs !

— Eh non, pas cette fois. D'après les gendarmes, vers 3 heures du matin, elle se fait bousculer et ressent une violente douleur dans le dos, à l'épaule. Comme une piqûre à travers son pull-over. Elle se retourne, mais il y a trop de monde pour distinguer quoi que ce soit. Du coup, elle sort prendre l'air avec ses copines. Elles fument leurs cigarettes, et comme elle a toujours mal, que cela la brûle dans l'épaule, elle soulève ses vêtements.

— Ah bon ? Elle n'était pas déjà à poil ?

C'est Brad qui ne peut pas s'empêcher.

— Pff ! T'es pas léger et ça recommence : à peine ai-je commencé que tu m'interromps déjà ! Chef, faites quelque chose !

— Ah bon ? Elle n'était pas à poil ?

— Vous n'allez pas vous y mettre aussi !

— Euh… Je voulais dire : la cigarette, ce n'était pas plutôt un joint ?

— C'est important ?

— Je ne sais pas, continuez, on verra après.

— Bref, ses copines affirment avoir vu un point avec, autour, comme un carré ou un losange.

— Un point ? En pleine nuit ? Bourrées ? Quel œil !

— Pourquoi bourrées ? Ce n'est pas ce que vous croyez, les boîtes !

— Mouais, quand même ! Ma maman m'a toujours dit de me méfier…

Marie ne commente pas et continue :

— De fait, comme c'est pour le moins curieux, elle le montre au videur de la boîte qui pose le bout incandescent de sa cigarette dessus, « pour tuer le venin », d'après sa déposition aux gendarmes. À trois reprises.

— C'est malin ! Encore un couillon qui a lu n'importe quoi sur Internet ! Moralité, je suppose que maintenant on a une splendide brûlure à la place de la piqûre et que la piqûre, on ne la voit plus ? J'espère qu'ils l'ont mis en garde à vue.

— Vous êtes sérieux ? Pour une brûlure ?

— Mais non, pas pour la brûlure. Pour destruction de preuve !

Silence de Marie qui, de son écriture élégante, note sur le tableau blanc : « piqûre ». Jusque-là, rien de spécial. Tout le monde attend la suite.

— Vous oubliez de marquer l'essentiel !

— L'essentiel ? La brûlure ?

— Non. Marquez : « niche-club ».

— Niche-club ?

— Oui, le niiiight, quoi. « Le soir, j'vais au niiiight »... Night-club, quoi...

— C'est ringard, night-club. De nos jours, on dit : « On va en boîte », me sort Marie.

— Arghhhh, c'est pas gentil de me rappeler mon grand âge !

— Vous n'aimez pas aller en boîte?

— Dans les niches-clubs ? J'y mets jamais les pieds. Trop dangereux !

— Trop dangereux ? Vous chassez le gros, vous faites de la plongée sur des épaves, du ski hors-piste, sans parler de la moto, et c'est d'aller en boîte qui est dangereux ?

— Ce n'est pas dangereux, le hors-piste. Il faut juste ne pas le faire n'importe comment. Et surtout avec n'importe qui.

— C'est pas dangereux, d'aller en boîte ! renchérissent Brad et Pitt à l'unisson.

— Évidemment, pour les dragueurs invétérés comme vous, pour les accros au cannabis et les trafiquants... Ben si, c'est dangereux. La preuve : elle va en boîte, elle se retrouve en réa et, avec un peu de chance, elle va finir en boîte. Mais pas la même.

— Je peux continuer ? s'impatiente Marie. Quelques minutes plus tard, elle rentre dans la boîte où elle fait un malaise. Le videur la sort dans ses bras et l'allonge par terre. Elle a des difficultés pour respirer, puis elle est prise de violents tremblements des membres. Les pompiers sont appelés et finalement le Samu intervient. Jenny est évacuée au centre hospitalier d'à côté.

— Des commentaires dans la salle ?

— C'est trop tôt, chef !

— Trop tôt ? Ben, quand même, il est presque 10 heures... Vous n'êtes pas réveillés ?

— Non, trop tôt dans l'exposé.

— Pas du tout. Vous pouvez au moins me faire un premier commentaire.

— En dehors de « Faut pas aller en boîte, c'est dangereux », je ne vois pas, se hasarde Brad.

— Eh bien, ces informations sont des témoignages.

Silence général dans la salle.

— Ah oui, forcément, « tout le monde ment », hein, c'est votre truc, ça ?

— Poursuivez.

Bref, lorsqu'elle arrive à l'hôpital, Jenny est confuse, somnolente, prise de mouvements myocloniques, elle se plaint de douleurs thoraciques et a du mal à respirer.

— C'est quoi, des mouvements myocloniques ? interroge Pitt.

— C'est le mot savant pour des tremblements. Je sens qu'on n'a pas fini avec vous, pour ce qui est des explications. Bon. Pitt, vous allez faire le naïf, celui qui n'y connaît rien. Comme juriste, on ne peut pas vous le reprocher. Si ce n'est pas clair pour vous, cela ne le sera pour personne !

— Je peux faire un commentaire ? Ça aussi, ce sont des témoignages ! lance Pitt.

— Non, ça, ce sont des informations médicales.

— Aux urgences, les analyses sanguines ne trouvent pas de consommation de cannabis, mais…

— Ah bon ? Tiens, ça m'étonne. Je croyais qu'en boîte…

Marie ne relève pas.

— … mais une légère alcoolisation à un gramme par litre, sans…

— Oui, c'est ça ! J'me disais bien que j'oubliais quelque chose ! En plus du sexe, de la drogue et des trafiquants, dans les boîtes, il y a de l'alcool ! Mais là, par contre, c'est pas dangereux, c'est bien connu… surtout à un gramme par litre.

— … sans autre signe biologique anormal. Jenny est placée sous surveillance. Sans traitement.

Marie marque une pause. Toujours aucun commentaire dans la salle.

— Selon le dossier, la sortie de crise est difficile, elle est confuse, agressive, s'oppose au personnel. Les infirmiers de psychiatrie interviennent. Puis c'est le retour au calme.

— On peut faire des hypothèses ou c'est trop tôt ?

— Attendez, ce n'est pas fini, s'exclame Marie.

Comme les médecins ne trouvent rien d'anormal, Jenny rentre chez sa mère en fin d'après-midi. Fatiguée, elle ne mange rien, ne boit rien.

— Bon, et jusque-là elle n'a eu aucun traitement. Vous confirmez ?

— Oui.

— Marquez au tableau. On ne sait jamais.

— Vers minuit, retour des myoclonies, accompagnées de vertiges et de sensations étranges sur la peau. Sa mère l'amène aux urgences de l'hôpital, un autre, celui près de chez sa mère. Cette fois, il y a un traitement : Rivotr...

— Stooop ! Stop.

— Pourquoi ?

— Oui, pourquoi ? Allez, faites travailler les méninges ! À propos de méninges, ce jour-là et ceux d'avant, elle a eu de la fièvre ou non ?

— Ce n'est pas mentionné dans le dossier.

— Ben voilà ! Donc on n'a pas le moyen de savoir s'ils ont pris ou non la température.

— À l'hôpital ? Il n'y a qu'à leur demander !

— Et s'ils s'en souviennent, ils vont vous répondre qu'ils ne l'ont pas prise ? Vous rêvez !

— Ben... pourquoi ils ne vous le diraient pas ?

— Parce que, s'ils ne l'ont pas fait, c'est une connerie. Bon, écrivez « fièvre » avec un énorme point d'interrogation. Et maintenant, vous remplissez le beau tableau de vos brillantes hypothèses.

— Mais pourquoi maintenant ? Il s'est passé plein de choses après !

— Qui vous a dit ça ?

— Marie, quand vous étiez au téléphone. Et les gendarmes...

— Ils caftent, les gendarmes, maintenant ?

— Euh...

— Je vois ! Vous leur avez demandé !

— C'est pas interdit ! En attendant, pourquoi devons-nous développer nos hypothèses maintenant ?

— Bien, je vais être bon prince, je vous le dis : parce que jusque-là elle n'a pas eu de traitement. Les signes sont purs. Dès qu'elle va en avoir un, nous risquons de rentrer dans une cascade de problèmes intriqués.

— Des effets iatrogènes ! Bien sûr ! s'exclame Sébastien, mon assistant spécialiste, jusque-là silencieux.

— Iatrogènes ? C'est bien des effets dus aux médicaments ? demande Pitt ?

— Tout à fait. Pour le naïf de la bande, vous n'êtes pas mal. Alors, le diagnostic ?

— Quoi, vous avez déjà des idées ?

— Et vous, vous, là, l'équipe, vous n'en avez pas ? Bon, je résume. Dans l'ordre : alcool, niche-club, alcool, piquouze, brûlures, myoclonies, confusion, somnolence, douleurs thoraciques, puis agressivité au réveil. Grosse fatigue et retour chez maman. Rebelote pour les myoclonies avec en prime des vertiges et des sensations étranges sur la peau. Avec ou sans fièvre. Qui qu'a des idées ? Personne ?

Un lourd silence s'installe.

— Allez, lâchez-vous !... Bon, pas tous en même temps...

— La confusion, la somnolence... C'est le cerveau !

— Pourquoi ?

— Ben, moi, quand j'ai la gueule de bois, c'est le cerveau, non ?

— Bon début. Pitt, un point, les autres, zéro !

— Tu parles d'une gueule de bois ! Et « cerveau » ce

n'est pas un diagnostic, en plus, c'est évident ! lâche Brad.

— Ce n'est pas un diagnostic, mais c'est une piste ! Notez, Marie : « cerveau ». À défaut de mieux. Et rajoutez : « vertiges », « dysesthésies ».

— Dysesquoi ? s'inquiète Pitt.

— Dysesthésies, le mot savant pour « sensations étranges sur la peau ».

— C'est dans la tête, les sensations étranges. J'ai trouvé, c'est une folle dingue ! s'énerve Brad.

— La dengue ? Non, ça ne colle pas. Ou alors une dengue hémorragique avec une hémorragie cérébrale, mais c'est tordu. Faudrait publier, et en ce moment, on n'a pas le temps. Ce n'est pas ça.

— Non, pas la dengue, la dingue, c'est une dingue, une cinglée ! C'est dingue, vous le faites exprès ou quoi ?

— Une dengue dingue ? Pff, ça, c'est grave ! Oui, je le fais exprès. Vous dormez, ce matin ! Tous ! Faut bien que je vous réveille puisque le café n'y arrive pas !

— Forcément, on a passé la nuit sur une scène de crime. Une histoire de bondage qui a mal tourné..., s'exclame Marie.

— Hein ? Ce n'est pas vrai ?

— Ben si !

— Et vous ne m'avez pas appelé ? Un bondage qui tourne mal ! Mon rêve ! La visite du donjon, la descente dans les caves, les croix de Saint-André, les chaînes, les cages, le pilori... Et le clou du spectacle : maîtresse Marie, la dominatrice à qui on va passer les menottes...

Toute l'équipe s'esclaffe et Marie pique un fard.

— Elle vous fait marcher, cafte Pitt, on a juste passé la soirée ensemble dans une boîte !

— Mon équipe au niche-club ! Merde... La boîte de Jenny ?
— Non, on n'est pas fou...
— Y a des jours, je me demande... Bon, Pitt a perdu son point.
— Pourquoi ? Qu'est-ce que j'ai fait ?
— Vous avez cafté. C'est pas bien de cafter. Du coup, je suis déçu, j'aurais bien aimé un petit bondage criminel... Par contre, je mets un point pour Marie.
— Pourquoi ? Qu'est-ce qu'elle a fait ?
— Elle a réussi à me faire croire son truc de bondage. Ça vaut bien un point. Bon, vous êtes tous réveillés, maintenant ? Parfait, on continue ! Tour de table, je vous prie.

Commence un de mes jeux préférés : le premier qui n'émet pas d'hypothèse apporte le petit-déjeuner la semaine suivante. Un jeu très stimulant !
— Brad ?
— J'ai déjà donné une piste : c'est une barge. Une folle, quoi.
— Pitt ?
— Pareil, c'est le cerveau
— Bon, vu votre niveau médical, la réponse est correcte.
— Alexia ?
— Conversion hystérique.
— Pff ! Ça fait double emploi avec « c'est une barge », non ?
— Non, une barge c'est un trait de personnalité. Une conversion hystérique, c'est un vrai diagnostic.
— OK. Sébastien ?
— Une allergie : elle se fait piquer par un insecte, elle l'a déjà été il y a quelques mois par une guêpe. La

baisse de tension explique le malaise. Comme celle-ci persiste, son cerveau est mal irrigué et elle convulse.

— Pas mal. Intéressant, même. Mais à 3 heures du matin ? À cette heure-là, les guêpes dorment...

— Et les taons ? poursuit notre juriste.

— Oui, chef, là, c'est vrai, même à 3 heures du matin, il y en a plein dans les boîtes ! s'esclaffe Brad.

— Des taons ?

— Ben oui, chef, des thons ! Des thons en boîte !

— C'est fin ! Non, on peut raisonnablement éliminer un insecte ou un animal. Marie, à vous.

— Non, chef, moi, ça ne compte pas, je connais tout le dossier. Des hypothèses, il y en a dix pages possibles et je les connais par cœur...

— Hou là, tant que cela ? Bon, OK, Marie est dispensée. On poursuit.

Marie reprend son histoire. Une histoire terrifiante. Ses phrases courtes résument à grands traits une situation qui se complique d'heure en heure. Après une courte pause grâce au traitement anticonvulsivant, les myoclonies reprennent de plus belle. Au point que les médecins de l'hôpital, se sentant dépassés par le cas de Jenny, décident, en fin de matinée, de la faire transférer en réanimation au CHU de Poitiers.

Le tableau blanc n'est plus vierge et la liste s'allonge. « Cerveau » est entouré d'un grand cercle rouge. Tout tourne autour de ce mot.

À l'admission, l'interne de réanimation ne note rien de plus que ce que nous savons déjà. La belle brûlure au second degré est bien là, bien nette, bien ronde, de 5 millimètres de diamètre, avec à la pression un petit point de saignement central. Comme une piqûre recouverte par une brûlure. Quelques examens de routine sont demandés, histoire de vérifier encore les paramètres biologiques déjà contrôlés à deux reprises dans deux hôpitaux différents. Mais on ne sait jamais. Puis Jenny se fait oublier, dans sa somnolence et dans son lit, jusqu'à ce qu'un grand fracas alerte le personnel.

Marie note sur le tableau : « 13 heures, crise convulsive ».
— Bon, moi, je dis que c'est une épilepsie, s'exclame un peu rapidement Brad.
— Faut savoir ! C'est une dingue ou une épileptique ? Vous trichez ! Pour vous, c'était une histoire de diiingue ! C'est diiiingue, cette histoire !
— J'ai le droit de changer d'avis, non ?
— Non. Moi, j'ai le droit, pas vous.
— Et pourquoi ?
— Parce que j'ai besoin qu'il y en ait un qui pense que c'est une dingue. Voilà pourquoi. Donc vous, Brad, vous êtes la dingue.
Éclat de rire général.
— Pff ! Tu parles d'un rôle !
— Alors, moi, je suis le cerveau ? s'interroge Pitt.
— Hum... en quelque sorte. Mais prenez pas la grosse tête : vous êtes un cerveau naïf, n'oubliez pas ! Bon, Marie, elle est comment, cette crise ?

Les infirmières qui accourent trouvent une malade aux yeux révulsés, la tête rejetée en arrière, agitée de mouvements incontrôlés. Comme dans les séries télévisées, au moment crucial. Sauf qu'ici la famille n'est pas là pour assister à l'agitation médicale !
L'électroencéphalogramme réalisé dans l'urgence ne révèle aucune trace de foyer épileptogène. Le scanner

du cerveau, lui aussi obtenu dans la foulée, est normal. La crise passe.

— Raté ! Ce n'est pas une épilepsie.

— Non, faux, si on avait trouvé un foyer, on évoquerait une épilepsie. Mais si on ne trouve rien, cela n'exclut pas ce diagnostic. Pour autant, on n'en sait pas plus !

Sur le tableau blanc, la liste des analyses et des examens ne cesse de s'allonger.

Marie continue d'égrener la chronologie qui prend des allures de descente aux enfers. Malgré le traitement, les crises se succèdent maintenant à un rythme soutenu, au point qu'en fin d'après-midi les réanimateurs plongent Jenny dans un coma artificiel. Elle est intubée et ventilée.

— Intubée ? C'est quoi ça ? demande notre cerveau naïf.

— On lui met un tube dans la trachée pour lui permettre de respirer et on le branche sur une machine de ventilation artificielle.

L'IRM ne retrouve rien, pas plus que les ponctions lombaires. Tout le monde évoque alors une encéphalite.

— Encéphalite ? C'est quoi ça encore ? demande notre cerveau naïf.

— En résumé, c'est le cerveau qui débloque. Mais il y a des pages de listes de causes. Les virus, les bactéries, certains toxiques, des maladies…, énonce Brad.

— C'est très résumé, mais il y a de cela… En tout cas, ça explique la suite des explorations. Les réanimateurs vont rechercher tout ce qui peut entraîner cette pathologie, rajoute Marie.

Et quelle liste ! Surtout que, deux jours plus tard, Jenny choisit de monter sa température. À l'admission en réanimation, c'était un gentil et normal 37 °C. Maintenant, c'est 40 °C. Chouette : cette fois-ci, c'est une infection. La théorie de l'encéphalite virale prend de la promotion, d'autant plus que les hémocultures sont négatives. Marie reprend :

— Un petit quelque chose cloche cependant,: une encéphalite virale à IRM et ponctions lombaires normales, c'est, comment dire, surprenant. Non, je dirais plutôt... bizarre ?

— Bizarre ? Vous avez dit...

— Oui, chef... j'ai dit.

Toujours est-il que les réanimateurs lancent une recherche tous azimuts. Et tant qu'à faire, pas seulement virale. Car la liste des candidats est longue ! Légionellose, streptocoques, maladie de Lyme, syphilis, hépatites B et C, VIH, HSV 1 et 2, VZV, *Chlamydophila*, *pneumoniae* et *psittaci*, rickettsies. La recherche du fameux agent reste muette.

Entre-temps, Jenny a eu la visite de sa maman. Qui a annoncé ses doutes (« On a empoisonné ma fille ! ») aux réanimateurs, lesquels sont vite passionnés par le côté policier du cas. Et c'est parti pour de nouvelles explorations. Cette fois-ci, c'est la recherche de toxiques qui prend le pas. En tête d'affiche : le chloralose, un raticide... parfois utilisé pour tuer les humains. Et tous les toxiques qui, comme lui, provoquent des convulsions. Rien. L'hypothèse tourne au bide.

Quant aux autres toxiques, la recherche est largement positive :   ranitidine,   lidocaïne,   nordiazépan, hydroxyzine, pour ne citer que ces molécules, mais en fait, c'est le traitement de réanimation qui en est à l'origine.

Une nouvelle hypothèse se fait jour : le produit a eu le temps de disparaître. Alors une traque à l'éprouvette s'ouvre, qui permet de récupérer les restes du petit tube de sang prélevé lors de la première hospitalisation, le jour de la piqûre. Rapatrié d'urgence à Poitiers et confié au labo de toxicologie, il ne parle pas.

Si nous ne savons toujours rien de la cause, en revanche, côté effets, cela ne s'arrange pas. Jenny a été sortie du coma. Elle a quelques hallucinations visuelles, ce qui lui vaut d'être mis sous Haldol, un médicament utilisé pour traiter les alcooliques, mais elle ne fait plus de myoclonies. La fièvre, qui a fini par tomber, remonte ensuite. Au neuvième jour qui suit sa soirée mémorable, elle se réveille avec le corps couvert de boutons rouges du plus bel effet, les paupières écarlates et les lèvres enflammées. Elle se plaint de douleurs abdominales, se met à cracher du sang. C'est la panique. Plus personne n'y comprend rien. Certains pointent du doigt de possibles effets secondaires des médicaments. Le traitement en cours est aussitôt suspendu, de nouvelles analyses sanguines sont ordonnées dans l'urgence.

L'état du foie se dégrade. Vite, une échographie abdominale : le foie est gonflé, la rate dilatée. C'est très embêtant. Vite, un scanner thoraco-abdominal : surprise, un épanchement pleural. Elle y a du liquide entre le poumon et la paroi du thorax, ainsi que des images suspectes à la base des poumons. Panique à bord. « C'est une tuberculose ! » La recherche du vilain bacille de Koch reste pourtant vaine.

Altération du foie associée aux signes précédents : on pense à une maladie de surcharge. Les examens complémentaires reprennent. Échec.

Petits boutons : on pense à une maladie auto-immune, et aussitôt, c'est la biopsie. Échec.

Jenny, qui n'est déjà pas en grande forme, passe un mauvais quart d'heure lors de la pause des deux drains que le chirurgien enfonce dans sa cage thoracique afin de vider le fameux épanchement. Le liquide pleural, analysé, se révèle parfaitement purulent. L'énigme s'épaissit. Tous les spécialistes du CHU sont consultés. Sans résultat.

Jenny, qui souffre terriblement, reçoit un cocktail antidouleur puissant. Le mélange morphine-Perfalgan-Topalgic la soulage, mais la plonge dans un état de semi-conscience. Tout cela s'accompagnant, bien entendu, de difficultés respiratoires que les réanimateurs combattent en la plaçant sous oxygène. Ses globules rouges diminuent, signe d'une anémie inflammatoire. Ça va très mal.

La maman de Jenny est informée, en termes soigneusement pesés, de la situation très critique de sa fille et que « le pronostic vital est engagé ». D'autant que l'on ne sait toujours pas quelle est l'origine de tous ces maux.

Les jours passent et les investigations sont au point mort, malgré l'imagination des réanimateurs, associés dans leurs réflexions à moult spécialistes : parvovirus, rickettsies, hydatidose, *Aspergillus*, levure, toxoplasmose, *Babesia*… Rien. Ah si, amibiase positif ! Enfin une piste. Mais très vite sans suite : il s'agit d'un faux positif. Puis Jenny est transférée dans le service des maladies infectieuses.

Quelques heures plus tard, une brutale dégradation de son état respiratoire la renvoie en réanimation. Elle est de nouveau endormie et intubée. Sa température dépasse les 40 °©. Un traitement antibiotique est prescrit, tandis que les drains des poumons laissent toujours s'écouler un liquide purulent. Un nouveau scanner thoraco-abdominal montre même une augmentation de l'épanchement pleural « avec cloisonnement et bulles d'air ». Mauvais signe. Ces séparations vont empêcher les antibiotiques d'agir convenablement. Jenny va sans doute mourir.

Dans le même temps, les gendarmes attendent patiemment. Que nous nous décidions : maladie naturelle introuvable ou acte criminel ? Mais l'incompréhension des réanimateurs du CHU vaut bien celle de mon équipe.

Puis Jenny semble refaire surface. Alors je remets mon équipe sur le coup. Alexia est chargée de la recherche dans les revues médicales. Le mot-clé : « myoclonies » et/ou « convulsions ». Toutes les causes vont être recherchées. Après tout, c'est le principal symptôme, celui des débuts. Associé à la fameuse piqûre.

Marie et Sébastien ont pour mission de mener un interrogatoire serré de la victime, maintenant qu'elle a repris ses esprits. Je veux un interrogatoire policier.

Quant à moi, je préfère garder un peu de distance. Je ne rencontrerai d'ailleurs jamais la patiente.

Le résultat des investigations de Marie et de Sébastien me revient sous la forme de treize pages dactylographiées. Je ne suis pas superstitieux. Où l'on apprend qu'en mai elle s'est baignée dans une petite rivière locale, qu'en juin elle a vu son avant-bras gonfler alors qu'elle jardinait. Elle a voyagé les six mois précédents dans quelques pays de l'Union européenne. Elle fume occasionnellement du cannabis. Je finis par tout savoir de sa vie privée, de ses piercings et tatouages, de son travail de nuit comme aide-soignante dans une maison de retraite médicalisée. À la maison, il y a chien, chat, rat –ah ! – hamsters, serpents et poissons rouges. Ses activités favorites, football féminin (si, si) et trompette – jamais en même temps –, semblent sans aucun lien avec les événements qui nous intéressent. Son carnet de santé est bien tenu, elle est à jour de toutes ses vaccinations. Il est temps de confronter tout cela.

Nouvelle réunion au sommet dans le service. Cette fois-ci, l'ambiance est moins à la plaisanterie car l'équipe est fatiguée. Fatiguée de tourner en rond. Tous en sont convaincus : il est illusoire de prétendre résoudre un problème qui a tenu en échec plusieurs services du CHU. Cependant, les gendarmes attendent leur réponse et nous sommes obstinés dans la recherche de la vérité. Alors, c'est reparti, à renfort d'abus de caféine.

— Bon, Pitt, vous, le naïf, commencez ! Qu'avions-nous dit à la première réunion ? En quelques mots.

Pitt est surpris, il ne s'attendait pas à être le premier à parler.

— Euh, dans le désordre, la piqûre, la brûlure, tuer le venin. Après, ça se complique : un malaise, les tremblements, le Samu, etc. Ah si, j'ai failli oublier : la diiiingue !

— C'est malin, rétorque Brad, tu oublies le cerveau.

— Vous oubliez l'essentiel !

— Ah oui, boîte de nuit, pardon, chef, niche-club !

— Chef, j'ai un élément important qui est passé au second plan dans le dossier.

C'est Sébastien qui s'est replongé dans les résultats biologiques.

— Les immunoglobulines de la rougeole. On a des résultats où elles sont élevées. Une rougeole, cela expliquerait tous les signes : l'encéphalite, la fièvre, l'infection respiratoire, les problèmes hépatiques et l'éruption.

L'hypothèse séduit d'emblée. Tous sont prêts à y adhérer.

— Certes, mais alors, c'est une rougeole pour le moins particulière, il va falloir publier !

— Pourtant, c'est la seule maladie qui expliquerait tout. En plus, il y a une épidémie en ce moment.

— Certes, mais ce sont les IgG qui sont élevées, les IgM sont normales. Faudrait voir la dynamique et contrôler. Votre rougeole nous met l'encéphalite au premier plan d'emblée, avec une ponction lombaire normale. Je n'y crois pas beaucoup. D'autant que votre patiente est vaccinée...

— Je n'ai rien compris, murmure Pitt.

— Je t'expliquerai, lui susurre Brad à l'oreille.

— Oui, mais la vaccination ne marche pas à tous les coups !

— Ah bon ? s'exclame Pitt.

— Je t'expliquerai là aussi, lui susurre à nouveau Brad.

— Et comment expliquer les 40 °C, alors ?

— C'est bien vous qui avez dit « iatrogène » ? Joli mot, non ?
— OK. Iatrogène, c'est possible, mais à partir de quand ?
— Vu la suite, je dirais l'intubation, annonce Marie.
— D'autant plus qu'à l'admission en réa il n'y a pas de fièvre, n'est-ce pas ?
— Exact.

Toute la maladie prend alors un autre sens.
— Donc, nous revenons à l'essentiel. Le début de l'histoire. C'est bien ce que je dis, les niches-clubs, c'est dangereux !
Le silence de l'équipe me répond en écho.
— La piqûre. Il nous reste la piqûre, tout de même. Cela ne vous évoque rien ? Qu'est-ce qui pique en général ?
— Les bestioles, s'exclame Pitt.
— Oui ?
— Les insectes, les araignées, les serpents.
— Et dans les boîtes de nuit, hormis les taons-thons ?
— Ben...
— On peut raisonnablement éliminer un insecte ou un animal. Par contre, un piqueur...
— Un piqueur ?
— Oui, il y a des pervers qui adorent piquer. Gratuitement. Dans le métro, la foule, les boîtes... Ils ne sont pas tous au donjon de maîtresse Marie !
— D'accord, mais piquer n'explique pas la suite.
— Sauf si...
Les regards se tournent vers moi et se font interrogatifs
— Sauf si...
— ... on lui a injecté quelque chose ? se hasarde

Sophie, qui suit les débats depuis le début.
— Un toxique qui entraîne des myoclonies.
— On y a déjà pensé, vous pensez !
— Pensez-vous ! Et les venins ?
— Vous voyez l'agresseur se balader avec son araignée géante et toxique à la main pour piquer le dos de la malheureuse Jenny ? C'est n'importe quoi !
— Oui, et du venin dans une seringue ?

Un silence de plomb tombe sur mon hypothèse.

Dès le lendemain, le centre antipoison de Marseille est contacté. Il est spécialisé dans les animaux exotiques, de plus en plus importés, clandestinement ou officiellement, sur notre sol. Pas convaincus, nos interlocuteurs ! Pas du tout, même.
— Je vous le disais bien, c'est une diiiingue ! ne peut s'empêcher d'ajouter Brad.

— Bon, Marie, je crois que nous allons jeter l'éponge.
— Et les gendarmes ?
— On va leur dire qu'il ne nous est pas possible de répondre. Cela arrive, vous savez !
— Chef, et notre réputation ? Je crois que j'ai une solution. Il faut faire appel à un sapiteur.
Dans notre jargon, un sapiteur est un spécialiste capable de donner un avis dans un domaine qui nous dépasse.
— Bien. Et vous pensez à qui ?

Silence. Ce doit être la fatigue. Au secours, Dr House !

26. Mots d'enfants

Médecin légiste, ça fascine et ça attire inévitablement la curiosité ; les questions fusent, d'autant plus que les gens aiment bien se faire peur. Alors quoi de mieux pour frissonner en toute sécurité que le récit de ce crime horrible auquel on a échappé, de justesse…simplement parce qu'on était un autre, ailleurs, à une autre époque ? D'où la petite phrase, souvent au beau milieu d'un repas : « Alors ? Raconte ! »

Au début, je me faisais un plaisir de raconter mes petites ou mes grandes histoires, mais toujours avec force détails. Car gourmand comme pas deux, j'avais vite remarqué les pertes d'appétit brutales qui accompagnaient mes descriptions. Jusqu'au jour où un de mes invités, à qui j'avais longuement mitonné un excellent repas, est devenu verdâtre, quittant précipitamment la table pour aller vomir ce qu'il avait difficilement ingéré jusque-là. Depuis lors, je commence toujours par quelques petites histoires anodines, de préférence un peu avant le dessert. Pour tester mon auditoire.

La fascination, elle, porte autant sur le personnage que sur le métier. Souvent tout se mélange et c'est l'ensemble qui génère un sentiment pour le moins mitigé. On confond l'homme et ses actes. Sous-entendu, c'est franchement ignoble ou alors il faut être un peu fêlé…D'où le « Faut être un peu bizarre pour faire ça, non ? » Certains jours, je me demande si cela ne rassure pas ceux qui se croient normaux… En fait je n'ai pas réellement de réponse à cette question délicate. D'ailleurs, entre légistes, je n'ai jamais eu l'occasion d'aborder ce sujet. Mais soyons clairs, si l'on veut bien éviter la torture des réflexions sans fin sur le sens de la vie, de l'amour et de la mort, je dois concéder qu'en dehors des périodes d'overdoses de cadavres, ce métier est fantastique.

Les satisfactions ne manquent pas, entre travailler en équipe avec des gens sympathiques et compétents et faire de temps en temps un peu de lumière dans ce monde obscur du crime. Les morts sont très joueurs, cela tombe bien, moi aussi. Ils adorent nous poser des énigmes, constamment renouvelées, comme autant de défi. Rien n'est plus stimulant. Pour les résoudre, c'est parfois une longue quête très loin de la médecine classique ; elle conduit vers les autres, dont le légiste a toujours besoin, tous ces spécialistes à qui il distribue ses échantillons ou ses informations, qu'il retrouve tantôt sur le terrain, parfois dans un cabinet d'instruction, et finalement souvent devant la cour d'assises. Le choix est infini, du toxicologue à l'expert en balistique, de l'anatomopathologiste (celui qui étudie les prélèvements au microscope) à l'expert en incendie ou en électricité.

La sérénité, je la trouve dans la vie quotidienne. Imaginez, le plaisir de mettre au point, pendant des heures, cette fabuleuse recette de faisan farci au foie gras, quinoa et oseille, qui va régaler la longue tablée familiale réunie à l'occasion d'un anniversaire. Quel travail avant d'obtenir le contraste des goûts, la justesse de l'acidité noyée dans le fondant de la farce ! Mais quel plaisir lorsque brutalement, à table, toutes les conversations s'interrompent jusqu'à ne plus entendre que le bruit des couverts…Bien sûr, le faisan est un gibier à plume, qui ramène inévitablement à la chasse. Dès lors les associations d'idées peuvent ramener vers d'autres découpes moins appétissantes, celles des autopsies. Des images parasites qui surgissent au moment où l'on s'y attend le moins. Car inévitablement le passionné que je suis s'expose à ce que ses passions se télescopent. Mais c'est finalement un petit prix à payer, car ces interférences, je les ai apprivoisées depuis longtemps.

Un des moments forts de la journée, c'est aussi le retour à la maison. Les trois monstres sont couchés, attendant sagement leur histoire après avoir épuisé Ségolène, leur baby-sitter. Ségo, pour les enfants. Nounou professionnelle. Une blonde pétillante tatouée d'une panthère et d'une longue liane qui va d'une de ses chevilles à son épaule droite. Du moins pour ce qu'elle nous en a dit. Dotée d'un solide bon sens, mais parfois distraite, comme ce jour où elle a laissé des séquences chaudes entre deux dessins animés destinés aux enfants, qui devant le peu d'intérêt de la chose ont abandonné sont retournés à leur bac à sable… « Forcément, une blonde, ça ne peut pas penser à tout » s'est-elle exclamée en piquant un fard. Bon, tant qu'elle ne se balade pas avec des sex toys...

— Dis, papa, raconte-nous encore l'histoire de la pistache que tu as trouvée dans le vide-poche ?

Il faut bien l'avouer, les indices se logent parfois dans des endroits un peu surprenants. C'est donc parti, une fois encore, pour un long récit médico-légal. Avec bien sûr un texte largement expurgé des horreurs et adapté à des enfants... Là où cela se complique, c'est lorsque le plus jeune veut absolument des précisions sur ce que fait son père.

— Je te l'ai déjà dit, lui rappelle l'aîné, il aide les gendarmes à mettre les méchants en prison.

— Oui, mais ça c'est quand il met une cravate pour aller au tribunal. Dis, papa, à l'hôpital, c'est quoi, ton travail ?

— Tu sais bien, dit le second, il apprend des choses aux autres docteurs.

— Non, ça, c'est à l'école des docteurs ; à l'hôpital, il découpe les gens que les méchants ont tués rétorque l'aîné.

— Comme tu faisais avec la biche, l'autre fois, à la chasse ?

La réponse est délicate...mais avant même que je trouve une solution, le second fait involontairement diversion :

— Dis, papa, tu nous ramènes quand à la chasse, pour voir les pigeons ?

— Oh oui, c'était trop beau, les pigeons...

— Bientôt les enfants. Maintenant, faites de beaux rêves...

Annexe

Le texte ci-dessous est celui de l'annexe de la 1ère édition des « Nouvelles chroniques d'un médecin légiste ». Il a été rédigé avant une importante réforme de l'organisation de la médecine légale sur le territoire national et avant la création d'un chapitre consacré aux autopsies judiciaires dans le code de procédure pénale loi n°2011-525 du 17 mai 2011) Il a été conservé dans cette seconde édition et garde un intérêt explicatif compte tenu du ressenti extrêmement douloureux des familles auxquelles l'autopsie d'un proche est imposée.

La réforme de la médecine légale, qui centralise depuis le 15 janvier 2011 toutes les autopsies médico-légales sur 33 centres de référence, va modifier profondément les pratiques médico-légales. Dans le même temps, un projet de loi (proposition de loi n° 2615) vient d'être déposé, qui devrait renforcer l'encadrement juridique des autopsies judiciaires et l'information des familles sur leurs droits. Cette conjonction est l'occasion de préciser quelques points sur les pratiques médico-légales.

Une autopsie judiciaire, pourquoi ?

La mort criminelle est intolérable. Ses causes sont le plus souvent évidentes. Alors, pourquoi infliger à la victime et à sa famille cette horreur supplémentaire, l'autopsie ? Parce qu'à partir des indices qu'il apporte, le corps va raconter, au travers du légiste, l'histoire des derniers instants d'une vie. Au-delà des causes de la mort, tous, lors du procès, ont besoin d'en connaître les circonstances.

Mais le plus souvent, la mort est simplement suspecte. S'agit-il réellement d'un suicide ? Le bébé a-t-il été secoué ou est-il décédé d'une cause naturelle ? Le jeune ado retrouvé par ses parents la mousse aux lèvres a-t-il été victime d'une overdose ou d'une pathologie cardiaque rare ? Sans autopsie, pas de réponse argumentée à ces questions. Le doute persistera, rongeant pour des années l'esprit des familles.

La restauration du corps et le respect de la personne

Certains ont pu penser que la restauration du corps était laissée au bon vouloir du légiste, dès lors qu'il s'agit d'une autopsie judiciaire par opposition à l'autopsie médicale[22].

En fait, la demande de la justice n'affranchit en aucun cas le praticien de ses obligations déontologiques : « Le respect dû à la personne ne cesse pas de s'imposer après la mort. » Le Code de déontologie médicale précise dans ses commentaires que « s'impose un respect de la dépouille mortelle qui sera manipulée dignement, particulièrement en cas d'autopsie ». Ce code ne fait pas de distinction entre les différents types d'autopsie (scientifique vs judiciaire) ce qui laisse supposer que toute autopsie est concernée.

Bien sûr, le médecin n'est pas obligé de restaurer lui-même le corps, mais pour le moins doit-il s'assurer que cette opération est réalisée par les agents d'amphithéâtre. En dehors d'impossibilités techniques[23], je ne vois pas d'exception à cette règle.

---

[22] Dans un article publié dans Le Monde le 5 août 2009, Pascale Santi rapporte l'histoire très douloureuse de familles qui ont découvert que le corps de leur défunt n'avait pas été restauré après une autopsie judiciaire. À partir de cette pratique dévoyée et exceptionnelle et d'autres dysfonctionnements, elle analyse les pratiques médico-légales en réalisant un tableau à charge des autopsies judiciaires, faisant l'impasse sur le rôle social essentiel des légistes.

[23] Au contraire des autopsies médicales qui ont lieu peu après la mort, les autopsies judiciaires confrontent souvent le praticien à une dégradation importante du corps, dès lors que sa découverte a lieu des semaines, voire des mois, après le décès. De même certaines circonstances du décès, par exemple lorsque le corps est profondément carbonisé.

La présentation du corps

Un argument majeur plaide pour la possibilité d'une présentation à la famille : le refus peut générer les conditions d'un déni de la mort avec son cortège de souffrances, un deuil pathologique. Il ne s'agit ni de l'imposer ni de la refuser.

Dans l'unité que je dirige, cette position de principe a été prise depuis de nombreuses années, quel que soit l'état du corps, mais au prix de certaines précautions. Le corps n'est pas présenté avant l'autopsie, mais après, pour deux raisons simples : d'une part, il peut porter des indices importants pour la suite de l'enquête, qui doivent être protégés ; d'autre part, la présentation après autopsie permet une toilette, un maquillage si nécessaire, l'habillage et montre que le corps a bien été restauré.

Lorsque le corps est dégradé, des précautions particulières sont prises pour informer la famille, et la porte est laissée ouverte à une possible présentation après un délai de réflexion.

La restitution du corps

La restitution rapide du corps à la famille est un principe d'humanisme élémentaire, mais actuellement, quand bien même le légiste désirerait l'appliquer, seuls le procureur de la République et le juge d'instruction peuvent délivrer le permis d'inhumer.

Cette décision est parfois retardée, mais le plus souvent le permis d'inhumer est transmis dès les conclusions de l'autopsie annoncées à l'autorité judiciaire. Parfois, les données d'enquête laissent planer un doute sur les circonstances de la mort, la victime n'est pas identifiée, des résultats de toxicologie sont en attente. Le délai est rarement supérieur à quelques jours. Ce délai n'est pas critiquable, car le premier respect que l'on doit à la victime, c'est de trouver les causes de sa mort, d'en préciser les circonstances et de ne pas laisser les violences impunies.

<u>La conservation prolongée du corps</u>

Il est très exceptionnel qu'un délai prolongé traduise une volonté de conserver le corps « à la disposition de la justice », dans l'attente des résultats de l'enquête, d'examens complémentaires complexes, voire pour recourir à une nouvelle autopsie. Il peut en découler un retard de restitution qui va parfois au-delà du raisonnable, comme dans l'affaire Pannullo et Forte[24], où la France a été condamnée par la Cour européenne des droits de l'homme. Deux éléments avaient retardé la restitution : l'inertie des experts et la mauvaise compréhension de la science médicale par le juge.

Mais au-delà des arguments juridiques, personne ne semble s'être posé une question de fond : la rétention du corps apporte-t-elle une garantie scientifique pour les investigations biologiques à venir, en particulier les éventuelles contre-expertises ? Sauf cas exceptionnel, par avance, la réponse est non, compte tenu de la dégradation ultérieure du corps. L'autopsie et les prélèvements doivent être d'emblée complets et de qualité.

---

[24] « Pannullo et Forte c/ France » (n° 37794/97, § 36, CEDH 2001-X), restitution tardive à des parents du corps de leur enfant décédé.

Les prélèvements réalisés pour les analyses ultérieures

Quelles que soient les causes de la mort, des règles minimales prévues par les protocoles s'imposent, en particulier un « échantillonnage de base des principaux organes pour des examens histologiques ». En outre, la procédure est adaptée à chaque cas et des prélèvements additionnels doivent parfois être réalisés. L'absence de ces prélèvements ne saurait être admise et engagerait la responsabilité du praticien.

Les échantillons prélevés sont de petit volume et emportent rarement plus de 20 grammes de tissu pour chaque organe. Puis les organes sont remis dans le corps avant sa fermeture. Selon leur destination, ces échantillons sont soit exploités immédiatement, soit congelés, soit placés dans du formol.

Le cas particulier du cœur et du cerveau

La dissection du cerveau est techniquement impossible sans un séjour préalable de plusieurs semaines dans le formol, ce qui interdit de se contenter d'échantillons et oblige à le conserver en entier. De même, le cœur est fréquemment à l'origine du décès, mais tous ses tissus peuvent avoir un rôle dans la mort, ce qui justifie son analyse complète.

Le prélèvement d'organes complets comme le cœur et le cerveau est une pratique dont le vécu est très douloureux. Il faut y voir le rôle du symbolisme, du sacré et du religieux.

En l'état actuel des connaissances, il n'y a pas d'alternative qui éviterait le prélèvement de l'intégralité de ces deux organes. La seule possibilité de diminuer les souffrances des familles réside dans les explications que l'on peut leur fournir.

Les prélèvements réalisés deviennent des scellés judiciaires

Une fois le prélèvement réalisé, les échantillons sont placés dans des contenants adaptés qui sont ensuite scellés par l'officier de police judiciaire (avec un cachet de cire) de telle façon que l'ouverture du contenant s'accompagne obligatoirement du bris du scellé.

La réalisation des scellés est mentionnée dans le procès-verbal d'assistance à autopsie. Au terme de celle-ci, tous les prélèvements sont devenus des scellés judiciaires, des éléments de preuve préservés et conservés pour la manifestation de la vérité.

Leur devenir est actuellement géré par le Code de procédure pénale dans le cadre général de la gestion des scellés, sans texte spécifique, bien que leur nature soit particulière puisqu'il s'agit d'éléments du corps humain.

L'analyse des prélèvements mis sous scellés

Le légiste n'a actuellement aucun pouvoir de décision, il peut seulement informer le magistrat de l'intérêt de cette analyse. Le magistrat est seul juge de l'exploitation éventuelle, décision qu'il prend le plus souvent en fonction des conclusions du légiste et des données du dossier.

Les scellés destinés à la toxicologie (le plus souvent, les liquides biologiques) sont habituellement exploités immédiatement, certains toxiques se dégradant avec le temps malgré la congélation (un exemplaire pour éventuelle contre-expertise est conservé en congélation). Ceux destinés à l'examen anatomo-pathologique (examen des tissus au microscope) sont conservés dans le formol. Cette technique en assure le bon état sans limite réelle de temps.

Pour l'analyse des prélèvements, l'expert désigné brise les scellés, puis réalise ses investigations. Après exploitation, lorsqu'il persiste des restes des prélèvements, ceux-ci sont remis sous scellés par l'expert avant d'être conservés.

Les délais de conservation peuvent s'exprimer en années, car la destruction d'un scellé ne peut être réalisée qu'après que toutes les voies de recours ont été épuisées, y compris devant la Cour de justice européenne.

La conservation et la traçabilité des scellés

Les scellés biologiques présentent des risques pour la santé. Pour les prélèvements congelés ou les liquides biologiques, les risques sont infectieux (viral et bactérien). Quant au formol, il s'agit d'un produit dangereux, classé comme cancérigène et polluant écologique.

Compte tenu de ces caractéristiques, les scellés biologiques ne sont habituellement pas conservés dans les tribunaux, mais dans les structures médico-légales qui ont réalisé l'autopsie.

Des locaux spécifiques sont nécessaires, qui disposent, pour les produits congelés, de systèmes d'alarme en cas de risque de rupture de la chaîne du froid, et pour les produits formolés, de systèmes de ventilation particuliers.

Les mouvements des scellés biologiques doivent être « tracés » de la même façon qu'au tribunal ceux des scellés classiques : entrée dans le stock, sortie pour examen par un expert, réadmission après exploitation, sortie pour destruction. Cette traçabilité peut bénéficier des techniques modernes de gestion des stocks (code-barres, puces RFID…), sous la responsabilité du gardien des scellés désigné sur réquisition.

<u>La destruction des prélèvements mis sous scellés</u>

Si le légiste ou l'établissement où a été réalisée l'autopsie a généralement la garde des scellés, leur destruction ne peut avoir lieu qu'avec l'autorisation des magistrats.

Compte tenu des risques pour la santé, il n'est pas concevable, médicalement, que ces prélèvements soient rendus en l'état à la famille du défunt. Le formol, polluant écologique et cancérigène, doit être incinéré. Les prélèvements placés dans le formol sont imprégnés de ce produit, il n'est donc pas possible de les restituer aux familles ni de les inhumer dans le cercueil du défunt, ils doivent être incinérés.

La destruction des prélèvements scellés est une source de souffrance pour les familles, qui voient là un morcellement de l'être cher. Des procédures ont déjà été engagées par des familles, et la Cour de cassation a d'ailleurs eu deux fois l'occasion de se prononcer sur ce point. Elle a constamment retenu ceci : « Les prélèvements effectués […] ne constituent pas des objets susceptibles de restitution au sens de l'article 41-4 du Code de procédure pénale. »

Les bonnes pratiques en matière d'autopsies médico-légales

Ces pratiques sont enseignées aux médecins lors de leur formation médico-légale. Elles ont été formalisées dans une recommandation européenne R(99)3 relative à l'harmonisation des règles en matière d'autopsie médico-légale. Cette recommandation n'a certes pas valeur de loi, mais représente l'état actuel de ce que l'on est en droit d'attendre d'un légiste. Le délai de dix ans depuis sa diffusion est suffisant pour que tous soient au courant.

Outre les protocoles techniques de l'autopsie et des prélèvements, elle précise que « les autopsies médico-légales et toutes autres mesures liées à celles-là doivent être réalisées conformément aux principes de l'éthique médicale et en respectant la dignité de la personne décédée », que, « après avoir effectué une autopsie médico-légale, les médecins légistes devraient s'assurer de la restitution du corps dans des conditions compatibles avec le respect de la dignité » et que, « lorsque cela est approprié, les proches devraient avoir la possibilité de voir le corps ».

Le projet de loi en réponse aux lacunes des règles juridiques

Actuellement, s'il est exact que la loi ne comprend pas de textes spécifiques aux autopsies judiciaires, celles-ci sont cependant encadrées par les dispositions du Code de procédure pénale (CPP) qui régissent les mesures d'enquête, d'instruction et d'expertise et par le Code de déontologie médicale pour le respect de la personne.

Au regard des difficultés exposées régulièrement par la presse, ces textes sont actuellement considérés comme insuffisants et un projet de loi visant à les renforcer a été déposé très récemment.

Selon ce projet, les autopsies judiciaires deviennent des mesures d'expertise spécifiques avec des règles particulières. En particulier, il prévoit un « protocole national type défini par voie réglementaire » pour le devenir des prélèvements mis sous scellés, et pour les conditions de restauration et de restitution des corps aux familles.

À propos des affaires rapportées par la presse

Les autopsies judiciaires sont beaucoup plus encadrées que les apparences ne le laissent penser, mais malgré cela, de tristes affaires sont régulièrement rapportées dans la presse.

Exceptionnellement, ces affaires pointent du doigt des pratiques dévoyées et inadmissibles, contraires à la déontologie médicale, comme l'absence de restauration d'un corps lorsque celle-ci est possible.

Beaucoup plus fréquemment, elles montrent le manque d'information dont souffrent les familles, à la recherche de réponses tant auprès des légistes que des magistrats, que ceux-ci ne peuvent pas toujours fournir.

Les questions qui portent sur le geste de l'autopsie et le devenir du corps doivent toujours avoir une réponse. Je crois avoir suffisamment argumenté mon propos pour faire admettre qu'une autopsie faite dans les règles est complète d'emblée, ne se recommence pas, conserve tous les éléments de preuve nécessaires à la justice, ce qui, sauf exception, rend inutile la rétention du corps et permet sa restauration, sa présentation et sa restitution à la famille.

L'autopsie judiciaire est une épreuve sur le moment, mais elle participe au soulagement des familles en sauvant ce qui reste d'humain dans l'indicible. Éclairer ces instants obscurs de la fin d'une vie est indispensable à tous, pour que la famille sache et comprenne, pour qu'elle puisse, un jour peut-être, trouver l'apaisement.

Mise à jour 2015

Depuis janvier 2011, la réforme de la médecine légale a centralisé toutes les autopsies médico-légales sur 33 centres universitaires de référence. Elle a modifié profondément les pratiques médico-légales en faisant disparaître de nombreuses petites structures où le faible nombre d'autopsies annuelles ne permettait pas d'assurer la qualité des actes.

Dans le même temps, en réponse à des affaires sordides où les corps étaient l'objet de pratiques dévoyées et inadmissibles, niant l'humanité même des défunts au-delà de la mort, le code de procédure pénale a été modifié. La loi du n°2011-525 du 17 mai 2011 a introduit un chapitre spécifique consacré aux autopsies judiciaires.

Chapitre IV : Des autopsies judiciaires

Article 230-28: Une autopsie judiciaire peut être ordonnée dans le cadre d'une enquête judiciaire en application des articles 60, 74 et 77-1 ou d'une information judiciaire en application des articles 156 et suivants.

Elle ne peut être réalisée que par un praticien titulaire d'un diplôme attestant de sa formation en médecine légale ou d'un titre justifiant de son expérience en médecine légale.

Au cours d'une autopsie judiciaire, le praticien désigné à cette fin procède aux prélèvements biologiques qui sont nécessaires aux besoins de l'enquête ou de l'information judiciaire.

Sous réserve des nécessités de l'enquête ou de l'information judiciaire, le conjoint, le concubin, le partenaire lié par un pacte civil de solidarité, les ascendants ou les descendants en ligne directe du défunt sont informés dans les meilleurs délais de ce qu'une autopsie a été ordonnée et que des prélèvements biologiques ont été effectués.

Article 230-29 Lorsqu'une autopsie judiciaire a été réalisée dans le cadre d'une enquête ou d'une information judiciaire et que la conservation du corps du défunt n'est plus nécessaire à la manifestation de la vérité, l'autorité judiciaire compétente délivre dans les meilleurs délais l'autorisation de remise du corps et le permis d'inhumer.

Le praticien ayant procédé à une autopsie judiciaire est tenu de s'assurer de la meilleure restauration possible du corps avant sa remise aux proches du défunt.

Il ne peut être refusé aux proches du défunt qui le

souhaitent d'avoir accès au corps avant sa mise en bière, sauf pour des raisons de santé publique. L'accès au corps se déroule dans des conditions qui leur garantissent respect, dignité, décence et humanité. Une charte de bonnes pratiques, dont le contenu est défini par voie réglementaire, informe les familles de leurs droits et devoirs. Elle est obligatoirement affichée en un lieu visible.

A l'issue d'un délai d'un mois à compter de la date de l'autopsie, les proches du défunt ayant qualité pour pourvoir aux funérailles peuvent demander la restitution du corps auprès du procureur de la République ou du juge d'instruction, qui doit y répondre par une décision écrite dans un délai de quinze jours.

Article 230-30 :Lorsque les prélèvements biologiques réalisés au cours d'une autopsie judiciaire ne sont plus nécessaires à la manifestation de la vérité, l'autorité judiciaire compétente peut ordonner leur destruction.

La destruction s'effectue selon les modalités prévues par l'article R. 1335-11 du code de la santé publique.

Toutefois, sous réserve des contraintes de santé publique et lorsque ces prélèvements constituent les seuls éléments ayant permis l'identification du défunt, l'autorité judiciaire compétente peut autoriser leur restitution en vue d'une inhumation ou d'une crémation.

Du même auteur

Chroniques d'un Médecin Légiste,
　　Jean-Claude Gawsewitch Éd. 2009 (épuisé)
　　Pocket 2010, Kindle 2014, CreateSpace 2014

Les Nouvelles Chroniques d'un Médecin Légiste,
　　Jean-Claude Gawsewitch Éd. 2011 (épuisé)
　　Pocket 2012, Kindle 2012, CreateSpace 2014

Autres Chroniques d'un Médecin Légiste,
　　Jean-Claude Gawsewitch Éd. 2012 (épuisé)
　　Kindle 2014, CreateSpace 2014

www.ingramcontent.com/pod-product-compliance
Lightning Source LLC
Chambersburg PA
CBHW070719160426
43192CB00009B/1247